HR 全程法律指导：
企业用工法律风险防控实操手册

宋文明　编著

清华大学出版社
北京

内 容 简 介

本书对企业在用工过程中常见的典型、疑难问题，均设置了实例分析、答疑解惑等模块进行法律解析，并总结实操技巧，给出风险管控建议，是一本实操性非常强的企业用工法律风险管控指导用书。

本书共分 15 章，主要包括招聘录用与入职风险管控、劳动者试用期风险管控、订立劳动合同风险管控、保密与知识产权风险管控、培训服务期风险管控、工作时间与休假风险管控、员工薪酬风险管控、五险一金风险管控、劳动合同变更风险管控、劳动合同解除风险管控、劳动合同终止风险管控、劳动争议风险管控等特殊劳动法律问题，其中重点对离职补偿风险管控、特殊用工风险管控、"三期"女职工风险管控等特殊劳动主体的用工管理给了系统介绍和指导。重点梳理企业在劳动用工过程中的法律风险点，并通过解读真实案例，总结审判要点和实践经验，帮助企业管理者合法、合规地聘用各类员工，从而降低用人成本，提升经营效益，为 HR 在人力资源管理过程中提供行之有效的风险预防和管控方法。

本书适合各级企业管理者，尤其适用于人力资源管理人员阅读，同时也可作为人力资源管理的相关培训教材，亦可作为职业技能鉴定的备考辅导用书。

本书封面贴有清华大学出版社防伪标签，无标签者不得销售。
版权所有，侵权必究。举报：010-62782989，beiqinquan@tup.tsinghua.edu.cn。

图书在版编目(CIP)数据

HR 全程法律指导：企业用工法律风险防控实操手册 / 宋文明编著. -- 北京：清华大学出版社，2024.8.
ISBN 978-7-302-66757-5

Ⅰ.D922.5

中国国家版本馆 CIP 数据核字第 2024KK8146 号

责任编辑：	张彦青
装帧设计：	李　坤
责任校对：	李玉茹
责任印制：	刘海龙

出版发行：清华大学出版社
网　　址：https://www.tup.com.cn, https://www.wqxuetang.com
地　　址：北京清华大学学研大厦 A 座
邮　　编：100084
社 总 机：010-83470000
邮　　购：010-62786544
投稿与读者服务：010-62776969, c-service@tup.tsinghua.edu.cn
质量反馈：010-62772015, zhiliang@tup.tsinghua.edu.cn

印 装 者：	河北盛世彩捷印刷有限公司
经　　销：	全国新华书店
开　　本：	170mm×240mm　　印　张：18　　字　数：337 千字
版　　次：	2024 年 8 月第 1 版　　印　次：2024 年 8 月第 1 次印刷
定　　价：	58.00 元

产品编号：100371-01

前言

本书是专门为企业人力资源服务的法律指导用书。也是笔者多年人力资源管理理论知识和教学实战经验的凝练总结。全书行文深入浅出，将枯燥生硬的理论知识用比较简单的方式呈现在读者面前。本书内容全面，简单实用，特别强调实务操作，同时也注重实战案例的展示。拥有这本书，你的人力资源管理工作一定会变得简单又轻松。

本书特点

本书选取企业劳动用工管理过程中常见的典型、疑难问题，通过案例分析的形式对这些问题进行法律解析，总结实操技巧，提示潜在风险，对企业日常劳动用工管理提供法律指引。

- 全面性。从企业招聘，制定规章制度，劳动合同的订立、变更、履行、解除，到社会保险等内容均有涉及，基本涵盖与劳动用工相关的所有法律关系。
- 实操性。结合实践操作经验，对企业日常用工管理过程中涉及的实际问题进行综合分析，提示常见风险点，并提供有效解决方案。
- 实用性。每个案例均附有相关法律规定，便于查询使用。同时，免费赠送用工管理常用法律文书，拿来即用。
- 时效性。对随着社会发展产生的新型用工形式，本书亦有涉及，展示法官裁判的观点和判决尺度，对解决相关问题提供指导。

本书内容

本书的内容结构如下。

第一章　招聘录用与入职风险管控。主要内容包括：招聘广告的法律要求、招聘条件与入职条件的法律问题；面试洽谈中的告知义务及隐私权问题；如何进行入职审查等。

第二章　劳动者试用期风险管控。主要内容包括：试用期的期限与限制、试用期工资支付、试用期内解除劳动合同等风险管控策略等。

第三章　订立劳动合同风险管控。主要内容包括：劳动合同订立时间与形式、劳动合同主体，以及劳动合同内容规范和效力等。

第四章 保密与知识产权风险管控。主要内容包括：商业秘密、竞业限制管控及知识产权保护所存在的其他问题等，在实务操作中讲解了商业秘密实务以及竞业限制实务等。

第五章 培训服务期风险管控。主要内容包括：服务期、培训服务期风险问题、培训服务协议、培训服务期发生费用告知单等。

第六章 工作时间与休假风险管控。主要内容包括：工作时间，工作时间与休假的认知误区，加班、休假实务操作等。

第七章 员工薪酬风险管控。主要内容包括：薪酬管理基本约定注意事项、工资支付、福利与加班费等。

第八章 五险一金风险管控。主要内容包括：五险一金基本规定、劳动合同中社会保险条款及工伤赔偿协议等。

第九章 劳动合同变更风险管控。主要内容包括：协商变更劳动合同、单方变更劳动合同、劳动合同补充协议、调岗调薪协议、协商一致变更劳动合同协议书以及企业单方变更劳动合同协议通知书等。

第十章 劳动合同解除风险管控。主要内容包括：协议解除劳动合同、单方解除劳动合同、离职手续办理等。

第十一章 劳动合同终止风险管控。主要内容包括：劳动合同终止、劳动合同终止的例外情形、离职证明书、离职手续办理、劳动合同续签等。

第十二章 离职补偿风险管控。主要内容包括：离职补偿金、离职赔偿金，以及离职补偿协议和离职赔偿协议等。

第十三章 特殊用工风险管控。主要内容包括：劳务派遣规范、劳务派遣合同解除、非全日制用工、外籍人员用工风险管控等。

第十四章 女职工"三期"风险管控。主要内容包括："三期"女职工的假期、"三期"女职工的薪酬、"三期"女职工合同解除及"三期"女职工假期管理制度等。

第十五章 劳动争议风险管控。主要内容包括：企业如何处理劳动争议及劳动争议实务等。

本书附赠超值王牌资源库

本书赠送如下电子资源库，以方便HR在开展日常工作时查找和使用。

赠送60个常见岗位的量化绩效标准库、2000+人力资源文案模板库、300套带公式薪酬绩效模板、100套带公式图表绩效模板、200套精美商务PPT模板、常见用工案例风险防控200例索引、企业必备行政管理制度24类、企业必备人事管理制度12类、企业必备用工文案模板300类等。

赠送资源1　　赠送资源2　　赠送资源3

本书适合哪些读者阅读

本书非常适合以下人员阅读：
- 各级企业管理者；
- 人力资源管理人员；
- 人力资源管理的相关培训人员及学员；
- 职业技能鉴定的备考人员。

创作团队

本书由宋文明主编，参与本书编写、资料整理工作的人员还有陈凡灵、陈梦、裴垚、冯成、张文振、刘永波。在编写过程中，虽然我们尽己所能将最好的讲解呈现给读者，但也难免有疏漏和不妥之处，敬请读者批评、指正。

编　者

目 录

第一章 招聘录用与入职风险管控 ... 1

第一节 招聘广告的发布 ... 2
一、招聘广告 ... 2
二、招聘条件不能代替录用条件 ... 4

第二节 面试洽谈 ... 6
一、用人单位应尽到告知义务 ... 7
二、用人单位行使知情权不应侵犯隐私权 ... 8

第三节 录用通知书的发放 ... 9
一、谨慎发出录用通知书 ... 10
二、不要用录用通知书代替劳动合同 ... 12

第四节 入职审查的内容 ... 14
一、年龄及身体状况审查 ... 14
二、资质及劳动关系状态审查 ... 16

第五节 操作实务 ... 18
一、招聘广告实务 ... 18
二、录用通知实务 ... 20
三、入职审查实务 ... 21

第六节 答疑解惑 ... 22
一、以例说法 ... 22
二、总结与思考 ... 24

第二章 劳动者试用期风险管控 ... 25

第一节 试用期的期限与限制 ... 26
一、试用期的法定上限 ... 26
二、试用期的延长与缩短 ... 28
三、试用期约定限制 ... 29

第二节 试用期工资支付 ... 30
一、试用期工资 ... 31

二、试用期福利待遇 ... 33

第三节 试用期内解除劳动合同 ... 34
一、劳动者解除 ... 35
二、企业解除 ... 35

第四节 操作实务——试用期员工管理实务 ... 37

第五节 答疑解惑 ... 39
一、以例说法 ... 39
二、总结与思考 ... 41

第三章 订立劳动合同风险管控 ... 43

第一节 劳动合同订立时间与形式 ... 44
一、订立时间 ... 44
二、订立形式 ... 46

第二节 劳动合同的主体 ... 49
一、用人单位 ... 49
二、劳动者 ... 52

第三节 劳动合同内容规范和效力 ... 56
一、劳动合同条款 ... 56
二、劳动合同的期限 ... 60
三、有效的劳动合同规范 ... 65

第四节 实务操作 ... 70
一、劳动合同签署实务 ... 70
二、劳动合同签署工具 ... 72

第五节 答疑解惑 ... 74
一、以例说法 ... 74
二、总结与思考 ... 75

第四章 保密与知识产权风险管控 ... 77

第一节 商业秘密 ... 78

一、商业秘密的范围 78
　　二、保密协议制定注意事项 80
第二节　竞业限制管控 83
　　一、竞业限制协议范围约定 83
　　二、保密协议与竞业限制的
　　　　区别与联系 87
第三节　知识产权保护存在的问题 87
第四节　实务操作 89
　　一、商业秘密实务 89
　　二、竞业限制实务 92
第五节　答疑解惑 95
　　一、以例说法 95
　　二、总结与思考 96

第五章　培训服务期风险管控 99
　第一节　服务期 100
　　一、什么是服务期 100
　　二、服务期期限 104
　第二节　培训服务期风险问题 107
　第三节　实务操作 110
　　一、培训服务期协议 110
　　二、培训服务期发生费用
　　　　告知单 112
　第四节　答疑解惑 113
　　一、以例说法 113
　　二、总结与思考 114

第六章　工作时间与休假风险管控 117
　第一节　工作时间 118
　　一、工作时间的约定 118
　　二、休息与休假 123
　第二节　工作时间与休假的认知
　　　　误区 127
　第三节　实务操作 131
　　一、加班操作实务 131

　　二、休假操作实务 133
　　三、加班/休假手续管理 134
　第四节　答疑解惑 135
　　一、以例说法 135
　　二、总结与思考 137

第七章　员工薪酬风险管控 139
　第一节　薪酬管理基本约定
　　　　注意事项 140
　　一、标准工资、基本工资、
　　　　应得工资、实发工资 140
　　二、平均工资、日工资、
　　　　最低工资 140
　第二节　工资支付 141
　　一、工资支付规定 141
　　二、工资支付标准 145
　第三节　福利与加班费 148
　　一、员工福利与年终奖的确定 148
　　二、员工加班费如何计算 148
　第四节　实务操作 149
　　一、工资支付 149
　　二、工资发放表单 151
　第五节　答疑解惑 152
　　一、以例说法 152
　　二、总结与思考 155

第八章　五险一金风险管控 157
　第一节　五险一金基本规定 158
　　一、社会保险 158
　　二、养老保险 161
　　三、基本医疗保险 163
　　四、工伤保险 166
　　五、失业保险、生育保险
　　　　和住房公积金 169
　第二节　实务操作 173

一、劳动合同中社会保险条款......173
　　二、工伤赔偿协议......174
第三节　答疑解惑......175
　　一、以例说法......175
　　二、总结与思考......177

第九章　劳动合同变更风险管控　179

第一节　协商变更劳动合同......180
第二节　单方变更劳动合同......183
第三节　实务操作......186
　　一、劳动合同补充协议......186
　　二、调岗调薪协议......187
　　三、协商一致变更劳动合同协议书......187
　　四、企业单方变更劳动合同协议通知书......188
第四节　答疑解惑......189
　　一、以例说法......189
　　二、总结与思考......191

第十章　劳动合同解除风险管控　193

第一节　解除劳动合同......194
　　一、协议解除......194
　　二、单方解除......197
第二节　离职手续办理......202
第三节　解除劳动合同注意事项......204
第四节　实务操作......206
　　一、协议解除劳动关系协议书......206
　　二、单方解除劳动关系协议书......209
第五节　答疑解惑......211
　　一、以例说法......211
　　二、总结与思考......212

第十一章　劳动合同终止风险管控　213

第一节　劳动合同终止......214
　　一、劳动合同终止情形......214

　　二、劳动合同终止与解除的区别......215
第二节　劳动合同终止的例外情形......216
第三节　劳动合同终止实务......217
　　一、离职证明书......217
　　二、劳动合同终止通知书/协议书......218
　　三、离职手续办理......220
　　四、劳动合同续签......222
第四节　答疑解惑......224
　　一、以例说法......224
　　二、总结与思考......225

第十二章　离职补偿风险管控　227

第一节　经济补偿金......228
　　一、补偿金......228
　　二、赔偿金......230
第二节　离职补偿实务......234
　　一、离职补偿协议书......234
　　二、离职赔偿协议书......235
　　三、离职补偿金/赔偿金收条......235
第三节　答疑解惑......236
　　一、以例说法......236
　　二、总结与思考......237

第十三章　特殊用工风险管控　239

第一节　劳务派遣......240
　　一、劳务派遣规范......240
　　二、劳务派遣合同解除......241
第二节　非全日制用工......244
第三节　实务操作......245
　　一、涉外劳务派遣......245
　　二、外籍人员在中国就业......246
　　三、台港澳地区人员就业......247
第四节　特殊用工实务——劳务派遣......248

VII

第五节　答疑解惑 253
　　一、以例说法 253
　　二、总结与思考 254

第十四章　女职工"三期"风险管控 255

第一节　"三期"女职工的假期 256
第二节　"三期"女职工的薪酬 257
第三节　"三期"女职工合同解除 258
　　一、岗位调整 258
　　二、解除劳动合同 260
　　三、终止劳动合同 261
第四节　女职工"三期"实务 262
　　一、"三期"女职工假期管理制度 262
　　二、女职工"三期"工作岗位调整通知书 264
第五节　答疑解惑 265
　　一、以例说法 265
　　二、总结与思考 266

第十五章　劳动争议风险管控 267

第一节　企业如何处理劳动争议 268
　　一、和解和调解 268
　　二、仲裁 269
　　三、诉讼 272
第二节　劳动争议实务 272
第三节　答疑解惑 274
　　一、以例说法 274
　　二、总结与思考 275

第一章

招聘录用与入职风险管控

在企业用工过程中，招聘是第一个环节，是单位用工的主要来源。这个环节涉及招聘渠道的选择、招聘广告的发布、面试等事项。实践中，在招聘与入职阶段，用人单位往往自认为主动权掌握在自己手中，就忽略了这一环节存在的风险，为单位用工埋下了隐患。

第一节 招聘广告的发布

企业具有自主用人的权利，包括招聘条件、招聘渠道、招聘流程、录用条件确定等。企业通常可通过在报纸、招聘网站、企业网站等媒体上发布招聘广告，委托职业中介或猎头公司，参加招聘会等方式招聘员工。在招聘条件中可以对工作地点、薪资待遇、学历、年龄、工作经验和能力素质提出要求。

一、招聘广告

一个好的招聘广告，可以在众多招聘信息中引起应聘者的注意，帮助企业快速收到足够的应聘者回应，及时招到适合岗位所需的人才。那么，是不是企业在撰写招聘广告时就可以随心所欲呢？答案是否定的，招聘广告也可能违法，为企业用工带来一定的法律风险。

为了避免企业在招聘广告中违法，在拟定招聘广告时要注意以下问题。

1. 避免内容中含有歧视性条款

《中华人民共和国劳动法》(简称《劳动法》)第三条第一款规定："劳动者享有平等就业和选择职业的权利、取得劳动报酬的权利、休息休假的权利、获得劳动安全卫生保护的权利、接受职业技能培训的权利、享受社会保险和福利的权利、提请劳动争议处理的权利以及法律规定的其他劳动权利。"

《中华人民共和国就业促进法》第二十六条规定："用人单位招用人员、职业中介机构从事职业中介活动，应当向劳动者提供平等的就业机会和公平的就业条件，不得实施就业歧视。"

上述法条明确了劳动者享有平等就业和选择职业的权利。如果企业在招聘广告中存在歧视性的内容(例如性别限制、地域限制、残疾人限制、对乙肝携带者的限制等歧视性内容)，则非常容易给企业带来法律风险。针对一些特殊行业，只有在法律明文规定的情况下，才可以对特殊岗位的招聘条件作出相应的限制，如：食品卫生企业可在招工条件中明确拒绝患消化道传染病和有碍食品安全疾病的人员从事接触直接入口食品的相关工作。

2. 避免招聘广告内容虚假

企业通过发布招聘广告来招聘劳动者，必须客观地反映企业人力资源需求情况，向劳动者表明企业的发展现状和未来的发展趋势，不能虚构、夸大一些企业信息来误导劳动者。对于招聘岗位的晋升机制、责任等要如实地一一列出，杜绝言过其实、夸大其词等虚假内容。否则，一旦招聘广告的信息被证实存在虚假，不仅会给企业声誉造成影响，还会给企业带来法律风险。

3. 招聘广告中的薪酬要明确

企业发布招聘广告的内容中对于工作报酬、福利等也应明确告知劳动者，因为这些内容是劳动者关心的核心问题。如果企业在招聘广告中对这些内容含糊其词，很可能会让一些优秀的求职者产生错误的判断而不愿意前来应聘，也可能有些应聘的求职者事后了解企业的真实劳动报酬后放弃签约，浪费了企业和求职者的时间、精力和金钱。因此，招聘广告中薪酬等关键性的内容一定要写清楚，避免劳动者对内容产生疑义，给企业带来损失。

▶ **案例参考 1** 以公司不允许招用女快递员为由拒绝应聘者合法吗

2019 年 10 月 20 日，某物流公司北京分公司对外发布招聘快递员的广告。10 月 23 日，周某通过招聘网站在线投递简历，当天收到物流公司面试通知的电话。10 月 25 日，周某到物流公司进行面试。三日后，周某到物流公司询问面试结果，人力资源部以总公司不允许招用女快递员为由告知周某没有通过面试，并向周某出示总公司的招聘简章，上面确实明确了该物流公司不招收女快递员。

周某认为物流公司侵犯了自己的权益，于是与公司发生争议。

【名师指点】

根据相关法律法规，劳动者具有平等就业权。平等就业权是指具有劳动能力、达到法定年龄的劳动者，能够在劳动力市场上选择用人单位，从而平等地获得参加社会劳动的机会，不因民族、种族、性别、宗教信仰等不同而遭受歧视的权利，妇女享有与男子平等就业的权利；在录用职工时，除国家规定的不适合妇女的工种或者岗位外，不得以性别为由拒绝录用妇女或者提高对妇女的录用标准。本案例中物流公司以周某是女性为由拒绝录用，属在招聘条件上对劳动者的性别进行差别对待，侵犯了周某平等就业的权利。如周某走法律途径，企业当承担相应的赔偿责任。

【专家建议】

通常情况下，企业在设定招聘条件的时候不能就劳动者经学习无法达到的目标提出要求，如性别、身高、地域、年龄、属相、宗教信仰、家庭出身等，而只能就劳动者经过学习能够提高的方面作出规定，否则就可能构成就业歧视。因此，招聘广告在如实、准确地描述企业需求时，还应规避法律风险。劳动者因企业在招聘过程中存在就业歧视进行维权是受到法律保护的。

【相关法规】

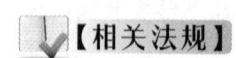

《中华人民共和国劳动法》

第三条 劳动者享有平等就业和选择职业的权利、取得劳动报酬的权利、休息休假的权利、获得劳动安全卫生保护的权利、接受职业技能培训的权利、享受社会保险和福利的权利、提请劳动争议处理的权利以及法律规定的其他劳动权利。

劳动者应当完成劳动任务，提高职业技能，执行劳动安全卫生规程，遵守劳动纪律和职业道德。

《中华人民共和国就业促进法》

第三条 劳动者依法享有平等就业和自主择业的权利。

劳动者就业，不因民族、种族、性别、宗教信仰等不同而受歧视。

第二十六条 用人单位招用人员、职业中介机构从事职业中介活动，应当向劳动者提供平等的就业机会和公平的就业条件，不得实施就业歧视。

第二十七条 国家保障妇女享有与男子平等的劳动权利。

用人单位招用人员，除国家规定的不适合妇女的工种或者岗位外，不得以性别为由拒绝录用妇女或者提高对妇女的录用标准。

用人单位录用女职工，不得在劳动合同中规定限制女职工结婚、生育的内容。

第二十八条 各民族劳动者享有平等的劳动权利。

用人单位招用人员，应当依法对少数民族劳动者给予适当照顾。

第二十九条 国家保障残疾人的劳动权利。

各级人民政府应当对残疾人就业统筹规划，为残疾人创造就业条件。

用人单位招用人员，不得歧视残疾人。

第三十条 用人单位招用人员，不得以是传染病病原携带者为由拒绝录用。但是，经医学鉴定传染病病原携带者在治愈前或者排除传染嫌疑前，不得从事法律、行政法规和国务院卫生行政部门规定禁止从事的易使传染病扩散的工作。

第三十一条 农村劳动者进城就业享有与城镇劳动者平等的劳动权利，不得对农村劳动者进城就业设置歧视性限制。

二、招聘条件不能代替录用条件

从企业制定招聘条件来说，许多人往往片面认为招聘条件与录用条件是一样的，这是不准确的。两者之间的区别主要表现在企业对招聘条件具有自主权，对录用条件不具有自主权。招聘条件是对不特定应聘者设定的条件，录用条件是对符合招聘条件的劳动者进行筛选的标准。招聘条件与录用条件的区别主要体现在以下两点。

1. 主体不同

招聘条件主体是潜在的应聘者，当应聘者自身情况符合招聘条件的要求时，才会选择投递简历；录用条件主体是已经符合招聘条件，还处于试用期内的劳动者。

2. 内容侧重点不同

招聘条件要求的是应聘者具备基本条件，包括学历、工作经历、专业职称、技术资格等；录用条件则是企业考查劳动者是否符合某个岗位的具体要求所包括的全部条件，是企业判断试用期结束后能否与劳动者继续履行劳动合同的前提条件。

由此可知，招聘条件与劳动者入职后约定的录用条件是不同的法律概念，招聘条件的要求相对比较宽泛、笼统，录用条件相对比较具体明确，一旦劳动者在试用期被证明不符合录用条件，企业就可以依据《中华人民共和国劳动合同法》(简称《劳动合同法》)第三十九条第一项的规定，与其解除劳动合同。而招聘广告中的招聘条件仅仅是针对该岗位约定的一个筛选人才的条件，不能将其作为将来录用后的考核标准，如果企业以招聘条件取代录用条件，就会在法律实践中处于不利的举证地位，从而面临法律风险。

▶ **案例参考2** 以招聘条件代替录用条件辞退员工合法吗

2018年2月，某商贸公司在一家网站上刊登了招聘运营经理的信息，招聘条件为"本科及以上学历，具有运营经理一职3年以上经验"。刘某看到招聘广告后决定应聘该岗位，经面试合格后于3月1日与该公司签订了劳动合同，合同约定试用期为3个月。试用期结束后，公司通知刘某，由于其管理运营成绩不理想，经公司背调后发现其实际运营经验仅有1年多，并且未担任过运营经理一职，不符合公司招聘要求中的"具有运营经理一职3年以上经验"录用条件，公司决定与其解除劳动关系。刘某认为，商贸公司在自己进入公司时并没有明确录用条件，公司的行为属于违法解除劳动合同，因此要求公司支付违法解除劳动合同的经济赔偿金。

【名师指点】

根据法律规定，如果劳动者在试用期间被证明不符合录用条件，单位可以解除劳动合同，并且无须向员工支付经济赔偿金。这个案例中，企业就是把招聘条件作为录用条件，试用期内可以主动解除劳动合同，但前提是必须明确录用条件。基于公司无法提供证据证明刘某不符合录用条件，如果刘某走法律途径，提起劳动仲裁，企业应当承担相应的赔偿责任。

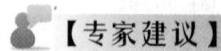【专家建议】

企业在招聘员工时应与劳动者明确录用条件并需要劳动者确认，企业有时候为了吸引更多的人才应聘，在招聘广告中设置的录用条件往往都比较简单和宽泛，没有明确可行的指标标准。而一旦发生劳动争议，企业不是拿不出明确的录用条件，就是以招聘条件代替录用条件，难以证明员工不符合录用条件，因此，企业有必要在招聘、录用员工之时，向劳动者确认录用条件。

【相关法规】

《中华人民共和国劳动合同法》

第二十一条　在试用期中，除劳动者有本法第三十九条和第四十条第一项、第二项规定的情形外，用人单位不得解除劳动合同。用人单位在试用期解除劳动合同的，应当向劳动者说明理由。

第三十九条　劳动者有下列情形之一的，用人单位可以解除劳动合同：

(一)在试用期间被证明不符合录用条件的；

(二)严重违反用人单位的规章制度的；

(三)严重失职，营私舞弊，给用人单位造成重大损害的；

(四)劳动者同时与其他用人单位建立劳动关系，对完成本单位的工作任务造成严重影响，或者经用人单位提出，拒不改正的；

(五)因本法第二十六条第一款第一项规定的情形致使劳动合同无效的；

(六)被依法追究刑事责任的。

第四十条　有下列情形之一的，用人单位提前三十日以书面形式通知劳动者本人或者额外支付劳动者一个月工资后，可以解除劳动合同：

(一)劳动者患病或者非因工负伤，在规定的医疗期满后不能从事原工作，也不能从事由用人单位另行安排的工作的；

(二)劳动者不能胜任工作，经过培训或者调整工作岗位，仍不能胜任工作的；

(三)劳动合同订立时所依据的客观情况发生重大变化，致使劳动合同无法履行，经用人单位与劳动者协商，未能就变更劳动合同内容达成协议的。

第二节　面试洽谈

在面试应聘者的过程中，企业因种种因素，隐瞒或没有如实告知与劳动者所要从事岗位相关的工作内容、工作条件、工作地点、职业危害、安全生产状况、劳动报酬

以及劳动者要求了解的其他情况，从而引发的种种纠纷比比皆是。

一、用人单位应尽到告知义务

国家为了保障劳动者权利，在《中华人民共和国劳动合同法》第八条明确规定企业具有如实告知与劳动者工作内容相关企业信息的义务。

1. 如实告知应聘者关于企业的相关信息

应聘者投递简历到公司应聘，是基于对企业品牌的认可或者是对招聘广告中相关内容的认可。企业人力资源对应聘者进行面试时，应该先向应聘者介绍企业的一些信息，如企业的经营规模、业务范围、人员数量、企业发展前景等，让应聘者对企业的基本情况有一个大致的了解，消除其内心的疑惑，帮助应聘者充分了解企业，为应聘者决定面试后是否选择该企业就业提供信息支持。

2. 如实告知应聘者岗位工作内容、工作条件等

在企业对应聘者进行面试时，除了依据应聘者的求职简历和相应岗位的入职条件进行详细的询问外，还要将招聘岗位的工作内容、工作条件、工作地点、职业危害、安全生产状况等信息详细告知应聘者。

3. 如实告知应聘者薪酬、福利待遇

除了企业主动向应聘者告知的信息外，当应聘者在面试中主动询问下列信息时，公司也应当进行详细说明：①劳动报酬相关信息，包括：工资、奖金、计薪方式、福利待遇、社会保险、住房公积金等；②规章制度信息，包括：企业劳动纪律、行为规范、考勤制度、休假制度、请假制度以及劳动合同的签订等。

▶ **案例参考3** 招聘岗位与实际工作不符，公司是否承担责任

2020年6月，张某通过网络招聘信息应聘某公司仓库保安职位，按照公司要求进行了体检，并缴纳了办证、工服费用后正式入职。上班后，公司领导却让张某负责货物的装卸，于是张某找公司领导进行沟通，公司领导说公司的保安岗位职责包括装卸货物，张某对此无法认同，于是与公司发生争议。

【名师指点】

企业依法享有自主用人的权利，可通过招聘会、委托人力资源服务机构、在公共媒体或者互联网上发布招聘信息，以及自行组织招聘等方式招聘劳动者。招聘广告应包括企业基本情况、招聘人数、工作岗位、资格条件、用工类型、劳动报酬、福利待遇、社会保险等内容。企业发布的招聘信息必须真实合法，否则将面临行政处罚的风

7

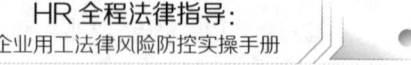

险。本例中，张某应聘保安岗位，实际却干着装卸货物的工作，属于招聘岗位与用工岗位不符，该公司应对此行为进行整改。

【专家建议】

企业撰写招聘广告，必须保证招聘广告的内容客观、真实，否则就要对发布虚假广告承担法律责任。招聘广告中所涉及岗位、劳动要件、薪酬、福利等内容不能做虚假承诺，对于晋升机会、职业风险等要诚实列出，言过其实、夸大其词的招聘广告，不仅难以达到招聘效果，反而会给企业带来风险，影响企业的声誉。

【相关法规】

《中华人民共和国劳动合同法》

第八条 用人单位招用劳动者时，应当如实告知劳动者工作内容、工作条件、工作地点、职业危害、安全生产状况、劳动报酬，以及劳动者要求了解的其他情况；用人单位有权了解劳动者与劳动合同直接相关的基本情况，劳动者应当如实说明。

二、用人单位行使知情权不应侵犯隐私权

面试是劳动者了解企业具体信息的重要途径，同时也是企业了解劳动者基本情况的一个桥梁。同企业应如实告知劳动者企业相关信息一样，劳动者也有义务如实响应企业对劳动者信息的获取。如果劳动者在面试时故意隐瞒某些真实情况，就不仅仅是违反诚信原则的问题，一些关键信息甚至会导致所签订劳动合同无效。当然，企业获取劳动者相关信息也均要基于工作岗位实际需要，而不能任意扩大范围，侵犯了劳动者的隐私权。

企业人力资源部门为了全方位地了解应聘者的情况，要结合应聘岗位的要求进行询问，比如工作经历、工作年限、学历、年龄、健康状况、职称等个人信息。也有HR询问一些与工作岗位无直接关系涉及个人隐私的信息，诸如"有没有男(女)朋友""如何看待婚前性行为"等问题，可能HR在询问这些问题时是出于某个岗位工作性质的权衡考虑或者是考查应聘者的随机应变能力，但这样的行为往往会侵犯应聘者的隐私权。

案例参考 4 用人单位有权询问求职者的个人隐私吗

2021年3月，张某到A公司进行面试。在面试过程中，A公司HR与张某相谈甚欢，HR认为张某符合公司岗位需求，张某也认为A公司的相关情况满足自己个人职业成长需求，最后HR让张某填写了《应聘人员登记表》。过了两天，A公司向张

某发送了录用通知书，但张某拒绝了 A 公司的录用。A 公司 HR 百思不得其解，经过多次沟通，张某回应 HR，其填写的《应聘人员登记表》，除了姓名、性别等，还要求填写是否为单亲或离异家庭，认为公司存在侵犯劳动者隐私权的可能。无论 A 公司 HR 如何解释，张某都拒绝入职。

【名师指点】

根据《劳动合同法》等有关规定，用人单位有权了解劳动者与劳动合同直接相关的基本情况，但是用人单位的知情权仅限于"与劳动合同直接相关的基本情况"，如劳动者的健康状况、知识技能、学历、职业资格、工作经历等；而劳动者的婚姻情况，以及社会关系等，并不属于用人单位一定需要知情的范围。但为何一些用人单位能够屡屡越界查问一些不必了解的情况？面试询问隐私何以变得司空见惯？关键在于劳动者与用人单位间存在不平等的关系，所以就算用人单位超出了知情权的界限，侵犯了劳动者的隐私权，多数求职者也不敢拒绝回答。

【专家建议】

企业询问求职者的个人隐私，初衷大都是摸清求职者的真实情况，构筑起一个更为立体、鲜明的个体形象，以判断求职者与岗位的匹配程度。然而，靠个人隐私信息作出的评价判断未必准确，与工作内容无关的问题还容易使评价判断带有不适当的个人主观色彩，既会增加招人用人成本，也会给求职者带来不公平的待遇，更凸显了企业招聘的不专业，实际上不利于企业形象的建立和推广。

【相关法规】

参见《中华人民共和国劳动合同法》第八条。

第三节　录用通知书的发放

在企业招聘录用的过程中，经过前期的招聘和面试，用工单位对符合招聘条件的应聘者决定录用后，需向其发出录用通知书。录用通知书通常包括拟录用人员岗位名称、工资待遇、试用期、报到日、报到程序等事项。如果员工接受企业的工作岗位，需要在录用通知书上签字确认，并发还给招聘用工单位。在很多企业招聘者眼里，录用通知书不是正式的劳动合同，从而导致其在录用通知书的行文及撤销方面都很随意，进而引发一些劳动争议。

一、谨慎发出录用通知书

企业人力资源部门要对录用通知有正确认知，明白录用通知书的法律实质。

1. 录用通知是一种要约行为

要约是希望和他人订立合同的意思表示，其内容具体明确并表明要遵守要约人承诺。因此，企业制作的录用通知书要明确与应聘者即将从事工作相关的全部主要信息，是希望应聘者在接到该录用通知书后，与企业建立劳动关系的真实意思表示，也就具备要约的法律效力。

2. 应聘者接受录用通知书是一种承诺行为

承诺是指受要约人作出的同意要约内容，以达成订立合同的表示。承诺一旦生效即产生法律约束力。具体到招聘过程，应聘者在收到企业发出的录用通知书后，应与企业明确报到时间，这就可以认定其同意了要约内容，即对企业发出要约作出了承诺，双方的合同关系可以宣告成立。任何一方违反录用通知书的约定，都应当承担缔约过失的违约责任。

3. 录用通知书发出后不能随意撤销

在录用通知书送达应聘者之前，企业可以撤回录用通知书；若应聘者在收到录用通知书后，已经做好了去企业报到的一切准备，企业就不能单方面撤销录用通知书了，否则就应当承担缔约过失的违约责任。

4. 录用通知书的内容规范

录用通知书在法律上属于要约行为，具有法律效力，如果录用通知书的内容有瑕疵，就会给企业带来不必要的麻烦和损失。因此，企业制作的录用通知书的内容要符合一定的规范，从而防范潜在的法律风险。一份规范的录用通知书应包括以下内容。

(1) 岗位名称与岗位职责。要在录用通知书中明确岗位名称及岗位职责，一旦在试用期发现员工不符合岗位的具体要求，即可与其解除劳动合同。

(2) 入职日期。要明确应聘者的入职日期，如果应聘者没有按照录用通知书确定的日期前往报到，应视为放弃录用资格，该录用通知书自动失效。

(3) 劳动合同期限及试用期期限。

(4) 待遇说明。在录用通知书中要对相应的福利待遇作出明确的说明，具体包括：月薪，企业是否代扣个人所得税，奖金、提成及年终奖，社会保险、住房公积金及其他福利，是否持有企业股份等。

(5) 工作时间。在录用通知书中应将企业的工时制度、具体的作息时间安排予以告知。

(6) 工作地点。要明确具体的工作地点。

(7) 应聘者需提交的资料。录用通知书、离职证明、居民身份证、学历证书原件、资格证书、体检合格证明、照片等资料。

(8) 设定条件。要设定录用通知书生效及失效的条件。

(9) 设定回执。当应聘者收到录用通知书后，可以让其在回执处签字寄回企业。若企业在规定的日期未收到回执，视为放弃，该录用通知书将自动失效。

(10) 加盖公章。录用通知书加盖企业的公章才能生效。

案例参考5　企业因岗位取消拒绝录用应聘者是否合法

2021年4月，郑某经过三轮面试，被A公司看中。第三次面试结束后，A公司人力资源部向郑某出具了录用通知书，并约定了入职报到时间。郑某觉得很满意，还拒绝了另外一家公司的录用通知。可还没有等到郑某报到，意想不到的事情发生了，A公司人力资源部收到公司项目暂停、岗位取消的通知。郑某无法接受岗位取消的事实，于是与A公司发生争议，要求A公司承担赔偿责任。

【名师指点】

根据《劳动合同法》的相关规定，建立劳动关系，应当订立书面劳动合同。根据《中华人民共和国民法典》(简称《民法典》)的有关规定，当事人双方订立合同一般采取要约、承诺的方式进行。本例中，既然录用通知书是由企业向应聘者发出的，也就具备了要约的法律效力。录用通知书在经过劳动者确认后，即发生效力。因此在本例中，用人单位构成违约，如果郑某走法律途径，企业应当承担相应的赔偿责任。

【专家建议】

录用通知书不是合同，但是对用人单位存在法律上的约束，在经过劳动者确认后就具有了法律效力，企业在发出录用通知书前一定要全面考虑，切不可随意发出。录用通知书可设计回执单，待劳动者签字后在规定时间内寄回。

【相关法规】

《中华人民共和国民法典》

第四百七十一条　当事人订立合同，可以采取要约、承诺方式或者其他方式。

第四百七十二条　要约是希望与他人订立合同的意思表示，该意思表示应当符合下列条件：

(一)内容具体确定；

(二)表明经受要约人承诺，要约人即受该意思表示约束。

11

第四百七十三条　要约邀请是希望他人向自己发出要约的表示。拍卖公告、招标公告、招股说明书、债券募集办法、基金招募说明书、商业广告和宣传、寄送的价目表等为要约邀请。

商业广告和宣传的内容符合要约条件的，构成要约。

第四百七十四条　要约生效的时间适用本法第一百三十七条的规定。

第四百七十五条　要约可以撤回。要约的撤回适用本法第一百四十一条的规定。

第四百七十六条　要约可以撤销，但是有下列情形之一的除外：

(一)要约人以确定承诺期限或者其他形式明示要约不可撤销的；

(二)受要约人有理由认为要约是不可撤销的，并已经为履行合同做了合理准备工作。

第四百七十七条　撤销要约的意思表示以对话方式作出的，该意思表示的内容应当在受要约人作出承诺之前为受要约人所知道；撤销要约的意思表示以非对话方式作出的，应当在受要约人作出承诺之前到达受要约人。

第四百七十八条　有下列情形之一的，要约失效：

(一)要约被拒绝；

(二)要约被依法撤销；

(三)承诺期限届满，受要约人未作出承诺；

(四)受要约人对要约的内容作出实质性变更。

第四百七十九条　承诺是受要约人同意要约的意思表示。

第四百八十条　承诺应当以通知的方式作出；但是，根据交易习惯或者要约表明可以通过行为作出承诺的除外。

二、不要用录用通知书代替劳动合同

录用通知书与劳动合同分别具有不同的法律性质和用途，二者不可混为一谈。在日常管理中要区别使用，否则将会面临被认定为未签订劳动合同的法律风险。

录用通知书与劳动合同起着不同的作用，录用通知书是企业与劳动者签署劳动合同的意思表达，签订劳动合同是发放录用通知书的目的。企业向劳动者发出录用通知书，待劳动者实际入职后，应当在一个月内与劳动者签订正式的劳动合同。劳动合同可以包括录用通知书中与劳动合同有关的部分内容，也可以在协商一致后，对相应的内容进行变更。劳动合同签订后，企业可以选择使录用通知书失效，也可将其作为劳动合同的附件而继续有效。当二者约定不一致时，应当以劳动合同的约定作为确定劳动权利义务的依据。因此，发放录用通知书并不能免除企业签订书面劳动合同的法定义务。录用通知书仅仅是告知劳动者被录用并限期入职办理手续的告知书，与劳动合同在内容、用途、法律性质及后果方面均存在不同。因此，一旦劳动者入职，就应当及时与其签订书面的劳动合同，并在合同中约定以劳动合同约定的内容为准。

案例参考6 录用通知书等于劳动合同吗

2020年4月,张某通过招聘广告到A公司应聘。经过两轮面试,层层选拔,张某收到A公司的录用通知书。录用通知书中写明了张某的工作岗位、底薪、提成、补助以及报到时间等。报到当天,张某携带录用通知书前往A公司报到并按规定上班。此后,A公司仅按照录用通知书中的约定,为张某发放薪资,并没有另行签订劳动合同。

由于多种原因,公司业务很难开展,张某每月仅能收到底薪。2020年10月,张某向A公司提出解除劳动关系的要求,同时,张某依据《劳动合同法》的相关规定向A公司主张支付他在职期间的双倍工资。A公司不同意,于是张某与A公司发生争议。

【名师指点】

企业发放录用通知书是一种要约行为,对用人单位有约束力。一经发出,送达劳动者后即生效,用人单位不得随意撤销。对于劳动者来说,收到录用通知书,可以选择接受或放弃,一旦选择接受,劳动者要约条件即成立。录用通知书只是用人单位想要与劳动者建立劳动关系的单方意愿,而劳动合同是证明用人单位与劳动者建立劳动关系的法律文件,录用通知书不能代替劳动合同。

【专家建议】

录用通知书在法律性质上只属于要约,企业不能以录用通知书来替代劳动合同,应该在应聘者入职时及时签订劳动合同。虽然录用通知书中书写了劳动合同所要求的必备条款,也会起到维护企业利益的作用,但是录用通知书毕竟不是劳动合同,而且不是一式两份,同时还需要应聘者签字确认。

【相关法规】

《中华人民共和国劳动合同法》

第十条 建立劳动关系,应当订立书面劳动合同。

已建立劳动关系,未同时订立书面劳动合同的,应当自用工之日起一个月内订立书面劳动合同。用人单位与劳动者在用工前订立劳动合同的,劳动关系自用工之日起建立。

第十七条 劳动合同应当具备以下条款:
(一)用人单位的名称、住所和法定代表人或者主要负责人;
(二)劳动者的姓名、住址和居民身份证或者其他有效身份证件号码;
(三)劳动合同期限;

(四)工作内容和工作地点；

(五)工作时间和休息休假；

(六)劳动报酬；

(七)社会保险；

(八)劳动保护、劳动条件和职业危害防护；

(九)法律、法规规定应当纳入劳动合同的其他事项。

劳动合同除前款规定的必备条款外，用人单位与劳动者可以约定试用期、培训、保守秘密、补充保险和福利待遇等其他事项。

第八十一条　用人单位提供的劳动合同文本未载明本法规定的劳动合同必备条款或者用人单位未将劳动合同文本交付劳动者的，由劳动行政部门责令改正；给劳动者造成损害的，应当承担赔偿责任。

第八十二条　用人单位自用工之日起超过一个月不满一年未与劳动者订立书面劳动合同的，应当向劳动者每月支付二倍的工资。

用人单位违反本法规定不与劳动者订立无固定期限劳动合同的，自应当订立无固定期限劳动合同之日起向劳动者每月支付二倍的工资。

第四节　入职审查的内容

在劳动者携带录用通知到企业报到后，企业应履行相关义务，去了解员工的基本信息进行入职审查，常见的信息比如劳动者的真实年龄，一旦企业疏忽审查导致事实上使用童工，将会面临罚款风险。因此，在劳动者入职阶段，企业可以根据《劳动合同法》的规定"用人单位有权了解劳动者与劳动合同直接相关的基本情况"，做好对拟用人员的入职审查管理工作，包括拟录用人员年龄、学历证明、劳动关系状态、身体状态、银行账户、紧急联系人等，当企业收集到劳动者个人信息的同时，也负有对劳动者信息保密的责任。

一、年龄及身体状况审查

《劳动合同法》明确规定了用人单位对与劳动合同直接相关的劳动者基本情况有知情权。根据《劳动法》的规定，单位只能招用年满16周岁的劳动者，否则，会构成违法用工。因此，单位招聘时，应当要求应聘者提供身份证明。

根据《劳动合同法》的规定，用人单位对劳动者的身体状况有知情权，如果员工患有潜在的疾病或职业病，这将给未来的用工带来巨大的风险和成本。因此，单位有权要求应聘者提供正规的体检报告或者要求应聘者到指定医院参加体检。

实践中，有关就业体检，争议最大的是关于单位是否有权拒绝录用乙肝病原携带者的问题。为了避免用人单位滥用知情权，中华人民共和国人力资源和社会保障部《关于进一步规范入学和就业体检项目维护乙肝表面抗原携带者入学和就业权利的通知》明确规定了用人单位在就业体检中，不得要求乙肝项目检测，不得因劳动者是乙肝病原携带者而拒绝招用或辞退。另外，有关就业体检的最新相关规定中明确，禁止企业将妊娠测试作为入职体检项目。

案例参考 7 企业拒绝录用乙肝病原携带者是否合法

刘某曾是郑州 A 公司的程序员，通过网络应聘被北京 B 公司录取。刘某正式办理了 A 公司的离职手续后到达北京，在 B 公司进行入职体检。体检结果显示刘某是乙肝病原携带者，B 公司因此拒绝与刘某签订劳动合同。刘某认为，B 公司的行为违反了相关法律规定，因此向 B 公司主张赔偿相应损失。

【名师指点】

为保障劳动者享有平等就业权，消除就业歧视，只有在餐饮、保育等特殊职业中，可以要求劳动者进行乙肝检测，其他行业不能要求劳动者提供乙肝项目检测报告，不能询问劳动者是不是乙肝病原携带者。同理，非特殊行业，企业对拟录用劳动者因携带乙肝病原为由拒绝录用，将会被认定为违法。因此，本例中，如果刘某走法律途径，那么企业应当承担相应的赔偿责任。

【专家建议】

入职信息的采集要在法律法规允许的范围内进行并取得劳动者的授权，企业要对关键信息(如年龄、学历及岗位技能资格证明、是否已离职和当前的身体状况)进行审查，并要保证用工单位采集劳动者个人信息是出于工作需要。

根据相关法律规定，非特殊行业用人单位在就业体检中不得要求开展乙肝项目检测，不得要求提供乙肝项目检测报告，也不得询问是不是乙肝病原携带者，否则就属于过度采集劳动者信息，企业将承担相应责任。

尽管企业对录用劳动者信息采集大多数与聘用相关，但是还要考虑劳动者个人信息泄露或不当使用给劳动者带来的困扰。企业在采集劳动者个人信息时，要征得劳动者的同意(法律、行政法规另有规定的除外)，明确告知劳动者采集个人信息的目的、方式和范围，不得违反法律、行政法规的规定和双方的约定。

【相关法规】

《中华人民共和国就业促进法》

第三十条 用人单位招用人员，不得以是传染病病原携带者为由拒绝录用。但

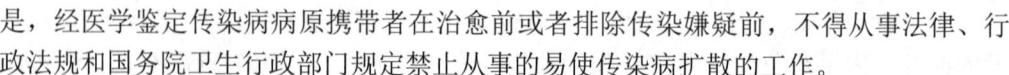

是，经医学鉴定传染病病原携带者在治愈前或者排除传染嫌疑前，不得从事法律、行政法规和国务院卫生行政部门规定禁止从事的易使传染病扩散的工作。

二、资质及劳动关系状态审查

资质审查是对劳动者岗位技能的审查，其审查依据主要是与应聘职位相关的学历证明和各种资格证明。劳动关系审查是对劳动者是否可以与企业签署劳动合同的资格进行审查，主要审查离职证明。

单位可以根据招聘职位的情况，要求应聘者提供相关的学历证明和各种资格证明，并进行真实性审查。如果单位忽视上述审查，使得劳动者以欺诈手段骗取录用，将导致劳动合同无效，进而提高用人单位的劳动雇佣成本。

根据《劳动合同法》的规定，单位招用了与其他用人单位尚未解除或者终止劳动合同的劳动者，给其他用人单位造成损失的，用人单位应当承担连带赔偿责任。因此，招聘员工时，企业必须要求应聘者提供已与原用人单位解除或终止劳动合同的证明，在员工无法提供的情况下，企业可要求员工提供原单位的联系方式或证明人，以便进行工作背景调查。用人单位只有严格审查，才能避免因招用未解除劳动关系的劳动者而承担连带赔偿责任。

案例参考 8 聘用未解除劳动合同的劳动者，企业需要承担赔偿责任吗

2018 年，B 公司与陈某签署了劳动合同。2020 年，陈某在未与 B 公司解除劳动合同的情况下，又与 A 公司签署了劳动合同，期限为 2020 年 5 月至 2025 年 4 月。在此期间，B 公司一直为陈某缴纳社会保险，并多次通知陈某回公司上班，陈某未给予回复。于是 B 公司要求陈某返还 B 公司代为缴纳的社保个人应承担部分，向 A 公司主张陈某给予 B 公司造成的经济损失的连带赔偿责任。

【名师指点】

企业在招录劳动者时要注意入职审查，确定劳动者个人资料的真实性，是不是正常离职，人力资源部门可以通过电话、邮件等多种形式向原单位进行核实，并对原单位的反馈进行记录。如果劳动者是兼职，应征询对方单位意见。本例中，A 公司录用还未解除劳动合同的陈某，对 B 公司造成了一定的经济损失，除陈某承担直接赔偿责任外，A 公司还需承担连带赔偿责任。

【专家建议】

(1) 招用应聘者时，应要求其提供与前一用工单位解除或者终止劳动合同的证明。

(2) 当应聘者无法提供直接离职证明时，可以要求其提供原用工单位的联系方

式、负责人或者证明人，以便进行背景调查，避免招用尚未与原用工单位解除或者终止劳动关系的人员。

（3）如果非要招用尚未与原用工单位解除或者终止劳动合同的人员，应当要求该劳动者的原用工单位出具同意其入职的书面证明。

（4）可以在劳动合同中约定，劳动者保证其与用工单位签订合同时已经与其他用工单位解除或者终止劳动合同，若发生劳动纠纷，虽不能对抗第三人，但可以作为日后向劳动者追偿的依据。

【相关法规】

《中华人民共和国劳动合同法》

第九十一条　用人单位招用与其他用人单位尚未解除或者终止劳动合同的劳动者，给其他用人单位造成损失的，应当承担连带赔偿责任。

案例参考9　员工学历造假企业能否直接辞退

2022年9月，A公司辞退了一名尚在试用期的员工李某。李某的工作岗位是无人机飞手。经A公司审查发现，李某自称中专学历，实际是高中毕业，并且李某经常旷工，连基本的办公软件都不会用。在李某入职还不到一个月，因其表现出的态度和学历不符等，A公司于是决定以学历造假为由解除与李某的劳动关系。而李某认为其具有无人机操作技能，满足岗位需要，从而与A公司发生争议。

【名师指点】

学历以及工作经历造假，违背了诚信原则，但要据此解除劳动合同，需要分析这些基本信息是否与工作相关、劳动者是否有义务向用人单位如实说明内容，以及是否会影响用人单位作出与该劳动者建立劳动合同的决定。在劳动者试用期，经公司审查背景发现劳动者造假，通常可以得到法律支持。如果劳动者在公司工作一段时间，并且工作表现良好，证明劳动者能胜任工作岗位要求的，那么就无法直接据此解除劳动合同。劳动者的实际工作能力不能靠学历来决定，同时用工单位负有入职审核学历等信息的职责，当初审查不明，事后就无法直接据此直接解除劳动合同而不承担责任。

【专家建议】

企业应对劳动者工作履历、学历等关键事项进行强调，明确该事项是建立劳动关系的基本要求；否则在单位没有明确要求的情况下，就无法直接认定双方劳动关系无效。此时，如果企业以劳动者能力无法胜任为由，通常难以获得法律支持。

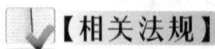【相关法规】

《中华人民共和国劳动合同法》

第三条 订立劳动合同，应当遵循合法、公平、平等自愿、协商一致、诚实信用的原则。

依法订立的劳动合同具有约束力，用人单位与劳动者应当履行劳动合同约定的义务。

第八条 用人单位招用劳动者时，应当如实告知劳动者工作内容、工作条件、工作地点、职业危害、安全生产状况、劳动报酬，以及劳动者要求了解的其他情况；用人单位有权了解劳动者与劳动合同直接相关的基本情况，劳动者应当如实说明。

第二十六条 下列劳动合同无效或者部分无效：

（一）以欺诈、胁迫的手段或者乘人之危，使对方在违背真实意思的情况下订立或者变更劳动合同的；

（二）用人单位免除自己的法定责任、排除劳动者权利的；

（三）违反法律、行政法规强制性规定的。

对劳动合同的无效或者部分无效有争议的，由劳动争议仲裁机构或者人民法院确认。

第五节 操作实务

一、招聘广告实务

招聘广告是用人单位招聘人才的主要渠道，是用人单位向潜在的不特定对象发布招录用人的信息，是向满足招录条件的劳动者发出订立劳动合同的要约的文字表述，所以需要严谨，一旦内容不当，用工单位将承担法律风险。

撰写招聘广告，需要明确以下几点。

（1）内容要真实明确，应当包括用工单位的基本情况、招用人数、工作内容、招录条件、技能要求、薪酬水平等相关信息，并依法如实告知劳动者有关劳动时间、福利待遇、职业危害、特殊要求等劳动者关心、关注的其他情况，应确保招聘信息真实有效、招聘岗位真实存在，禁止发布虚假招聘信息，刻意夸大广告内容，进行虚假承诺。

（2）招聘广告应避免歧视性条款，根据有关法律规定，劳动者享有平等就业权，不得因民族、种族、性别、宗教信仰不同而受歧视。虽然用人单位依法享有用工自主权，招聘人员时可以对岗位要求、录用条件等招聘内容和要求自主规定，但不能因此

侵犯劳动者的权利。

（3）内容要与劳动合同内容表述一致，招聘广告中的信息是用人单位和劳动者建立劳动关系的基础。劳动者对于用人单位的招聘广告内容表示认可，进而选择向该用人单位投递简历，并最终建立劳动关系，签订劳动合同。因此，劳动合同中相关条款与招聘条件和招录承诺应当保持一致。当然，双方在签订劳动合同时，会进一步对权利义务内容进行细化、修正、完善。当双方约定与招聘广告内容不一致时，应当及时充分地进行沟通协商，予以书面确认。

（4）要有明确的招聘条件，招聘信息中要载明所招聘岗位的具体要求，并将此信息存档，为日后证明员工不符合录用条件提供佐证。

招聘广告内容的准确描述可以促使符合条件的劳动者投递简历，在面试时为了有效获取劳动者信息，初步了解用工是否符合企业招聘岗位的要求，用工单位应制作规范的应聘人员登记表，该表可以了解员工基本信息、受教育情况、工作经历等。基本应聘人员登记表内容如下。

应聘人员登记表

姓名		性别		民族		出生年月		
身份证号码				籍贯		专业职称		
政治面貌		入党时间		婚否		职业资格		
最高学历		毕业院校				所学专业		
家庭地址						血型		健康情况
现居住地				联系电话			邮箱	
紧急联系人						紧急联系电话		
教育情况	自何时起		至何时止		学校名称及专业		证明人及联系方式	
培训情况	起止时间		培训部门		培训内容		培训结果	
工作经历	起讫时间		工作单位		担任职务	年薪情况	离职原因	
家庭情况	称谓		姓名		出生年月		工作单位	
特长爱好					本人期望待遇		元/月	
应聘人员声明	本人声明以上资料属实，如有虚构造假，在任用期间，愿无条件接受解雇，赔偿公司一切损失，并承担一切法律责任。 应聘人签字：　　　　　　　　　年　月　日							

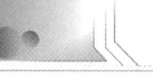

二、录用通知实务

录用通知书具有法律效力，一经发出就会对企业产生相应的约束，如操作不当就会产生风险。只要求职者对录用通知作出回应，用人单位就有责任履行其中承诺。除录用通知书上明确可以撤销或撤回的情况外，用人单位不得随意撤销或撤回，否则就属于单方面撤销合同。若劳动者证明因用工单位违约行为遭受损失，那么用工单位就应该对该损失承担赔偿责任。

为了履行告知劳动者录用结果的义务，可以向员工发送规范性的录用通知，其主要内容如下。

录用通知书

_____先生/女士：

感谢您诚意应聘本公司职位，经初审，本公司决定录取您到_____部_____岗位任职，竭诚欢迎您加入本公司。

有关报到事项如下，敬请参照办理。

一、报到日期：_____年___月___日(星期___)____时___分之前。

二、报到地点：_____

三、携带资料：

(1) 录用通知书；

(2) 居民身份证、学历证明正本(影印后退还)；

(3) 职称证(有职称特殊工作者，影印后退还)；

(4) 银行卡原件、复印件(本人必须签上名字)；

(5) 体检表或身体健康证明表；

(6) 最近三个月内正面半身一英寸照片四张；

(7) 原工作单位终止劳动合同的证明(应届毕业生除外)；

(8) 其他经指定的文件。

四、按公司规定新进员工必须签订劳动合同并先行试用___个月，试用期薪资为_____元，表现优异者可以申请提前转正，转正后月薪为_____元(该薪资由若干薪资结构组合而成)。

五、上述事项若有疑问，请与本公司行政人事部联系。

六、本录用通知书有效期为___天，如在期限内未收到回复，本通知书到期失效。

××××公司
年　月　日

三、入职审查实务

企业要充分意识到员工入职管理的重要性，企业人力资源部门在新员工入职管理过程中要做到审慎、细致，建立员工档案，其应包括员工姓名、性别、居民身份证号码、户籍地住址、居住地住址、联系方式、用工形式、用工起始时间、劳动合同期限等内容，由劳动者在档案内容后签字确认，并将档案留存备查；同时也应当及时与劳动者签订劳动合同。在选择劳动者的事情上用人单位一定要慎之又慎，千万不可因为一时心急而忽略了对劳动者的考察。对于考查内容结果，一定要存档，防止争议发生。

下面是员工入职时企业需要新员工填写的员工入职登记表的基本格式。

员工入职登记表

应聘职位（岗位）_____   填表时间 ___年___月___日

姓　名		性　别		政治面貌			
出生年月		籍　贯		民　族		照片	
学历		毕业院校		身高			
健康状况			婚姻状况				
现住址							
手机号码			身份证号码				
电子邮箱			外语语种及水平				

工作经历	起止年月	工作单位	工作内容	职务	证明人及电话

直系亲属	称谓	姓名	出生年月	政治面貌	工作单位、职务	联系电话

本人承诺：上述表格中所填写的内容真实、完整，录用后如发现填写信息虚假行为，本人同意解除劳动合同。

签名：　　　　　　　　　年　月　日

第六节 答疑解惑

一、以例说法

▶ **案例参考 10** 企业能否与实习期劳动者形成劳动关系

大学生王某于 2018 年 5 月取得某学院 2019 届毕业生推荐表,同年 6 月进入某装饰公司从事销售工作,多次被评为优秀员工,该公司依据其工作业绩每月发放数额不等的报酬,但未与王某签订书面劳动合同,亦未为其办理社会保险。2019 年 4 月,因社会保险及经济补偿金等问题,王某与公司发生争议。装饰公司则称王某系尚未毕业的在校大学生,到单位实习,公司付清了劳务报酬,双方之间未形成劳动关系。

【答疑解惑】

王某已达到法定就业年龄,具备劳动关系的主体资格。在实习之时,王某虽然没有取得大学毕业证书,但已年满 16 周岁,符合《中华人民共和国劳动法》规定的就业年龄,具备与企业建立劳动关系的行为能力和责任能力。本例中,王某已经完成全部学业,持有学校的毕业生推荐表,学校同意推荐就业,王某以就业为目的,接受公司管理,符合劳动关系的本质特征,王某与装饰公司建立了事实劳动关系,因此装饰公司应当为王某补办社会保险并支付经济补偿金。

企业背调涉及学生身份时,首先要确定学生是否属于实习生性质,在签订的书面实习协议中明确用工性质是实习,同时有书面协议确定用工性质为实习。另外,还要给实习生购买适当的商业保险或工伤保险,降低企业在实习生发生事故伤害时的赔偿风险。

▶ **案例参考 11** 企业能否解雇提供虚假工作经历的劳动者

某公司招聘了一名在简历中自称有多家企业销售经理岗位工作经验的销售经理周某,入职时双方签订了劳动合同。合同中约定:公司聘用周某为销售经理,试用期为三个月;周某全权负责公司销售业务,并对销售部人员的聘用享有决定权。两个月后,公司发现周某的销售业绩平平,即要求周某制订销售计划,加大销售力度。周某则提出增加销售人员的要求,并决定录用一名以前工作单位的同事。再两个月后,公司发现周某的销售业绩仍无起色,遂对周某的工作经历产生怀疑。于是,公司派人对周某提供的以往经历进行调查,发现周某所说的在多个用工单位做过销售经理的经历纯属虚构。为了避免周某继续工作可能产生的问题,公司当即作出了解除劳动合同的决定。周某认为自己取得的业绩与往日工作经历并无关系，公司解除劳动合同无凭无据，于是与公司发生争议。

【答疑解惑】

本例中，周某为了达到与公司签订劳动合同的目的，向公司提交了以往在多个企业做过销售经理的简历，而简历中的工作经历纯属虚构，周某利用简历骗取了公司的信任，致使公司与其签订了劳动合同。在一方当事人故意告知对方虚假情况，或者故意隐瞒真实情况，诱使对方当事人作出错误意思表示的，可以认定为欺诈行为，所以周某的这种做法属欺诈行为。因周某的欺诈行为导致双方签订的劳动合同无效，用工单位可以据此解除劳动合同，公司不需要支付补偿金。

企业人力资源部门在招聘中要对应聘者基础信息的真实性进行留存核实，准备好入职登记表，表格中列明员工的以往工作经历，要求员工如实填写，不得虚构造假。公司应将入职登记表以及员工的简历等作为劳动合同的附件，妥善管理和保存，在发生争议时可以作为直接有效的证据。还可以通过应聘者提供的工作经历证明人的联系方式进行询问，向之前的工作单位调查，了解员工工作表现的真实情况，以查明信息是否真实。对关键岗位、重要人员的审查，可以委托专业的调查机构进行调查。

▶ 案例参考 12 企业要求劳动者缴纳保证金有效吗

2021 年 4 月，张某入职 A 公司，经面试沟通完成后，张某收到录用通知。张某的工作内容是向区域范围内的企业客户配货，公司为张某配备送货小货车一辆。为避免小货车人为损坏，在张某入职时，公司人力资源部门要求张某缴纳 3000 元，作为公司聘用其工作的风险保证金，否则拒绝其入职。张某于是与 A 公司发生争议。

【答疑解惑】

在员工流动比较大的行业中，企业为了避免因员工非正常离职带来的财务损失，便要求劳动者提供一定形式的担保或财务抵押，或变相收取培训费、扣押劳动者工资，这些行为都是法律所禁止的。本例中，A 公司要求张某提供保证金，给张某的就业人为地设置了条件和障碍，属于违法行为，若张某走法律途径，提起劳动仲裁，企业当退还张某缴纳的保证金，并承担相应的赔偿责任。

劳动者入职前，企业要如实告知与劳动者工作相关的信息和劳动者要求了解的一些信息，禁止企业为转移风险，要求劳动者进行任何形式的抵押担保，向劳动者收取财物。

企业与劳动者建立劳动关系的过程中，企业不仅有对劳动者相关情况的知情权，也有对劳动者工作相关情况如实告知的义务。有些企业为了保障自身利益，在劳动者

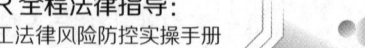

入职时，要求劳动者提供担保，或以培训费等名义要求劳动者缴纳一定的财物，这些行为都将为公司带来一定的潜在风险。

二、总结与思考

企业在发布招聘信息过程中要做到招聘信息内容真实有效，岗位职责描述清晰，招聘内容合法合规，不能为了提高招聘信息的曝光率游走在法律边缘，招聘内容不能含有歧视性条款。人力资源部门在制作录用通知书时要明确应聘者给予肯定回复的期限，若过期限应聘者未回复，企业有权撤销录用通知。入职审查要及时详尽，并留存审查结果。

第二章

劳动者试用期风险管控

在企业用工过程中，试用期是企业和劳动者入职后相互考察的一段时期。在此期间，企业可以对劳动者素养进行了解，确定劳动者是否满足企业需要，从而留住适合企业需要的人才，淘汰不适合企业需要的劳动者，减少企业人力成本；对于劳动者来说，在试用期阶段如果发现企业整体情况或所在团队与自己求职期望有差别，劳动者可以要求解除劳动关系。正是由于在这一时期企业和劳动者双方均认为解除劳动关系法律风险较小，从而产生了一些不规范、不合规的操作，比如同劳动者签订单独的试用期劳动合同、约定较低的试用期工资、在试用期满后与劳动者解除劳动关系等，从表面上看是维护了企业的权益，实质上则是侵害了劳动者的合法权益，从而给企业用工造成了风险。

第一节 试用期的期限与限制

试用期作为法律规范的企业与劳动者之间相互考察的一个阶段，为保障双方权益，法律对此阶段进行了一定的约束和限制，尽可能地保障此阶段双方利益不遭受损失。

一、试用期的法定上限

企业在招用劳动者时，可以与劳动者协商确定试用期的期限，但要遵循以下规定。
(1) 劳动合同期限 3 个月及以上不满 1 年的，试用期不得超过 1 个月；
(2) 劳动合同期限 1 年及以上不满 3 年的，试用期不得超过 2 个月；
(3) 3 年以上固定期限和无固定期限的劳动合同，试用期不得超过 6 个月。

▶ 案例参考 1　超过法定试用期用工合法吗

2018 年 12 月张某进入 A 公司工作，岗位为仓储管理员，双方订立的劳动合同期限为 1 年，时间为 2018 年 12 月 1 日至 2019 年 11 月 30 日，其中试用期为 2018 年 12 月 1 日至 2019 年 1 月 31 日，约定试用期工资为每月 2800 元，转正后工资为每月 3600 元；2019 年 9 月双方因故劳动合同解除。张某认为 A 公司试用期限超过法定期限，侵害了自己的权利，遂向企业主张支付超过法定约定试用期赔偿金。

【名师指点】

《中华人民共和国劳动合同法》中关于试用期的规定系强制性规定，劳动合同期限为 1 年的试用期不能超过 1 个月，本例中双方约定试用期为 2 个月，违反了法律规定，虽然劳动合同是双方确认过的，但 A 公司仍需承担法律责任。本例如果张某走法律途径，提起劳动仲裁，企业应当承担相应的赔偿责任。

【专家建议】

对于企业来说，不能为了降低用工成本，以实习期、培训期等借口延长劳动者试用期，或不考虑劳动合同期限长短一律将试用期定为 6 个月，试用期的期限必须在法定范围内。否则，企业将需为试用期超期而支付赔偿金。

【相关法规】

《中华人民共和国劳动合同法》

第十九条　劳动合同期限三个月以上不满一年的，试用期不得超过一个月；劳动合同期限一年以上不满三年的，试用期不得超过二个月；三年以上固定期限和无固定期限的劳动合同，试用期不得超过六个月。

同一用人单位与同一劳动者只能约定一次试用期。

以完成一定工作任务为期限的劳动合同或者劳动合同期限不满三个月的，不得约定试用期。

试用期包含在劳动合同期限内。劳动合同仅约定试用期的，试用期不成立，该期限为劳动合同期限。

案例参考 2　企业与劳动者约定试用期长短合法吗

2020 年 7 月，沈某进入 A 公司工作，岗位为业务专员，双方订立的劳动合同期限为两年，时间为 2020 年 7 月 11 日至 2022 年 7 月 10 日。A 公司提出试用期长一些，试用期为 2020 年 7 月 11 日至 2020 年 12 月 10 日，约定试用期工资为每月 3200 元，转正后工资为每月 4500 元；沈某急需一份工作，于是同意了公司的要求。工作了三个月之后，沈某申请转正并涨工资，公司以试用期和待遇的约定出自双方自愿为由，拒绝了沈某的要求。

【名师指点】

A 公司以试用期和待遇的约定出自双方自愿为由，拒绝沈某转正说法不成立。根据《中华人民共和国劳动合同法》第十九条规定，劳动合同期限一年以上不满三年的，试用期不得超过二个月；三年以上固定期限和无固定期限的劳动合同，试用期不得超过六个月。沈某与 A 公司签订了两年的劳动合同，因此，沈某的试用期最多为二个月，而实际约定为五个月，显然违法。本例如果沈某走法律途径，提起劳动仲裁，企业应当承担相应的赔偿责任。

【专家建议】

对于企业来说，与劳动者的约定条款一定在法律的框架下才有效，企业应当根据劳动者的具体情况、岗位需求、劳动合同期限，有针对性地设定试用期以规避相应的法律风险，防止给企业带来损失。

【相关法规】

参见《中华人民共和国劳动合同法》第十九条。

二、试用期的延长与缩短

试用期是企业用人的一个重要管理方法，它的作用之一就是保障企业以较低的成本去获取适合企业相应岗位工作的劳动者。从上一小节我们知道，试用期的约定要与合同期限相适应，企业应该自觉遵从相关法律法规，那么试用期能否缩短或延长呢？

▶ **案例参考 3** 试用期结束后，企业延长劳动者试用期，需要承担责任吗

刘某于 2022 年 4 月 1 日通过面试进入 A 公司，担任销售主管一职。双方签订的书面劳动合同期限为 2022 年 4 月 7 日至 2023 年 12 月 30 日，其中试用期自 2022 年 4 月 7 日至 2022 年 5 月 7 日。合同还约定刘某试用期工资为 4500 元/月，转正后工资为 5000 元/月。2022 年 5 月 7 日，刘某收到公司延长试用期一个月的通知。刘某找到人力资源部门进行沟通，人力资源部门认为刘某签订的劳动合同期限超过了一年，试用期可以设为两个月，这样才符合劳动法的规定。刘某当时就表示反对。于是，刘某与 A 公司发生争议。

【专家建议】

如果企业与劳动者订立劳动合同时没有约定试用期，在合同生效日之前，企业可以向劳动者提出延长试用期意向；劳动合同生效后，即代表企业放弃对劳动者进行试用，企业不能再延长试用期。当然，对应缩短试用期来说，大多数劳动者都会同意提前转正，发生争议的可能性较小。当企业提出延长试用期时要满足以下三个条件。

(1) 延长后的试用期要在法定试用期范围内。
(2) 延长试用期必须在已约定试用期满之前进行。
(3) 延长试用期必须征得劳动者同意。

【相关法规】

《中华人民共和国劳动合同法》

第十九条　劳动合同期限三个月以上不满一年的，试用期不得超过一个月；劳动合同期限一年以上不满三年的，试用期不得超过二个月；三年以上固定期限和无固定期限的劳动合同，试用期不得超过六个月。

同一用人单位与同一劳动者只能约定一次试用期。

以完成一定工作任务为期限的劳动合同或者劳动合同期限不满三个月的，不得约定试用期。

试用期包含在劳动合同期限内。劳动合同仅约定试用期的，试用期不成立，该期限为劳动合同期限。

第八十三条　用人单位违反本法规定与劳动者约定试用期的，由劳动行政部门责令改正；违法约定的试用期已经履行的，由用人单位以劳动者试用期满月工资为标准，按已经履行的超过法定试用期的期间向劳动者支付赔偿金。

三、试用期约定限制

在劳动者入职时，企业如果仅与劳动者签订试用期合同，而不签订劳动合同，该试用期合同中试用期约定可等同于劳动合同，试用期期限视为劳动合同期限，劳动者与企业的试用期约定合同就是第一份固定期限劳动合同。

在企业经营管理过程中，有些企业为了节约人力成本，在投机取巧的心理作用下，跟劳动者签订实习协议、试用协议，就是不签订正式的劳动合同，这是典型的违法行为。

【案例参考4】 企业与劳动者签订试用期合同是否有效

李某大学毕业后到A商贸公司上班，公司与李某签订了一份试用期合同，约定试用期工资为每月2500元，试用期为3个月，在这3个月内，如果李某能达到公司工作目标，期满后每月固定工资为3500元，否则公司将不再聘用李某。5个月后，A公司开始拖欠工资，并且A公司未给李某缴纳社会保险，李某便向公司主张权利，但公司拒不支付工资。

【名师指点】

在本例中，A公司与李某签订的是一份单独的试用期合同。根据相关法律规定，劳动合同中仅约定试用期的，试用期不成立，该期限为劳动合同期限，即公司与李某签订的劳动合同期限为3个月。试用期需要签订正式的劳动合同，试用期内如果不签订劳动合同，或者仅签订试用期劳动合同，则该试用期合同无效。本例如果李某走法律途径，企业应当承担相应的赔偿责任。

【专家建议】

试用期一定要包含在劳动合同期限内。劳动合同如果仅仅约定试用期的，试用期不成立，该期限为劳动合同期限，企业应当按照正式员工为其发放工资。

【相关法规】

参见《中华人民共和国劳动合同法》第十九条。

案例参考 5　企业可以以转岗为由重新约定试用期吗

张某于 2020 年 10 月到 A 公司进行面试，岗位为商务专员。经过面试后公司通知张某于当月到 A 公司报到上班。双方口头约定商务专员的试用期为 3 个月，转正后月薪为 3000 元，试用期月薪为转正后的 80%，即 2400 元，转正时再正式签订劳动合同。

在 3 个月期满时 A 公司以行政部人员紧缺为由，需调张某到行政部担任行政文员，但考虑张某没有行政部门的工作经验，A 公司重新与张某约定行政岗位试用期为 3 个月，正式工资待遇与商务专员相同，转正时再正式签订劳动合同。张某考虑自己刚毕业，急需一份工作提升自己的能力，就同意了。张某在行政文员岗位上工作了一个多月，A 公司以张某无法胜任行政工作为由，将张某辞退。

【名师指点】

试用期是企业对劳动者整体素质进行进一步考察其是否适合相应岗位的期限。可在企业实践中，有些企业为满足企业利益，滥用其优势地位，损害劳动者合法权益，违反法律法规。

本例中，A 公司行政岗位缺人，让张某转岗，并以张某无相关工作经验为由再次与其约定试用期，形成了同一用人单位(A 公司)与同一劳动者(张某)二次约定试用期的事实，尽管 A 公司通过协商二次约定试用期也得到了张某的同意，可是根据《劳动合同法》规定，A 公司与张某两次约定试用期，因此第二次约定的试用期无效。本例如果张某走法律途径，企业应当承担相应的赔偿责任。

【专家建议】

试用期约定具有唯一性，即同一企业与同一劳动者仅且只能约定一次试用期，无论出于何种目的，都不能再次约定。同一企业与同一劳动者之间，仅能约定一次试用期，若存在劳动者 A 在 B 公司工作离开 B 公司一段时间后再次就职 B 公司，或去 B 公司关联的 C 公司工作，B 公司或 C 公司也不能再与劳动者 A 签订试用期协议。

【相关法规】

参见《中华人民共和国劳动合同法》第十九条、第八十三条。

第二节　试用期工资支付

试用期作为企业对劳动者素质的一个考察窗口期，其工资报酬是由企业与劳动者协商一致的结果，但是为了保障劳动者的权益，避免一些企业过度压榨劳动者，《中华人民共和国劳动合同法》对此问题也作出了规定。

一、试用期工资

为了保障劳动者权益，法律对劳动者试用期工资作出了如下规定。

(1) 劳动者在试用期的工资不得低于本单位相同岗位最低档工资或者劳动合同约定工资的百分之八十。

(2) 不低于用人单位所在地的最低工资标准。

在我国，实行最低工资保障制度，规定不低于用人单位所在地最低工资标准就是充分保障劳动者在当地的生活成本。为了提升劳动者的工作进取意识，提升自身知识技能水平，促进企业内部人员公平竞争，企业可以在满足最低工资标准的前提下，制定层级式岗位工资。这种规定既考虑了劳动者生活必需，又兼顾了能力与回报成比例，从而保障了每个劳动者的合法权益。

▶ **案例参考6** 试用期适用最低工资标准吗

小陈高中毕业未能考上大学，因此选择了就业，之后便应聘到郑州某物业服务公司当保安，双方签订了2年的劳动合同。合同约定：小陈的月工资是3000元，试用期为2个月，在试用期内每月工资为1800元。试用期过后，小陈了解到郑州市当年的最低工资标准是2000元，于是他找到物业公司主管，要求按照最低工资标准补足自己2个月的试用期工资。公司认为，正式职工才享有最低工资标准，不适用于试用期职工，因而拒绝了小陈的要求。

【名师指点】

在本案例中，物业服务公司支付给小陈试用期月工资为1800元，低于郑州市最低工资标准。在《劳动合同法》中规定，劳动者在试用期的工资不得低于本单位相同岗位最低档工资或者劳动合同约定工资的80%，并不得低于用人单位所在地的最低工资标准。也就是说，试用期工资可以是正式工资的80%，同时也不能低于所在地最低工资，具体到郑州市最低工资标准是2000元，即小陈的最低工资只能是大于或等于2000元。因此，用人单位对于试用期工资的支付也不是随意的，最低工资标准的底线不管有没有取得劳动者的认可，都不能触碰。

【专家建议】

最低工资一经确定，并非永不改变。如果当地就业者增多，职工平均工资提高，经济发展水平加快等，或者本地区职工生活成本有一个较大的变化时，政府就会适时调整本地区的最低工资标准。因此，在签订合同之前一定要了解当地当年的最低工资数据。

【相关法规】

《中华人民共和国劳动合同法》

第二十条　劳动者在试用期的工资不得低于本单位相同岗位最低档工资或者劳动合同约定工资的百分之八十，并不得低于用人单位所在地的最低工资标准。

案例参考7　与劳动者约定试用期工资为正式工资的60%是否有效

2023年3月，李某应聘到A公司行政专员岗位。A公司人力资源主管向李某介绍，其公司规章制度中规定，试用期支付给员工的工资相当于同岗位正式职工工资的60%，理由是新员工试用期主要是岗前的培训和教育，本身并不为企业创造价值。李某同意并接受A公司试用期工资的说法。2023年5月，在试用期结束前，A公司以李某未能完成试用期考核为由，向李某发送解除劳动合同通知。李某要求按照法定试用期工资标准补足自己2个月的试用期工资。公司认为试用期工资是李某同意的，因而拒绝了李某的要求。

【名师指点】

根据相关法律规定，劳动者在试用期的工资不得低于本单位相同岗位最低档工资的80%，因此，A公司在其规章制度中规定试用期支付给员工的工资相当于同岗位正式职工工资60%的做法是违法的，A公司认为李某在入职时接受认可公司的试用期工资标准，是无法成立的，李某要求A公司补齐其试用期至少相当于同岗位正式员工工资80%的要求正当合法，法律上是支持的。本例如果李某走法律途径，提起劳动仲裁，那么企业应当补齐李某试用期工资。

【专家建议】

如果在劳动合同中没有明确约定试用期工资，在实际工资支付过程中要按照法律规定支付工资，不能随意约定。

【相关法规】

《中华人民共和国劳动合同法》

第二十条　劳动者在试用期的工资不得低于本单位相同岗位最低档工资或者劳动合同约定工资的百分之八十，并不得低于用人单位所在地的最低工资标准。

《中华人民共和国劳动合同法实施条例》

第十五条　劳动者在试用期的工资不得低于本单位相同岗位最低档工资的 80%或者不得低于劳动合同约定工资的 80%，并不得低于用人单位所在地的最低工资标准。

二、试用期福利待遇

相比试用期工资，试用期福利待遇总是会被一些企业和求职者忽略。一方面，劳动者想通过试用期的良好表现取得用人单位的认可，不好主动提出。另一方面，偶尔有试用期劳动者向企业主张权利时，总是等来"你还在试用期，不是正式员工，怎么能跟公司讲福利待遇？"事实上，从劳动者与企业建立劳动关系时间起，法律就赋予了劳动者相应的权利，试用期员工在福利待遇上除工资之外与正式员工并无不同，企业应依规履行给予劳动者相应的福利待遇。

▶ 案例参考 8　试用期可以享受医疗保险吗

陈某 2023 年 7 月毕业后应聘 A 公司，经面试后被 A 公司录用，双方签订了为期 3 年的劳动合同，合同约定陈某试用期为 3 个月。2023 年 9 月 20 日，陈某患病住院，经医院诊治半个月后仍未痊愈。A 公司了解病情后，停发了陈某全部工资，并以不能适应工作、不符合录用条件为由解除了陈某的劳动合同。陈某对此不认同，并要求用人单位收回解除劳动合同的决定，继续履行合同，让其享受病假待遇。于是双方发生争议。

【名师指点】

本例的争议焦点在于试用期员工是否享受医疗保险待遇，试用期员工患病企业是否可以辞退。依据《劳动合同法》，双方劳动关系是从订立劳动合同起确立的，只要劳动者与用人单位订立劳动合同，劳动者就已属用人单位的职工，有权享受用人单位的医疗待遇。另根据规定"合同制工人在试用期患病或因工负伤，可以享受三个月的医疗待遇"，陈某住院半个月，医疗期未满，A 公司解除陈某劳动合同于法无依。

本例如果陈某走法律途径，提起劳动仲裁，A 公司应当承担补齐陈某所享受医疗待遇的责任。

【专家建议】

试用期员工可依法享受医疗、婚假、病假等。另外，如果陈某医疗期满后，身体状况仍不适合本职工作岗位，用人单位可以解除劳动合同，也无须支付经济补偿金。

【相关法规】

参见《中华人民共和国劳动合同法》第十七条。

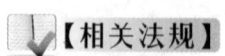

案例参考9　试用期是否应为员工缴纳社保

张某于2020年7月毕业后应聘A公司开发工程师岗位，合同约定张某试用期为2个月，合同期限为2年。试用期结束后，张某发现公司没有为他缴纳试用期间的基本养老保险、基本医疗保险、失业保险、生育保险等社保费用。张某于是与公司进行沟通，公司称试用期内员工无须缴纳社保费用。于是双方发生争议。

【名师指点】

本例的争议焦点在于试用期员工是否享受社会保险待遇。员工福利分为法定福利和非法定福利。对于非法定福利，用人单位对试用期员工具有给与不给的自主权；但对于法定福利，则必须无条件给予。根据法律规定，基本养老保险、基本医疗保险、失业保险、生育保险、工伤保险属于法定福利，自劳动合同生效之日起，用人单位必须履行为劳动者缴纳社会保险的义务。

本例如果张某走法律途径，提起劳动仲裁，企业应当承担补齐张某社会保险待遇的责任。

【专家建议】

试用期员工可依法享受社会保险待遇，包括基本养老保险、基本医疗保险、失业保险、生育保险、工伤保险。

如果劳动者的试用期转正没有通过，那么已享受的法定福利，比如社会保险等不需要归还给公司；如果不属于法定福利的，在公司与员工之间事先曾有书面约定的情况下，劳动者应当按约定将福利退还给公司。

【相关法规】

参见《中华人民共和国劳动合同法》第十七条。

第三节　试用期内解除劳动合同

试用期作为企业和劳动者相互了解的考察阶段，在此阶段无论是企业还是劳动者，都有权利主动解除劳动合同。

一、劳动者解除

对于劳动者来说，在试用期内可以合法解除劳动合同，但也绝不是说今天工作不顺心，发现公司种种不好，明天就可以走人了。在试用期内，如果用人单位没有过错，而是劳动者自己发现公司经营状况与自身心理预期差距过大，想要离职另谋高就，应依法提前三天提出书面告知，待三天期满后，就可以离职了，此时企业有义务结清劳动者工资并办理离职手续。

也就是说，劳动者在试用期内解除劳动合同的唯一前提就是提前三天告知企业，无须征得企业同意。如果企业以各种理由不同意劳动者离职或存在扣押劳动者的工资、不为劳动者办理离职手续等行为，劳动者要保留相关书面沟通的证据，申请劳动仲裁；反之，在试用期内，劳动者如没有特殊情况不通知企业直接离职，就属于违约行为。

二、企业解除

相对于劳动者解除劳动合同仅需提前三天进行告知，企业解除试用期内的劳动合同受到的约束就比较严格了。总体来说，企业解除试用期内劳动合同要满足以下三种情形之一。

(1) 劳动者在试用期内被证明不符合录用条件。

(2) 劳动者具有过错，包括：严重失职，营私舞弊，给用人单位造成重大损害的；劳动者被追究刑事责任的。

(3) 劳动者无过错，但不胜任工作岗位，包括：劳动者患病或非工伤，在医疗期后不能胜任工作岗位要求的，或经调岗后仍不符合录用条件的。

其中，劳动者在试用期内被证明不符合录用条件的是用人单位常用的理由。就如何证明不符合录用条件方面，如果用人单位无法明确举证，就会引发很多纠纷争议。

▶ **案例参考 10** 以试用期不符合录用条件为由可以无责任解除劳动合同吗

张某于 2019 年 10 月入职 A 技术公司，双方签订了期限自 2019 年 10 月 11 日至 2022 年 10 月 10 日的劳动合同，试用期为三个月。在试用期考核合格后将予以转正，但是双方签订的劳动合同并未约定具体的录用条件。张某入职后，认真履行工作职责，完成工作任务。2020 年 1 月 3 日，A 公司张某所属的项目组拒绝张某参加项目沟通会，并不再向张某分配新的工作任务。2020 年 1 月 9 日，A 公司以张某在试用期内未通过考核，试用期间被证明不符合录用条件为由，与张某解除劳动合同，并不予支付任何经济补偿。张某认为自己工作认真努力，项目组交给自己的工作任务自己都能够很好地独立完成，于是与 A 公司发生争议。

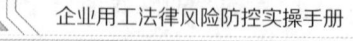

【名师指点】

在本例中，对于企业主张劳动者在试用期不符合录用条件解除劳动合同的，企业需要进行举证证明。对企业而言，可以提前设定劳动者需要达到的录用条件，在劳动者试用期满后，对劳动者试用期阶段的工作情况进行考查，从而确定劳动者是否符合录用条件。企业若以劳动者不符合录用条件为由，解除劳动合同的前提条件就是要拿出拟定的录用条件证明，并且该录用条件必须提前告知劳动者。只有符合以上条件，企业才可以以"劳动者试用期间不符合录用条件"为由在试用期合法解除与劳动者的劳动合同，而并非可以随意解除，侵害劳动者合法权益。A公司现有证据并不能充分证明张某不符合录用条件，因此需要支付相应的经济补偿。

【专家建议】

在试用期内，劳动者若想解除劳动合同，合法的路径是提前三天告知企业。企业在试用期内与劳动者解除劳动合同，需要由企业提供足以证明劳动者不符合录用条件的证据。企业对劳动者的录用条件考核要在试用期结束前，并告知劳动者公司对其考核的结果，否则，试用期结束后，劳动者自动转正。

【相关法规】

《中华人民共和国劳动合同法》

第二十六条　下列劳动合同无效或者部分无效：

(一)以欺诈、胁迫的手段或者乘人之危，使对方在违背真实意思的情况下订立或者变更劳动合同的；

(二)用人单位免除自己的法定责任、排除劳动者权利的；

(三)违反法律、行政法规强制性规定的。

对劳动合同的无效或者部分无效有争议的，由劳动争议仲裁机构或者人民法院确认。

第三十九条　劳动者有下列情形之一的，用人单位可以解除劳动合同：

(一)在试用期间被证明不符合录用条件的；

(二)严重违反用人单位的规章制度的；

(三)严重失职，营私舞弊，给用人单位造成重大损害的；

(四)劳动者同时与其他用人单位建立劳动关系，对完成本单位的工作任务造成严重影响，或者经用人单位提出，拒不改正的；

(五)因本法第二十六条第一款第一项规定的情形致使劳动合同无效的；

(六)被依法追究刑事责任的。

▶ **案例参考 11**　试用期员工多次迟到早退是否可以解除劳动合同

丁某于 2021 年 7 月 10 日入职 A 公司，担任美工一职。双方签订了劳动合同，约定劳动合同期自 2021 年 7 月 10 日起至 2022 年 7 月 9 日止，其中试用期自 2021 年 7 月 10 日起至 2021 年 8 月 9 日止。在试用期间，公司行政发现丁某频繁迟到早退，并通过微信对丁某进行提醒，但丁某屡教不改。2021 年 8 月 5 日，A 公司向丁某邮寄了《解除劳动合同关系通知书》，称因丁某在试用期内的工作表现不符合公司的录用条件，故与丁某解除劳动合同关系。而丁某认为自己在公司很好地完成了领导交办的任务，自己是胜任这份工作的，于是与 A 公司发生争议。

【名师指点】

根据相关法律规定，劳动者在工作期间，应该遵守劳动纪律和职业道德，按时出勤，不得迟到、早退。在试用期内，如果劳动者存在多次的迟到情况，经用人单位多次催告后仍然不改的，用人单位可以不遵守劳动纪律为由解除劳动合同。通过考勤记录、微信记录可以看出，A 公司多次提醒丁某上班迟到行为，但丁某仍不能遵守劳动纪律，所以 A 公司对丁某以试用期不符合录用条件为由解除双方劳动关系是恰当的，A 公司可以解除与丁某的劳动合同而不需要承担任何责任。

【专家建议】

企业应向劳动者明确试用期考勤的相应标准，如每月的迟到不得超过多少次等，设置可量化的标准，在劳动合同中或者规章制度中对员工的录用条件进行明确的规定，并履行相应的告知程序，这样当劳动者不遵守公司制度时，公司可以不符合录用标准为由解除与劳动者之间的劳动关系，而无须承担任何责任。

【相关法规】

参见《中华人民共和国劳动合同法》第二十六条、第三十九条。

第四节　操作实务——试用期员工管理实务

（1）设定明确的录用条件，录用条件是用人单位确定所要聘用的劳动者的最终条件，符合录用条件的，在试用期满时予以转正。录用条件应尽量严密、完善。录用条件的设定可以从劳动者的基本素养和劳动技能两方面着手。劳动者的基本素养包括所有的员工都应具备的基本条件，如诚实守信、遵守竞业限制约定等，这些录用条件可以通过规章制度来明确。劳动技能指每个岗位自身所需的特殊要求，如学历要求、资质要求、技能要求等。

(2) 履行告知义务，录用条件是试用期解除劳动合同的关键，如果用人单位以不符合录用条件为由解除与劳动者的劳动合同，那么应事先明确录用条件，而且要让劳动者知晓。

(3) 试用期对劳动者的考核可以确保新员工符合岗位要求，满足企业用人的实际需要，还可以为企业提供是否录用试用期劳动者的依据，若劳动者达不到考核要求，企业可以据此解除与劳动者的劳动关系。

下文为试用期管理制度内容格式，可供企业参考。

试用期管理制度

为了充分了解新入职员工在试用期内是否符合公司规定及应聘岗位的要求，规范新入职员工的试用期管理，特制定本制度。

1. 试用期期限

劳动合同期限三个月以上不满一年的，试用期为一个月；劳动合同期限满一年不满三年的，试用期为两个月；三年以上固定期限和无固定期限的劳动合同，试用期为六个月。

2. 试用期的工资

……

3. 试用期的基本管理制度

……

4. 试用期考核转正

4.1 新入职员工的试用期考核内容包括遵守规章制度情况、出勤情况、培训学习情况、岗位技能、工作态度、行为规范、职业道德、综合素质等。

4.2 人力资源部门对员工遵守规章制度情况、出勤情况等公司一般规定进行考核并注明意见。用人部门负责人对员工的工作态度、岗位技能、培训学习等进行考核并注明意见。

4.3 经考核不合格者，公司以书面形式通知其解除劳动合同；经考核合格者，通知员工办理转正手续。

……

5. 不符合录用条件的情形

试用期内，公司除依据《劳动合同法》第三十九条规定解除劳动合同外，若员工有下列情况之一者，将被视为不符合录用条件而被解除劳动合同，且无法获得任何经济补偿：

......

6. 辞职或辞退

......

第五节　答疑解惑

一、以例说法

▶ 案例参考 12　试用期内劳动者住院后可以解除劳动合同吗

付先生大学毕业后于 2020 年 5 月应聘进入一家公司就职，试用期为 3 个月。同年 7 月，付先生被检查出患有某种疾病，需住院治疗。公司了解病情后，单方面解除了和付先生的劳动合同，且未支付经济补偿金。请问：公司的做法合法吗？

【名师指点】

公司单方面解除劳动合同的做法不符合法律的规定。根据我国《企业职工患病或非因公负伤医疗期规定》，劳动者实际工作年限 10 年以下，在本单位工作年限 5 年以下的，依法享受 3 个月的医疗期。《劳动法》第二十九条、《劳动合同法》第四十二条均明确规定，劳动者患病的，在规定的医疗期内，用人单位不得依照劳动合同的非过失性解除、经济性裁员的有关规定解除劳动合同。结合付先生的实际情况，他在查出患病后，自 2020 年 7 月起依法享受 3 个月的医疗期。在此期限内，用人单位不得单方面解除劳动合同。若违法解除劳动合同，企业应当承担相应的赔偿责任。医疗期满后，若劳动者的身体条件确实不符合录用条件的，用人单位可以依据《劳动合同法》第三十九条的规定单方面解除劳动合同，且无须支付经济补偿金。

【专家建议】

试用期内员工依法享有医疗期，在医疗期企业不能单方解除劳动合同。医疗期结束后，如果企业想解除与劳动者的劳动合同，还需要证明劳动者不符合录用条件，这就要求用人单位在招聘时或在劳动合同中明确录用条件，在试用期间要有严格且持续的考核，以证明劳动者是否符合录用条件。如果用人单位没有做到上述两点，也不能在试用期随意解除劳动合同。

【相关法规】

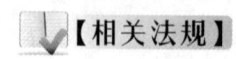

《中华人民共和国劳动法》

第二十九条　劳动者有下列情形之一的，用人单位不得依据本法第二十六条、第二十七条的规定解除劳动合同：

(一)患职业病或者因工负伤并被确认丧失或者部分丧失劳动能力的；

(二)患病或者负伤，在规定的医疗期内的；

(三)女职工在孕期、产期、哺乳期内的；

(四)法律、行政法规规定的其他情形。

《中华人民共和国劳动合同法》

第三十九条　劳动者有下列情形之一的，用人单位可以解除劳动合同：

(一)在试用期间被证明不符合录用条件的；

(二)严重违反用人单位的规章制度的；

(三)严重失职，营私舞弊，给用人单位造成重大损害的；

(四)劳动者同时与其他用人单位建立劳动关系，对完成本单位的工作任务造成严重影响，或者经用人单位提出，拒不改正的；

(五)因本法第二十六条第一款第一项规定的情形致使劳动合同无效的；

(六)被依法追究刑事责任的。

第二十六条　下列劳动合同无效或者部分无效：

(一)以欺诈、胁迫的手段或者乘人之危，使对方在违背真实意思的情况下订立或者变更劳动合同的；

(二)用人单位免除自己的法定责任、排除劳动者权利的；

(三)违反法律、行政法规强制性规定的。

对劳动合同的无效或者部分无效有争议的，由劳动争议仲裁机构或者人民法院确认。

第四十二条　劳动者有下列情形之一的，用人单位不得依照本法第四十条、第四十一条的规定解除劳动合同：

(一)从事接触职业病危害作业的劳动者未进行离岗前职业健康检查，或者疑似职业病病人在诊断或者医学观察期间的；

(二)在本单位患职业病或者因工负伤并被确认丧失或者部分丧失劳动能力的；

(三)患病或者非因工负伤，在规定的医疗期内的；

(四)女职工在孕期、产期、哺乳期的；

(五)在本单位连续工作满十五年，且距法定退休年龄不足五年的；

(六)法律、行政法规规定的其他情形。

《企业职工患病或非因工负伤医疗期规定》

第三条　企业职工因患病或非因工负伤，需要停止工作医疗时，根据本人实际参加工作年限和在本单位工作年限，给予三个月到二十四个月的医疗期：

(一)实际工作年限十年以下的，在本单位工作年限五年以下的为三个月；五年以上的为六个月。

(二)实际工作年限十年以上的，在本单位工作年限五年以下的为六个月；五年以上十年以下的为九个月；十年以上十五年以下的为十二个月；十五年以上二十年以下的为十八个月；二十年以上的为二十四个月。

二、总结与思考

在试用期，企业通常可以设定如下一些常用的录用条件：不具备政府规定的就业手续；无法提供办理录用、社会保险等所需要的证明材料；不能胜任用人单位安排的工作任务和岗位职责；患有精神病或按国家法律法规规定应禁止工作的传染病；与原用人单位未依法解除、终止劳动关系；与原用人单位存在竞业限制约定且仍在限制范围之内；通缉在案或者被取保候审、监视居住；未经单位书面许可不按约定时间到岗；入职后不同意购买社会保险；隐瞒曾经受过法律处罚或者纪律处分的事实。当劳动者存在上述情形时，企业可以免责解除试用期劳动合同。此外，在试用期遇到医疗期，即使企业在劳动合同中约定"员工在试用期内进入医疗期的视为不符合录用条件"，也不能生效，应当优先适用医疗期条款，不得以不符合录用条件为由解除医疗期内劳动者的劳动关系。

第三章

订立劳动合同风险管控

在企业用工过程中，劳动合同是企业与劳动者之间建立劳动关系、相互间约束权利义务的基本凭证，劳动者可以依据劳动合同主张劳动报酬、社会保险待遇等权利。可以说，现代用工管理可以等同于劳动合同管理。大量的劳动争议焦点也汇聚在劳动合同这个环节。即便企业充分知晓了劳动合同的重要性，但是在签订劳动合同环节，仍然面临着诸多问题，从而给企业造成经营风险。因此，企业如何签订合法安全的劳动合同尤为重要。

第一节　劳动合同订立时间与形式

劳动合同在企业用工中具有很重要的位置，《劳动合同法》施行后，很多企业也认识到签订劳动合同的必要性。可在司法实践中，劳动合同争议也是最多的。由此可见，如何在签订劳动合同过程中做到规范合法，对避免后期劳动争议来说至关重要。一份合规的劳动合同首先是在其订立时间与形式上的合规。

一、订立时间

关于没有与劳动者进行订立劳动合同的原因，有些是企业 HR 忘了或没有及时与劳动者签订；有些是劳动者本人拒绝签订；还有些是企业对《劳动合同法》不重视，认为没有与劳动者签订劳动合同，不构成劳动关系。这些错误的做法最后都需要相应的责任主体承担相应的法律后果。

《劳动合同法》规定，企业与劳动者建立劳动关系应当订立书面劳动合同，已建立劳动关系，未及时订立书面劳动合同的，应当自用工之日起一个月内订立书面劳动合同，用人单位与劳动者在用工前订立劳动合同的，劳动关系自用工之日起建立，并规定劳动者在工作之日起，如果超过一个月不满一年，用人单位未签订劳动合同，用人单位应向劳动者支付双倍工资。结合这两点，用人单位与劳动者订立劳动合同的时间点可以是用工前，也可以是在用工开始的同时，最迟必须在用工之日起一个月内与劳动者订立劳动合同，否则用人单位将承担一定的用工风险。

在劳动争议中，入职培训方面的问题也是争议多发地，《劳动合同法》第二十二条对此作出了规定，用人单位为劳动者提供专项培训费用，对其进行专业技术培训的，可以与该劳动者订立协议，约定服务期。劳动者违反服务期约定的，应当按照约定向用人单位支付违约金。违约金的数额不得超过用人单位提供的培训费用。用人单位要求劳动者支付的违约金不得超过服务期尚未履行部分所应分摊的培训费用。用人单位与劳动者约定服务期的，不影响按照正常的工资调整机制提高劳动者在服务期期间的劳动报酬。由此可见，入职培训期企业与劳动者当形成劳动关系，培训不仅仅是提高了劳动者技能，更多的是提高了劳动者适应企业相关岗位的契合度，为劳动者给企业服务提供基础。同理，劳动者不能仅仅享有培训权，也应承担因此培训产生的成本费用。

案例参考 1　在试用期期间未签订劳动合同，企业需承担什么责任

2018 年，A 公司招聘文秘一职。8 月 2 日，周某经面试入职，A 公司人力资源经理告知周某有 2 个月的试用期。9 月 25 日，周某接到 A 公司人力资源经理的通知，告知其未能通过试用期录用考核，公司决定辞退他。周某觉得自己在试用期的工作表现良好，部门领导交办的任务都已完成。于是周某与 A 公司发生争议。

【名师指点】

本例中，A 公司未与周某签订书面劳动合同，周某的试用期约定无效。周某与 A 公司的试用期约定应为劳动合同的期限，根据相关法规，用人单位自用工之日起超过一个月不满一年未与劳动者签订劳动合同，需要向劳动者每月支付二倍工资，最长支付时间为 11 个月，自用工之日起满一年不与劳动者签订劳动合同的，视为用人单位与劳动者签订无固定期限劳动合同，用人单位不能在以劳动合同到期为由单方面解除劳动合同。A 公司截至 9 月 1 日仍未与周某签订书面劳动合同，按规定需要向周某每月支付双倍工资。同时，A 公司的周某未能通过试用期考查理由也就不成立，A 公司解除劳动合同的行为也是违法的。周某可以要求 A 公司继续履行劳动合同；反之，如果周某不要求继续履行劳动合同，A 公司应承担赔偿责任。

【专家建议】

如果双方没有签订书面劳动合同，企业终止劳动合同时，需要依法向员工支付经济补偿金，未依法支付经济补偿金的，还需要加付额外的经济补偿金。如果签订了劳动合同，在劳动合同到期后，企业与劳动者不再续签劳动合同时，则不需要支付任何经济补偿金。

【相关法规】

参见《中华人民共和国劳动合同法》第十条、第八十二条。

案例参考 2　员工入职培训期是否形成劳动关系

2019 年 3 月中旬，李某入职 A 公司，岗位为销售员，双方口头约定工资为每月 3000 元，且未签订劳动合同。在 2019 年 3 月 16 日至 2019 年 3 月 31 日，A 公司对李某及同期入职员工进行为期两周的入职培训，让其了解公司内部架构及产品知识、公司规章制度等。2019 年 4 月 1 日，李某正式上岗工作，A 公司与李某签订了为期一年的劳动合同。2019 年 5 月 15 日，李某领取工资时发现培训期没有工资。A 公司人力资源部门给出解释，从劳动合同起始日起算工资，培训期间不算工作时间，不支付工资。李某于是与 A 公司发生争议，要求公司支付培训期间的半个月工资。

【名师指点】

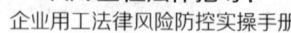

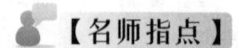

本例中，争议之处就是 A 公司依据其签订的劳动合同，认为工资计算应该由劳动合同签订日起计算。这个观点是错误的，《劳动合同法》明确规定，企业自用工之日起即与劳动者建立劳动关系，即劳动者把自己的时间用在公司相关事务处理，听取公司安排指挥的那一刻起，就当视为用工。李某经 A 公司招聘录用，由 A 公司安排进行岗前入职培训，其间遵守公司的规章制度、上下班规定，培训也是为公司工作做准备，所以在培训期间李某与 A 公司形成劳动关系。本例如果李某走法律途径，提起劳动仲裁，企业应当承担相应的赔偿责任。

【专家建议】

入职培训是用工的一种形式，是企业用工的组成部分，劳动者享有接受岗位技能培训的权利，入职培训是劳动者的权利，也是企业的义务，应当确定的是在培训期企业就与劳动者建立了劳动关系。

【相关法规】

《中华人民共和国劳动合同法》

第七条 用人单位自用工之日起即与劳动者建立劳动关系。用人单位应当建立职工名册备查。

第十条 建立劳动关系，应当订立书面劳动合同。

已建立劳动关系，未同时订立书面劳动合同的，应当自用工之日起一个月内订立书面劳动合同。

用人单位与劳动者在用工前订立劳动合同的，劳动关系自用工之日起建立。

二、订立形式

《劳动合同法》规定，建立劳动关系应当订立书面劳动合同，已建立劳动关系，未及时订立书面劳动合同的，应当自用工之日起一个月内订立书面劳动合同，用人单位与劳动者在用工前订立劳动合同的，劳动关系自用工之日起建立。劳动合同订立的形式为书面的劳动合同，因此，书面的劳动合同是劳动关系建立最有效的凭证，企业必须依法与劳动者签订劳动合同。而口头约定形成的事实劳动关系在双方意思表达一致时可以成立，但是无法在争议产生后进行认定，即口头约定的劳动合同无法在法律实践中作为凭证。

但对于非全日制用工，由于是按小时确定的灵活用工，可以以口头形式订立劳动合同。同样，如果用工双方同意，也可以签订书面劳动合同。

在实务中，有很多企业的人事行政管理部门工作职责之一就是负责与劳动者签订劳动合同。如果此岗位人员以未与企业签订劳动合同要求二倍工资赔偿，企业可以拒绝其要求。但有证据证明人事行政岗位人员曾向企业提出签订书面劳动合同，却遭到企业拒绝的，企业应当承担相应责任，一旦有拒签的，企业应当立即依据法律的规定作出处理。

▶ 案例参考3　行政人员未签订劳动合同，哪一方应当承担责任

康某于2020年8月12日入职A商务公司，担任人事行政部经理，负责人事行政部的日常管理工作，双方约定试用期为3个月，合同期为2年。2021年9月6日，A公司负责人通过邮件向康某发送劳动合同电子版，要求康某填写后打印并签署，但康某一直未向A公司提交打印后签字的劳动合同。2021年10月8日，康某以与公司的理念不合等为由提出离职申请，经公司批准后于10月20日办理完离职交接手续，离开工作岗位。康某认为公司未与其签订劳动合同，应当给予其双倍工资补偿，遂与A公司发生争议。

【名师指点】

根据相关法律规定，企业自用工之日起超过一个月不满一年未与劳动者订立书面劳动合同的，应当向劳动者每月支付二倍的工资，但是人事行政岗位应该特别考虑，康某作为A公司的人事行政部经理，与员工签订书面劳动合同是其工作职责之一，且公司曾主动提出要与康某签订劳动合同，并有邮件记录可以佐证，所以康某的主张不会被支持。

【专家建议】

因人事行政人员的工作职责之一是代表企业与劳动者签订劳动合同，人事行政管理人员有义务提示企业与员工订立书面劳动合同，若无法证明其有尽到提示义务或未签订劳动合同系企业原因导致，则应承担举证不能的不利后果。相反，本例中如果康某主动提出要求与公司签订劳动合同，而企业因各种情况未能签署，且康某有证据证明其认真履职，企业应当承担相应的赔偿责任。

【相关法规】

参见《中华人民共和国劳动合同法》第八十二条。

▶ 案例参考4　补签劳动合同公司是否需要承担赔偿责任

丁某于2020年8月12日入职A公司工作，工作岗位是业务专员，约定月工资标准是基本工资3000元+提成。2020年12月18日，A公司与丁某签订书面劳动合

同，劳动合同期限从 2020 年 8 月 12 日起至 2021 年 8 月 11 日止，合同签名落款时间是 2020 年 12 月 18 日。双方于 2021 年 8 月 11 日因合同期满终止劳动合同。丁某认为 A 公司在其入职后 4 个月才补签劳动合同，A 公司应向其支付自 2020 年 8 月 12 日起至 2020 年 12 月 18 日止因未签订劳动合同的双倍工资。

【名师指点】

本例中，争议之处就是 A 公司补签劳动合同，合同签订日期是否应从用工之日起计算。A 公司与丁某建立劳动关系后，未依法自用工之日起一个月内订立书面劳动合同，而是在几个月后才与丁某签订劳动合同。补签是在平等、协商一致的基础上达成的共识，只要不违反法律法规的规定，且符合当事人意思，也可认定为有效，即认为补签时丁某已放弃未签订劳动合同的双倍赔偿。

【专家建议】

企业在用工之日起满一个月后再与劳动者补签劳动合同，应注意补签的劳动合同的落款时间与合同期限。劳动者同意与企业补签劳动合同的，若补签的劳动合同的期限是从劳动关系建立之日起，应当认为是劳动者放弃未依法签订劳动合同企业应支付的二倍工资补偿。

【相关法规】

《中华人民共和国劳动合同法》

第七条　用人单位自用工之日起即与劳动者建立劳动关系。用人单位应当建立职工名册备查。

第十条　建立劳动关系，应当订立书面劳动合同。

已建立劳动关系，未同时订立书面劳动合同的，应当自用工之日起一个月内订立书面劳动合同。

用人单位与劳动者在用工前订立劳动合同的，劳动关系自用工之日起建立。

《中华人民共和国劳动法》

第九十八条　用人单位违反本法规定的条件解除劳动合同或者故意拖延不订立劳动合同的，由劳动行政部门责令改正；对劳动者造成损害的，应当承担赔偿责任。

《中华人民共和国劳动合同法实施条例》

第五条　自用工之日起一个月内，经用人单位书面通知后，劳动者不与用人单位订立书面劳动合同的，用人单位应当书面通知劳动者终止劳动关系，无须向劳动者支付经济补偿，但是应当依法向劳动者支付其实际工作时间的劳动报酬。

第六条　用人单位自用工之日起超过一个月不满一年未与劳动者订立书面劳动合同的，应当依照劳动合同法第八十二条的规定向劳动者每月支付两倍的工资，并与劳动者补订书面劳动合同；劳动者不与用人单位订立书面劳动合同的，用人单位应当书面通知劳动者终止劳动关系，并依照劳动合同法第四十七条的规定支付经济补偿。

前款规定的用人单位向劳动者每月支付两倍工资的起算时间为用工之日起满一个月的次日，截止时间为补订书面劳动合同的前一日。

第七条　用人单位自用工之日起满一年未与劳动者订立书面劳动合同的，自用工之日起满一个月的次日至满一年的前一日应当依照劳动合同法第八十二条的规定向劳动者每月支付两倍的工资，并视为自用工之日起满一年的当日已经与劳动者订立无固定期限劳动合同，应当立即与劳动者补订书面劳动合同。

第二节　劳动合同的主体

《劳动合同法》用于规范企业和劳动者之间的法律关系。劳动合同主体包括劳动者和用人单位，体现的是双方之间的直接关系，除此之外，任何第三方主体不能出现在劳动合同中。所以劳动合同主体合法应当是一个合规的劳动合同的第二重要内容。

一、用人单位

用人单位是指依法使用和管理劳动者并付给其劳动报酬的单位，包括以下组织形式：企事业单位、国家机关、社会团体、个体经济组织。用人单位具有劳动合同主体资格，可以依法享有用人权利，有用人行为能力。当劳动者权益受损时，可以直接凭借劳动合同证明与用人单位存在劳动关系，并向单位主张其权利。如果在签订劳动合同时，劳动合同是单位代签字，所有内容都是单位书写，劳动合同文本也没有留存，劳动者就只能自己证明与用人单位存在劳动关系，在维权中也将处于被动地位。如果企业与劳动者签订劳动合同不给劳动者，就相当于没有签订，只要劳动者本人提供没有签收劳动合同的证明，企业就应当承担相应责任。在与劳动者签订劳动合同过程中，董事长、总经理、人力资源总监、经理等在劳动合同上签名属于职务行为，可以代表企业与员工签订劳动合同，认定为企业真实意思表示。

▶ **案例参考5**　劳动合同可以不加盖公司公章吗

2020年6月，张某入职A公司，入职岗位为美工，并签订了2年期限的劳动合同。但合同书上没有签名，也没有加盖公司公章，人力资源部门以老板不在没法签字盖章为由，将张某签字劳动合同收走。后公司将一份有法人签字后的劳动合同交给张某。2021年4月，由于公司业务收缩需要精简人员，张某在被精简之列。张某认为合同未到期，要求继续上班。人力资源部门认为劳动合同上没有公司盖章，是无效劳动合同，公司有权辞退张某。张某不认同，遂与A公司发生争议。

【名师指点】

企业不加盖公章合同不一定无效。在本例中，劳动合同内容合规，任何一方不存在欺诈、胁迫行为，在没有特别约定的情况下，经双方当事人签字的劳动合同可被认定为有效劳动合同，不能仅凭没有盖公章，就认为劳动合同无效。当然为了避免不必要的争议，劳动者在签订劳动合同时，最好要求企业签字并加盖公章。

通常，公司法人在劳动合同文本上签字，并非以其个人名义，而是代表公司，因此尽管没有公司盖章，也已经体现了公司意愿，由此产生的法律后果均由公司承担。非法定代表人签字一般只有在事先取得授权的情况下，其签字才能使合同产生法律效力。但如果签订劳动合同未取得授权签字的是公司的行政、人事部门经理或者本部门的其他高级职员，此时劳动合同依然产生法律效力；如果在劳动合同上签字的是公司的一般员工，并且没有取得公司授权，劳动合同是无效的。另外，如果劳动合同上只有企业的公章，而没有法定代表人或委托代理人的签字，根据法律规定，此时劳动合同也是有效的。

【专家建议】

从本案例可以看出，企业的行政公章、合同专用章、法人印鉴及法人签名均具有法律效力，虽然未加盖企业公章，但有董事长、总经理、人力资源总监、经理等在劳动合同上签名的，可以认为此劳动合同有效。因为董事长、总经理、人力资源总监、经理等在劳动合同上签名属于职务行为，不是个人行为，所以可以代表企业与员工签订劳动合同，是企业真实意思表示。

【相关法规】

《就业服务与就业管理规定》

第二条 劳动者求职与就业，用人单位招用人员，劳动保障行政部门举办的公共就业服务机构和经劳动保障行政部门审批的职业中介机构从事就业服务活动，适用本规定。

本规定所称用人单位，是指在中华人民共和国境内的企业、个体经济组织、民办非企业单位等组织，以及招用与之建立劳动关系的劳动者的国家机关、事业单位、社会团体。

案例参考6　电子劳动合同是否有效

2021年5月9日，A公司因疫情不能与云某签署纸质劳动合同，遂通过B网络科技有限公司电子签约系统(具有相关技术服务资质)与云某签订了一份电子劳动合同，约定试用期为2个月，劳动合同期限为2年。2022年3月，云某通过电子邮件向A公司请求辞职，并向A公司主张未签订劳动合同的双倍赔偿。

【名师指点】

本例的争议在于网签电子劳动合同效力如何认定。劳动合同由企业与劳动者协商一致，并经企业与劳动者在劳动合同文本上签字或者盖章生效。随着科技的进步，很多企业开始使用电子劳动合同。电子劳动合同以数字信息为载体，并使用可靠的电子签名替代当事人的签章，通过网络完成签署。B公司作为有服务资质的电子签约服务平台，其线上数据记录当可视为合法有效的合同载体，且电子签约是双方真实意愿的选择，当认定为有效的合同，如电子签约是A公司自有系统，A公司需要提供其技术参数以证明电子信息的真实有效性。

【专家建议】

从本案例可以看出，电子劳动合同生效需要具备以下三个条件。
(1) 签订电子劳动合同的劳动者和企业具有法律法规规定的主体资格。
(2) 双方的签订行为符合本人真实意愿，不存在欺诈、胁迫等非法情形。
(3) 提供电子劳动合同的服务平台符合相关法律和技术标准，能记录劳动合同双方的签订意愿、身份认证、操作记录等流程信息。

【相关法规】

《就业服务与就业管理规定》

第二条　劳动者求职与就业，用人单位招用人员，劳动保障行政部门举办的公共就业服务机构和经劳动保障行政部门审批的职业中介机构从事就业服务活动，适用本规定。

本规定所称用人单位，是指在中华人民共和国境内的企业、个体经济组织、民办非企业单位等组织，以及招用与之建立劳动关系的劳动者的国家机关、事业单位、社会团体。

第十六条　劳动合同由用人单位与劳动者协商一致，并经用人单位与劳动者在劳动合同文本上签字或者盖章生效。

劳动合同文本由用人单位和劳动者各执一份。

二、劳动者

　　劳动者是为企业提供劳动服务并获取一定报酬的自然人。自然人成为劳动合同主体需要满足两个条件，一是具有劳动行为能力，二是达到法定年龄十六周岁。《劳动法》第十五条中规定禁止用人单位招用未满十六周岁的未成年人，文艺、体育和特种工艺单位招用未满十六周岁的未成年人，必须遵守国家有关规定，并保障其接受义务教育的权利。在实践中如果企业招收未满十六周岁人员，毫无疑问要被法律追责。在劳动者主体要素上通常容易发生争议的是代签行为。代签劳动合同是经过了劳动者本人的同意，并且该劳动者也实际接受了劳动合同的内容，而且企业也有相关证据表明劳动者授权了代签人进行代签，那么我们就认为该代签的劳动合同是有效的。反之，没有经过劳动者的同意，且企业无法证明代签行为取得劳动者授权，即使双方已经按照劳动合同的内容在履行，那么也认为代签的合同是无效的。

　　根据《劳动合同法》规定，企业与劳动者建立劳动关系，应当订立书面劳动合同。用人单位与劳动者之间已经建立劳动关系，但未同时订立书面劳动合同的，应当自用工之日起一个月内订立书面劳动合同。如果在企业要求与劳动者签订书面劳动合同过程中，劳动者以各种理由拒绝签订劳动合同，可根据《中华人民共和国劳动合同法实施条例》(简称《劳动合同法实施条例》)第五条的规定"自用工之日起一个月内，经用人单位书面通知后，劳动者不与用人单位订立书面劳动合同的，用人单位应当书面通知劳动者终止劳动关系，无须向劳动者支付经济补偿，但是应当依法向劳动者支付其实际工作时间的劳动报酬"，与劳动者解除劳动合同，必要时企业可以以书面形式通知劳动者终止劳动关系，并不因解除劳动合同承担任何经济补偿责任。

▶ **案例参考7　劳动合同可以代签吗**

　　宋某自2019年1月12日起到A公司从事业务员工作，后双方于2020年5月11日解除劳动关系。宋某以工作期间未订立劳动合同为由，要求A公司支付未订立劳动合同期间的二倍工资。

　　A公司认为宋某是自动离职，但无证据能够证明。A公司称曾为此打电话通知宋某订立劳动合同，宋某因在外地出差，让同事高某代为在劳动合同上签字，故双方已订立了劳动合同。且高某有微信记录可以证明宋某因在外地出差，让其代为在劳动合同上签字。

👤 **【名师指点】**

　　本例中，A公司主张其提交的劳动合同系经宋某同意，由其他工作人员代签，且有高某与宋某的聊天记录佐证，可以视为高某代宋某签订劳动合同的行为曾得到过宋某的授权或追认，因此代签劳动合同为有效劳动合同，A 公司不应承担宋某主张的双倍工资赔偿。

【专家建议】

劳动合同代签是否生效，主要看是否有证据表明代签人取得当事人的有效授权，代签行为是不是当事人的真实意思表达。

【相关法规】

《中华人民共和国劳动合同法》

第十六条　劳动合同由用人单位与劳动者协商一致，并经用人单位与劳动者在劳动合同文本上签字或者盖章生效。

劳动合同文本由用人单位和劳动者各执一份。

《中华人民共和国民法典》

第一百六十一条　民事主体可以通过代理人实施民事法律行为。

案例参考8　劳动合同代签无效情形

2019 年 12 月 1 日 A 公司与李某签订劳动合同，合同中约定李某从事出纳岗位，月薪为 3500 元，劳动合同期限为两年，试用期 3 个月。2021 年 12 月 1 日，劳动合同到期，A 公司解除与李某的劳动关系。李某称劳动合同非其本人签字，为他人代签，主张 A 公司支付与其未签署劳动合同双倍工资赔偿。A 公司说代签劳动合同行为已事先通过电话告知李某，并且李某同意了，但无证据加以证明，于是双方发生争议。

【名师指点】

本例中，同样是代签劳动合同，但由于 A 公司不能证明代签行为取得李某的认可，李某对代签其劳动合同的行为表示不知情，A 公司除口头陈述外，并未提交有效证据证明其主张，因此应承担举证不能的后果。故而可以认定 A 公司工作人员代李某签订的劳动合同系无效合同，应依法支付李某未签订劳动合同双倍工资赔偿。

【专家建议】

企业和劳动者，在订立劳动合同时，如果存在代签情形，一定要严肃对待合同的形式和程序要求，在事后及时补充代签授权证明资料，否则企业将承担举证不利风险。

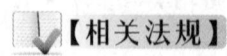

【相关法规】

《中华人民共和国劳动合同法》

第八十一条　用人单位提供的劳动合同文本未载明本法规定的劳动合同必备条款或者用人单位未将劳动合同文本交付劳动者的，由劳动行政部门责令改正；给劳动者造成损害的，应当承担赔偿责任。

《中华人民共和国民法典》

第一百六十一条　民事主体可以通过代理人实施民事法律行为。

案例参考 9　劳动者拒不签署劳动合同，企业主动解除劳动关系是否需要赔偿

李某于 2020 年 3 月 7 日经网络招聘被 A 公司招用，岗位为售后客服。A 公司于 2020 年 3 月 24 日、4 月 4 日两次口头通知李某签订劳动合同，但李某一直未签。2020 年 4 月 22 日，A 公司书面通知李某 2020 年 5 月 7 日前必须签订书面劳动合同，否则将终止劳动关系，但李某仍然拒绝签订。2020 年 5 月 7 日 A 公司书面通知李某双方终止劳动关系。

【名师指点】

本例中，A 公司多次通知李某签署劳动合同，李某进行推托，拒不签署，从形式上分析，公司已经尽到义务，不应承担赔偿金。根据《劳动合同法实施条例》第五条：自用工之日起一个月内，经用人单位书面通知后，劳动者不与用人单位订立书面劳动合同的，用人单位应当书面通知劳动者终止劳动关系，无须向劳动者支付经济补偿，但是应当依法向劳动者支付其实际工作时间的劳动报酬。

企业依法解除拒不签署劳动合同的劳动者劳动关系，时限范围在一个月内，才不需要支付经济补偿。而本例中，A 公司虽然尽到通知义务，但未能及时终止劳动合同，所以应当承担不利赔偿。

【相关法规】

参见《中华人民共和国劳动合同法实施条例》第五条。

案例参考 10　在校大学生能否与企业建立劳动关系

张某为某大学 2021 届毕业学生，将于 2021 年 7 月毕业。2021 年 2 月，张某通过校招进入 A 公司从事销售工作，由于其出色的业务能力，多次被评为 A 公司月销售之星，A 公司依据其工作业绩每月按时发放数额不等的报酬，但未与张某签订书面劳

动合同。2021 年 6 月，张某因业绩提成问题与 A 公司发生争议，A 公司遂与张某解除劳动合同。张某主张 A 公司支付其未签署劳动合同期间的双倍工资赔偿，A 公司认为张某系尚未毕业的在校大学生，到单位实习，公司付清了劳务报酬，双方之间未形成劳动关系，不应支付双倍赔偿。

【名师指点】

本例中，张某已经年满 16 周岁，且法律并无明文规定在校生不具备劳动关系的主体资格，在校学生能够成为劳动关系的主体，大学生在登记求职时，已完成了全部学习任务，明确向企业表达了求职就业愿望，且通过自己的工作业绩证明自己的劳动行为能力，所以当属合法有效的劳动合同主体，A 公司说辞不成立，应当承担未签署劳动合同双倍赔偿责任。

【专家建议】

劳动者是否成为劳动主体有两个必要因素，一个是具有劳动行为能力，另一个是年满 16 周岁。因此，不能因劳动者是在校学生就不与其形成劳动关系，如果企业针对学生只提供实习机会，则需要与大学生订立实习协议，明确双方之间的用工关系。

【相关法规】

《中华人民共和国劳动合同法》

第二条　中华人民共和国境内的企业、个体经济组织、民办非企业单位等组织(以下称用人单位)与劳动者建立劳动关系，订立、履行、变更、解除或者终止劳动合同，适用本法。国家机关、事业单位、社会团体和与其建立劳动关系的劳动者，订立、履行、变更、解除或者终止劳动合同，依照本法执行。

第十条　建立劳动关系，应当订立书面劳动合同。

已建立劳动关系，未同时订立书面劳动合同的，应当自用工之日起一个月内订立书面劳动合同。

用人单位与劳动者在用工前订立劳动合同的，劳动关系自用工之日起建立。

第九十三条　对不具备合法经营资格的用人单位的违法犯罪行为，依法追究法律责任；劳动者已经付出劳动的，该单位或者其出资人应当依照本法有关规定向劳动者支付劳动报酬、经济补偿、赔偿金；给劳动者造成损害的，应当承担赔偿责任。

《中华人民共和国劳动法》

第九十七条　由于用人单位的原因订立的无效合同，对劳动者造成损害的，应当承担赔偿责任。

第九十八条 用人单位违反本法规定的条件解除劳动合同或者故意拖延不订立劳动合同的，由劳动行政部门责令改正；对劳动者造成损害的，应当承担赔偿责任。

《中华人民共和国劳动合同法实施条例》

第三条 依法成立的会计师事务所、律师事务所等合伙组织和基金会，属于劳动合同法规定的用人单位。

第四条 劳动合同法规定的用人单位设立的分支机构，依法取得营业执照或者登记证书的，可以作为用人单位与劳动者订立劳动合同；未依法取得营业执照或者登记证书的，受用人单位委托可以与劳动者订立劳动合同。

第五条 自用工之日起一个月内，经用人单位书面通知后，劳动者不与用人单位订立书面劳动合同的，用人单位应当书面通知劳动者终止劳动关系，无须向劳动者支付经济补偿，但是应当依法向劳动者支付其实际工作时间的劳动报酬。

第六条 用人单位自用工之日起超过一个月不满一年未与劳动者订立书面劳动合同的，应当依照劳动合同法第八十二条的规定向劳动者每月支付两倍的工资，并与劳动者补订书面劳动合同；劳动者不与用人单位订立书面劳动合同的，用人单位应当书面通知劳动者终止劳动关系，并依照劳动合同法第四十七条的规定支付经济补偿。

前款规定的用人单位向劳动者每月支付两倍工资的起算时间为自用工之日起满一个月的次日，截止时间为补订书面劳动合同的前一日。

第七条 用人单位自用工之日起满一年未与劳动者订立书面劳动合同的，自用工之日起满一个月的次日至满一年的前一日应当依照劳动合同法第八十二条的规定向劳动者每月支付两倍的工资，并视为自用工之日起满一年的当日已经与劳动者订立无固定期限劳动合同，应当立即与劳动者补订书面劳动合同。

第三节 劳动合同内容规范和效力

企业在制定劳动合同内容时，要符合相关法律法规的规定，如果劳动合同内容违法违规，可能会给企业造成损失。

一、劳动合同条款

劳动合同是在法律法规框架下企业与劳动者双方意思协商的结果，劳动合同中必须具备法律法规要求的各项条款，并且有些具体标准也是法定的，比如社会保险、休息休假、经济补偿、违约责任等，企业和劳动者对此一应要遵法执行。

根据《劳动合同法》第十七条的规定，订立的书面劳动合同中以下内容必须存在：

(一)企业的名称、住所和法定代表人或者主要负责人；

(二)劳动者的姓名、住址和居民身份证或者其他有效身份证件号码；

(三)劳动合同期限；

(四)工作内容和工作地点；

(五)工作时间和休息休假；

(六)劳动报酬；

(七)社会保险；

(八)劳动保护、劳动条件和职业危害防护；

(九)法律、法规规定应当纳入劳动合同的其他事项。

这部分必须存在的内容通常称为劳动合同的必备条款。劳动合同中需要双方协商确定的必备条款有合同期限、劳动报酬、工作内容和地点，其他条款不能自由协商，具有法律强制性。除了以上必备条款，在劳动合同中，企业与劳动者还可以约定试用期、培训、保守秘密、补充保险和福利待遇等其他事项，并根据情况自主决定是否写入劳动合同中。一份合法完整的劳动合同必须具备上述条款，否则就会导致合同不成立，而使企业处于不利地位。

▶ 案例参考 11 企业能任意变更工作地点吗

王某于 2018 年任职 A 软件公司，岗位为软件开发工程师，劳动合同约定工作地点为开封市，但公司经营一直在郑州市，王某也一直在郑州市内上班。2021 年 5 月，因公司经营需要，该公司决定将办公场所搬迁到开封市，并要求下属员工随公司搬迁，也未给予搬迁员工通勤帮助或交通补贴。王某对此表示不认可，双方也未能就工作地点一事达成共识。

【名师指点】

本例中，企业与劳动者在劳动合同中约定了工作地点为开封市，事实上王某一直在郑州市工作，因而形成对劳动合同中工作地点内容在事实上的变更。2021 年，王某工作地从郑州市调整到开封市，可以认为是对劳动合同相关内容变更时客观情况发生的重大变化。而且调整后公司未能为王某提供交通支持或给予交通补贴，对王某履行劳动合同客观上造成了较大影响，因此，A 公司应当对王某未能履行劳动合同承担相应的责任。

【专家建议】

劳动合同中对工作地点的变更，属于合同订立时所依据的客观情况发生重大变化的情况之一，如果是企业原因，且导致劳动者额外增加通勤成本，劳动者有权依法解

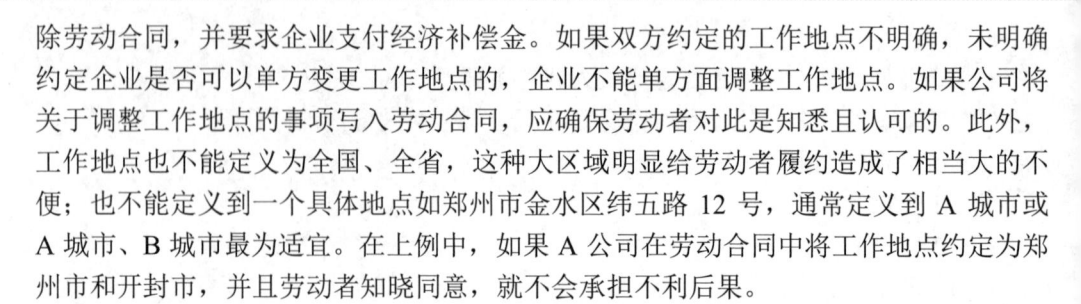

除劳动合同,并要求企业支付经济补偿金。如果双方约定的工作地点不明确,未明确约定企业是否可以单方变更工作地点的,企业不能单方面调整工作地点。如果公司将关于调整工作地点的事项写入劳动合同,应确保劳动者对此是知悉且认可的。此外,工作地点也不能定义为全国、全省,这种大区域明显给劳动者履约造成了相当大的不便;也不能定义到一个具体地点如郑州市金水区纬五路12号,通常定义到A城市或A城市、B城市最为适宜。在上例中,如果A公司在劳动合同中将工作地点约定为郑州市和开封市,并且劳动者知晓同意,就不会承担不利后果。

【相关法规】

《中华人民共和国劳动合同法》

第十七条 劳动合同应当具备以下条款:
(一)用人单位的名称、住所和法定代表人或者主要负责人;
(二)劳动者的姓名、住址和居民身份证或者其他有效身份证件号码;
(三)劳动合同期限;
(四)工作内容和工作地点;
(五)工作时间和休息休假;
(六)劳动报酬;
(七)社会保险;
(八)劳动保护、劳动条件和职业危害防护;
(九)法律、法规规定应当纳入劳动合同的其他事项。
劳动合同除前款规定的必备条款外,用人单位与劳动者可以约定试用期、培训、保守秘密、补充保险和福利待遇等其他事项。

第三十五条 用人单位与劳动者协商一致,可以变更劳动合同约定的内容。变更劳动合同,应当采用书面形式。
变更后的劳动合同文本由用人单位和劳动者各执一份。

▶ 案例参考12 劳动合同缺失必要条款,劳动者是否能拒签

宋某自2019年10月12日起到A公司从事销售工作,2019年10月22日A公司通知与宋某签订劳动合同。宋某发现劳动合同中没有社会保险条款,于是与公司进行协商,公司拒绝对此作出变更,并声称所有员工的劳动合同都按此样本签订。此后,宋某一直在公司上班,后经多次沟通均未果。2019年12月12日,公司通知与宋某解除劳动合同关系。宋某提出未签订劳动合同双倍赔偿请求,公司对此不认可,认为是宋某拒签行为,导致未能签订劳动合同,应当由宋某自己承担后果。

【名师指点】

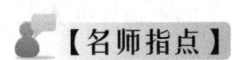

根据相关法律，劳动合同中必须载明必备条款，合同内容应当如实体现双方的意愿，并符合法律法规的规定，企业不得利用劳动合同内容损害劳动者的合法权益，否则劳动者有权拒签，或与企业进一步进行磋商。本例中，A公司虽然履行了通知签署劳动合同义务，但因劳动合同内容上缺失社会保险条款，劳动者有权拒签，拒签后果应当由A公司承担。A公司在与宋某多次沟通过程中一直对宋某用工，超出一个月内签署劳动合同期限，故应依法支付宋某未签订书面劳动合同的双倍工资差额。

【专家建议】

与劳动者签订书面劳动合同，是企业的法定义务，在本例中劳动者拒签理由是劳动合同缺失必备条款。退一步讲，即使劳动者无正当理由或劳动者自愿放弃签署劳动合同，企业最好的做法是即刻终止劳动关系，否则应当承担相应超期未签劳动合同的赔偿责任。

【相关法规】

《中华人民共和国劳动合同法》

第十七条　劳动合同应当具备以下条款：
(一)用人单位的名称、住所和法定代表人或者主要负责人；
(二)劳动者的姓名、住址和居民身份证或者其他有效身份证件号码；
(三)劳动合同期限；
(四)工作内容和工作地点；
(五)工作时间和休息休假；
(六)劳动报酬；
(七)社会保险；
(八)劳动保护、劳动条件和职业危害防护；
(九)法律、法规规定应当纳入劳动合同的其他事项。
劳动合同除前款规定的必备条款外，用人单位与劳动者可以约定试用期、培训、保守秘密、补充保险和福利待遇等其他事项。

第八十一条　用人单位提供的劳动合同文本未载明本法规定的劳动合同必备条款或者用人单位未将劳动合同文本交付劳动者的，由劳动行政部门责令改正；给劳动者造成损害的，应当承担赔偿责任。

第八十二条　用人单位自用工之日起超过一个月不满一年未与劳动者订立书面劳动合同的，应当向劳动者每月支付二倍的工资。

用人单位违反本法规定不与劳动者订立无固定期限劳动合同的，自应当订立无固定期限劳动合同之日起向劳动者每月支付二倍的工资。

二、劳动合同的期限

劳动合同根据用工时间长短可分为固定期限、无固定期限和以完成一定工作任务为期限三种。劳动合同期限是法律规定劳动合同的必备内容，在劳动合同中必须给予明确的约定。

1. 固定期限劳动合同

固定期限劳动合同是指企业与劳动者约定合同终止时间的劳动合同。固定期限劳动合同的特点就是劳动合同中明确了劳动合同的起始和终止时间，其时间阶段可以是半年、1年、2年、5年、10年等。在劳动合同终止时间到达时，劳动关系终止。

2. 无固定期限劳动合同

无固定期限劳动合同是指企业与劳动者约定无确定终止时间的劳动合同。无固定期限劳动合同的特点就是没有一个明确的劳动关系终止时间点，劳动合同不存在劳动合同到期的问题。在劳动者或者企业出现某些法律规定的情形下，无固定期限劳动合同的可以终止或解除。一些企业由于错误的理解、认知，想尽各种办法规避签订无固定期限劳动合同，这种做法缺乏对无固定期限劳动合同制度的正确认识。同时，也有不少劳动者认为无固定期限劳动合同一经签订就不能解除，这些都是错误的认识。无固定期限劳动合同与固定期限劳动合同在实际中对劳动者和企业的约束都是一样的，都只是劳动法为保障双方的权益而作出的规定。当某些法定情况发生后，双方均可解除劳动合同。

无固定期限劳动合同的签订需要符合以下情况之一：

(1) 企业与劳动者双方协商一致；

(2) 劳动者在企业持续工作满10年；

(3) 连续订立2次固定期限劳动合同后再次签订劳动合同的。

由此可见，无固定期限劳动合同作为劳动合同形式一种，其生效的前提是企业与劳动者订立劳动合同应当遵循平等自愿、协商一致的原则。只要用人单位与劳动者协商一致，并且没有采取胁迫、欺诈、乘人之危等非法手段，内容符合法律的有关规定，就可以订立无固定期限劳动合同。

当劳动者在企业连续工作满10年时，也可以要求企业与其签订无固定期限劳动合同，其中连续工作满10年是指劳动者在该单位工作时间应该是连续的，其计算时间是用工之日起，包括《劳动合同法》施行前的工作年限。《劳动合同法实施条例》第十条规定，劳动者非因本人原因从原用人单位被安排到新用人单位工作的，劳动者在原用人单位的工作年限合并计算为新用人单位的工作年限。原用人单位已经向劳动者支付经济补偿的，新用人单位在依法解除、终止劳动合同计算支付经济补偿的工作年限时，不再计算劳动者在原用人单位的工作年限。

当企业与劳动者连续订立 2 次固定期限劳动合同，且劳动者没有下列情形的企业就必须与劳动者签订无固定期限劳动合同：

（1）在试用期内被证明不符合录用条件的；

（2）严重违反用人单位的规章制度的；

（3）严重失职，营私舞弊，给用人单位造成重大损害的；

（4）劳动者同时与其他用人单位建立劳动关系，对完成本单位的工作任务造成严重影响，或者经用人单位提出，拒不改正的；

（5）因《劳动合同法》第二十六条第一款第一项规定的情形致使劳动合同无效的；

（6）被依法追究刑事责任的；

（7）劳动者患病或者非因工负伤，在规定的医疗期满后不能从事原工作，也不能从事由用人单位另行安排的工作的；

（8）劳动者不能胜任工作，经过培训或者调整工作岗位，仍不能胜任工作的。

除了上述 8 种情形外，当企业与劳动者连续订立了 2 次固定期限劳动合同，只要劳动者提出订立无固定期限劳动合同的，企业就必须与劳动者签订无固定期限劳动合同。

此外，企业自用工之日起满一年不与劳动者订立书面劳动合同的，视为用人单位与劳动者已订立无固定期限劳动合同。

如果企业不与劳动者签订无固定期限劳动合同，且企业与劳动者存在劳动关系，需要向劳动者支付自应当签订无固定期限劳动合同之日起的二倍工资。

3. 以完成一定工作任务为期限的劳动合同

以完成一定工作任务为期限的劳动合同是指企业与劳动者约定以某项工作的完成为合同期限的劳动合同，工作开始日期为合同起始日期，工作任务结束日期为合同终结日期。工作任务式劳动合同特点是工作结束合同即终止，不再续订，如以完成某项建筑工程以完工为期限的劳动合同，以及带有临时性、季节性的劳动合同。且根据《劳动合同法》第十九条的规定，以完成一定工作任务为期限的劳动合同或者劳动合同期限不满 3 个月的，不得约定试用期。

当以完成一定工作任务为期限的劳动合同因任务完成而终止不再续签时，根据《劳动合同法实施条例》第二十二条，以完成一定工作任务为期限的劳动合同因任务完成而终止的，用人单位应当依照劳动合同法第四十七条的规定向劳动者支付经济补偿。

企业与劳动者协商一致，可以订立其中任何一种期限的劳动合同。劳动合同期满

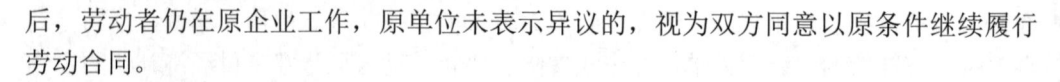

后，劳动者仍在原企业工作，原单位未表示异议的，视为双方同意以原条件继续履行劳动合同。

案例参考 13　签订固定期限劳动合同后能否签订无固定期限劳动合同

赵某于 2017 年 7 月 5 日入职 A 公司，岗位为设计师，并签订了书面劳动合同，合同约定：合同期限从 2017 年 7 月 5 日起至 2019 年 7 月 4 日止，工资为 3500 元/月。2019 年 7 月 5 日续签劳动合同，合同期限从 2019 年 7 月 5 日至 2021 年 7 月 4 日，工资为 4500 元/月。A 公司又于 2021 年 7 月 5 日与赵某续签 2 年的劳动合同，劳动合同期限为 2021 年 7 月 5 日至 2023 年 7 月 4 日。

2022 年 3 月份，赵某以其符合签订无固定期限劳动合同为由要求 A 公司与其签订无固定期限劳动合同，A 公司称已与赵某续签 2 年的劳动合同，不同意赵某提出的要求，于是双方发生争议。

【名师指点】

本例争议的焦点在于劳动者符合签订无固定期限劳动合同，但是与公司签订了固定期限劳动合同，而他能否重新签订无固定期限劳动合同？无固定期限劳动合同，是指企业与劳动者约定无确定终止时间的劳动合同。企业与劳动者协商一致，可以订立无固定期限劳动合同。在本例中，赵某虽然符合法律规定的签订无固定期限劳动合同的条件，但确与 A 公司签订了固定期限劳动合同，在该固定期限劳动合同履行过程中又请求与 A 公司重新签订无固定期限劳动合同的，这种情形法律不予支持。

【专家建议】

劳动者符合签订无固定期限劳动合同的条件，应及时以书面形式向企业提出，续签劳动合同时应谨慎审查其是固定期限劳动合同还是无固定期限劳动合同。

【相关法规】

《中华人民共和国劳动合同法》

第十四条　无固定期限劳动合同，是指用人单位与劳动者约定无确定终止时间的劳动合同。

用人单位与劳动者协商一致，可以订立无固定期限劳动合同。有下列情形之一，劳动者提出或者同意续订、订立劳动合同的，除劳动者提出订立固定期限劳动合同外，应当订立无固定期限劳动合同：

(一)劳动者在该用人单位连续工作满十年的；

(二)用人单位初次实行劳动合同制度或者国有企业改制重新订立劳动合同时，劳动者在该用人单位连续工作满十年且距法定退休年龄不足十年的；

(三)连续订立二次固定期限劳动合同，且劳动者没有本法第三十九条和第四十条第一项、第二项规定的情形，续订劳动合同的。

用人单位自用工之日起满一年不与劳动者订立书面劳动合同的，视为用人单位与劳动者已订立无固定期限劳动合同。

案例参考 14　签订了两次固定期限劳动合同，企业能解除劳动合同吗

李某于 2017 年 9 月 1 日入职 A 公司，岗位为技术支持，合同期限为 2 年。2019 年 9 月 1 日，A 公司与李某续签了 2 年劳动合同，劳动合同期限为从 2019 年 9 月 1 日起至 2021 年 8 月 31 日。2021 年 8 月 31 日，A 公司通知李某，劳动合同到期后，公司不准备与李某续签劳动合同，请李某于 2021 年 8 月 31 日办理离职交接手续。李某主张其与公司订立了两次固定期限劳动合同，符合签订无固定期限劳动合同的条件，要求公司与其签订无固定期限劳动合同。公司不同意李某的请求，于是发生争议。

【名师指点】

本例争议的焦点在于签订两次固定期限劳动合同到期后，企业是否可以单方解除劳动合同。在本例中，李某符合法律规定的可签订无固定期限劳动合同的条件，如果企业和劳动者协商一致，继续用工，企业须与劳动者签订无固定期限劳动合同。若企业不再用工须提前 30 天通知李某，根据相关法律法规，向其支付相应的经济补偿金方可解除与李某之间的劳动关系。

【专家建议】

企业有用工的自主权，当劳动合同到期后，企业可以选择解除劳动合同，但为了保障劳动者劳动权利，法律规定，企业在劳动合同到期解除与劳动者关系时需要支付相应的经济补偿。

【相关法规】

参见《中华人民共和国劳动合同法》第十四条。

案例参考 15　企业借故拒不与员工签署无固定期限劳动合同

张某于 2017 年 3 月 1 日入职 A 公司，此后，与公司签订了两次固定期限劳动合同。其中，最后一份劳动合同期限为从 2019 年 3 月 1 日起至 2021 年 2 月 28 日。2021 年 2 月 25 日，张某向公司人事提出签订无固定期限劳动合同的请求，但公司一

直推托。劳动合同期满后两个月内，张某多次向公司人事提出签订无固定期限劳动合同的请求，公司借故不同意张某的请求，无奈之下，张某请求辞职，并主张公司对其进行赔偿，遂与公司发生争议。

【名师指点】

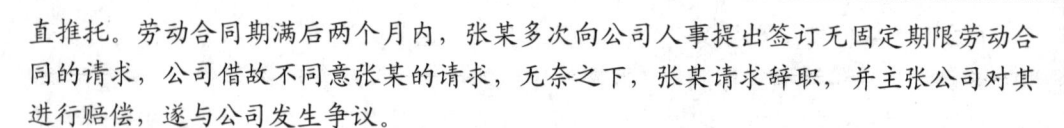

本例争议的焦点在于两次固定期限劳动合同期满，企业借故不与张某签署无固定期限劳动合同，是否应承担相应赔偿责任。为了保障劳动者的合法权益，《劳动合同法》明确规定企业与劳动者建立劳动关系的，应当与劳动者之间签订书面劳动合同，对未签订书面劳动合同的，企业将面临支付双倍工资差额的法律制裁。本例中，A公司应当与劳动者签订无固定期限劳动合同的情形已满足，并且张某多次向公司请求签署，但公司借故未与张某签订无固定期限劳动合同，并对张某一直用工，当认为A公司存在主观上的不签署劳动合同的故意，所以A公司应支付应签未签劳动合同期间双倍工资的赔偿金。

【专家建议】

双倍工资赔偿适用于初次建立劳动关系未签订书面劳动合同的情形和续订劳动合同时企业未签订劳动合同的情形。法律强制性规定必须要签订无固定期限劳动合同的情形，公司拒不签订无固定期限劳动合同的行为属违法行为，公司应承担未签订劳动合同的双倍工资赔偿责任。

【相关法规】

参见《中华人民共和国劳动合同法》第八十二条。

案例参考16 企业终止以完成一定工作任务为期限的劳动合同，是否需要支付经济补偿金

2020年3月，张某入职A公司，并与A公司签署了一份以完成一定任务为期限的劳动合同。2021年4月，在任务结束后，A公司又与张某签署了一份以完成一定任务为期限的劳动合同。在合同中约定：张某负责的项目是有周期的，项目结束后双方自动解除劳动关系，甲方不支付任何经济补偿。2022年6月21日，张某所从事的项目结束，此后张某再未到公司工作。2022年7月1日，公司以劳动合同到期为由与张某终止了劳动合同。张某主张公司对其进行经济补偿，遂与公司发生争议。

【名师指点】

本例争议的焦点在于以完成一定工作任务为期限的劳动合同解除是否需要支付经

济补偿。根据《劳动合同法实施条例》第二十二条的规定，以完成一定任务为期限的劳动合同因任务完成而终止劳动合同的，企业仍然需要支付劳动者经济补偿。本例中，A公司在合同中约定免除自己经济补偿金的条款与此条相冲突，是无效内容。因此张某的请求应被支持，A公司应当支付相应的经济补偿金给张某。

【专家建议】

以完成一定工作任务为期限的劳动合同，有其自身的特点，但从企业用工的过程来看，其与固定期限和无固定期限劳动合同没有实质的不同，在企业用工期间，属于劳动者的相关权益(包括社会保险、医疗保险等)不能少，解除劳动合同时仍然应根据实际工作时长支付相应的经济补偿金。

【相关法规】

《中华人民共和国劳动合同法实施条例》

第二十二条　以完成一定工作任务为期限的劳动合同因任务完成而终止的，用人单位应当依照劳动合同法第四十七条的规定向劳动者支付经济补偿。

《中华人民共和国劳动合同法》

第四十七条　经济补偿按劳动者在本单位工作的年限，每满一年支付一个月工资的标准向劳动者支付。六个月以上不满一年的，按一年计算；不满六个月的，向劳动者支付半个月工资的经济补偿。

劳动者月工资高于用人单位所在直辖市、设区的市级人民政府公布的本地区上年度职工月平均工资三倍的，向其支付经济补偿的标准按职工月平均工资三倍的数额支付，向其支付经济补偿的年限最高不超过十二年。

本条所称月工资是指劳动者在劳动合同解除或者终止前十二个月的平均工资。

三、有效的劳动合同规范

无论是在制定劳动合同条款中，还是与劳动者签订劳动合同的过程中，企业都应当严格依据法律的相关规定，否则就有可能导致劳动合同的全部或部分无效，不但不能有效地发挥劳动合同的作用，还可能给企业带来不利的法律后果。

劳动合同的生效是指企业和劳动者意思表示一致，建立了劳动合同关系，已经建立的劳动合同在企业和劳动者双方之间产生一定的法律约束力。根据《劳动合同法》第十六条的规定，劳动合同由用人单位与劳动者协商一致，并经用人单位与劳动者在劳动合同文本上签字或者盖章生效。劳动合同文本由用人单位和劳动者各执一份。由此可见，劳动合同应是企业与劳动者协商一致才能生效，即劳动合同生效要具备一定的要素。

根据《劳动合同法》的规定，一份有效的劳动合同，应具备以下四方面的要件。

(1) 主体合格：企业应是有用工自主权的适格主体，劳动者为有劳动权利能力和行为能力的公民(相关内容参见本章第二节"劳动合同的主体")；

(2) 形式合法：劳动合同必须以书面形式订立(相关内容参见本章第一节"劳动合同的订立时间与形式")；

(3) 内容合法：劳动合同内容不得违背法律法规的相关规定；

(4) 程序合法：劳动合同的订立遵循合法、公平、自愿和协商一致的原则，双方当事人的意思表示真实，不存在欺诈、胁迫或乘人之危的情况。

满足以上四点的劳动合同为有效劳动合同，有效的劳动合同双方受法律约束，相对地，企业与劳动者所订立的合同条款不满足以上四种劳动合同要件，将导致全部或部分不具有法律效力的劳动合同，即无效的劳动合同。无效劳动合同发生争议后，会造成劳动合同无效的责任者去承担相应的法律责任。

根据《劳动合同法》第二十六条的规定，下列劳动合同无效或者部分无效：

(一)以欺诈、胁迫的手段或者乘人之危，使对方在违背真实意思的情况下订立或者变更劳动合同的；

(二)用人单位免除自己的法定责任、排除劳动者权利的；

(三)违反法律、行政法规强制性规定的。

双方订立劳动合同、拟定劳动合同条款时应出于自愿，要遵守诚实信用原则。无效的劳动合同从订立时起就没有法律约束力，企业可以主动解除劳动合同。

欺诈是指劳动合同的一方故意告知对方虚假情况，或者故意隐瞒真实情况，诱使对方作出错误理解而签订劳动合同。比如学历、工作经历等有特定要求，企业应在招聘时明确告知，当劳动者故意隐瞒或提供虚假的学历、工作经历等，被企业当为劳动者真实信息，若被录用则构成劳动者对企业的欺诈行为，因此企业签订的劳动合同当为无效劳动合同。胁迫是指劳动合同的一方以对另一方或其亲友的生命健康、财产等造成伤害为要挟，从而使对方作出违背真实意愿的意思表示而签订劳动合同。比如劳动者因经济紧张找工作，企业支付的工资低于最低工资标准，当属要挟行为。企业为免除己方法定责任、排除劳动者权利的条款，如以"在劳动合同履行期间，女员工不能结婚生育"为由排除了劳动者结婚生育权利，这样的劳动合同条款当为无效劳动条款。另外，劳动主体不合法或劳动合同内容不合法也会造成劳动合同无效或部分无效。

劳动合同一旦被确认全部或部分无效，即意味着劳动合同的全部或部分从订立时起就不具有法律效力，企业和劳动者双方可以随时解除劳动合同。如果是用人单位的原因导致劳动合同无效，劳动者可以随时提出解除劳动合同，并要求用人单位向其支付经济补偿金；如果是劳动者原因导致劳动合同无效，企业可以随时解除劳动合同而无须提前通知并无须向劳动者支付经济补偿金。如果因无效劳动合同给对方造成损失，有过错的一方应当承担赔偿责任，但是企业不能以劳动合同无效为由拒不支付劳动者劳动报酬。根据法律规定，即使劳动合同被确认无效，但是劳动者已付出相应的劳动的，企业也应当向劳动者支付劳动报酬。

▶ 案例参考 17　劳动合同非必备约定企业是否可以自主订立

2019 年 10 月，王某到 A 公司工作，并与 A 公司签署了为期两年的劳动合同，在合同内容中有这样一个约定：若因公司与外部项目合同终止等不可控因素导致劳动合同无法继续履行的，不视为公司违约，此种情况下解除或终止劳动合同的，公司无须支付经济补偿。2021 年 5 月，王某负责的一个外部服务项目合同到期终止，双方就岗位变化无法协商一致，公司决定与王某解除劳动关系，并以劳动合同有约定为由，告诉他公司无须支付经济补偿。王某于是与公司发生争议，要求公司支付经济补偿金。

【名师指点】

本例的焦点在于劳动合同中非必备约定内容是否合法有效。根据《劳动合同法》第四十条第三项、第四十六条规定，劳动合同订立时所依据的客观情况发生重大变化，致使劳动合同无法履行，经企业与劳动者协商，未能就变更劳动合同内容达成协议的，企业提前 30 日以书面形式通知劳动者本人或者额外支付劳动者一个月工资后，可以解除劳动合同。同时，企业应当根据工作年限向劳动者支付经济补偿。《劳动合同法》第二十六条规定，违反法律、行政法规强制性规定的劳动合同无效或者部分无效。A 公司的外部服务项目合同到期后，因无业务导致与王某的劳动合同无法继续履行，属于客观情况发生重大变化致使劳动合同无法履行。法律明确规定，在此种情况下，A 公司作为用人单位应向王某支付经济补偿。A 公司以合同条款的方式，剥夺了王某在这种情形下获得经济补偿的合法权益。这样的条款属于违反法律规定的无效条款。A 公司以双方合同有约定为由拒不支付经济补偿，其理由不能成立。

【专家建议】

劳动合同中非必备条款给了企业很大的裁量自由，但这并不是说企业就能随意约定，所有的约定都要保证在不与现有法律冲突或剥夺劳动者相应权益的前提下才能生效。

【相关法规】

参见《就业服务与就业管理规定》第二条、第十条、第十六条、第十七条。

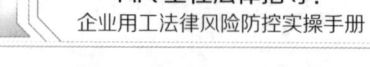

案例参考 18　劳动者自愿签署放弃社保是否有效

2018 年 3 月，王某到 A 公司工作。入职时，与公司签署了一份劳动合同，劳动合同中承诺放弃参加社会保险。2019 年 6 月，王某在下班途中发生交通事故，并被认定为工伤。王某向 A 公司提出解除劳动合同并要求支付医药费、营养费、交通费及工伤保险。A 公司认为，王某在劳动合同中已承诺放弃社会保险，公司不应再承担支付责任，于是与王某发生争议。

【名师指点】

本例的争议焦点在于劳动者一方放弃参加社会保险是否有效。根据相关法律法规，企业未依法为劳动者缴纳工伤保险，应由企业依照《工伤保险条例》的有关规定向劳动者支付工伤保险。本例中，王某承诺放弃缴纳社会保险，但是其有权在发生交通事故后申请工伤认定，并享受相应的工伤保险待遇。由于 A 公司与王某签署的劳动合同中约定同意王某放弃参加社会保险的要求，而实际 A 公司也因此未给王某缴纳相应的社会保险，所以当王某因工伤产生医疗费用时，应当由 A 公司承担支付责任。另外，在 A 公司与王某解除劳动合同时，还应为王某补缴在职期间的社会保险。

【专家建议】

企业依法为劳动者缴纳社会保险是企业法定义务，企业无权与劳动者就此进行协商而免除。本案中，双方有关王某不参加社会保险的约定因违反了法律法规的强制性规定，应属无效约定。

【相关法规】

《中华人民共和国劳动法》

第七十二条　社会保险基金按照保险类型确定资金来源，逐步实行社会统筹。用人单位和劳动者必须依法参加社会保险，缴纳社会保险费。

案例参考 19　员工提供虚假入职材料是否形成有效劳动合同

张某于 2020 年 4 月入职 A 公司，岗位为程序员，双方签订了聘用合同。A 公司对张某进行了入职登记，填写过程中，公司人事提醒登记内容提供虚假信息或使用其他不正当的方式将被辞退。张某在知晓后签名并确认。

2020 年 7 月，A 公司通过调查发现张某在入职登记时写明具有一年开发经验，但实际上只有 3 个月的开发经验，于是 A 公司决定与张某解除劳动关系，并不再支付经济补偿。

【名师指点】

本例的争议焦点在于企业在发现劳动者提供不实工作经历时是否可以单方面解除劳动合同。在本例中，A 公司招聘的是具有一定开发经验的程序员，张某虚构的工作经历是 A 公司招聘张某的前提，所以当这个工作经历失实时，劳动合同无效。因此，A 公司可以主张解除与张某的劳动合同，且无须承担任何经济补偿。

【专家建议】

当劳动合同存在以下情形之一时，劳动合同是无效的。

(1) 以欺诈、胁迫的手段或者乘人之危，使对方在违背真实意思的情况下订立或者变更劳动合同的。订立劳动合同，和其他一般的民事合同一样，都应当遵循自愿、协商一致和诚实信用等基本原则。因此，任何一方采用欺诈、胁迫的手段或者乘人之危，致使对方违反本意与其订立或变更劳动合同的，该劳动合同无效。欺诈是指劳动合同的一方当事人故意陈述虚假事实、隐瞒真实情况或者捏造假象，误导对方，使对方违背真实意思而订立合同。实践中比较常见的情形有：劳动者伪造学历、履历或者提供其他虚假情况以骗取与企业签订劳动合同；劳动者隐瞒尚未和原单位解除劳动关系的事实，与企业订立劳动合同；企业虚假承诺向劳动者提供福利待遇或夸大工资标准；等等。胁迫是指当事人一方以暴力或其他手段，威胁、强迫对方，或以将来要发生的损害相威胁，致使对方屈服其压力，违背自己的真实意思而订立合同，如企业限制劳动者人身自由，或威胁抵押金不予退还，合同期满后强迫续订劳动合同等。乘人之危是指趁对方处于危难之际，诱骗或强迫对方违背自己的真实意思接受某种明显不公平的条件而订立合同，如企业趁劳动者生活处于窘迫急于找到工作之际，将劳动者的工资压得过低，与其实际劳动力价值不相符，使劳动者不得已而接受显失公平的合同条款。

(2) 企业免除自己的法定责任、排除劳动者权利的。

在实践中，劳动者与企业订立的劳动合同，基本上都是企业事先拟定好的格式合同，劳动者不能对劳动合同的内容提出异议或进行协商，只有签或不签的权利。因此，为了防止企业滥用单方确定合同内容的地位，法律对于企业提供的劳动合同的内容设定了上述限制。也就是说，企业应该公平合理地确定双方当事人的权利义务，而不得免除自己的法定责任、排除劳动者的法定权利，使得劳动合同的内容显失公平。

【相关法规】

《中华人民共和国劳动法》

第十八条 下列劳动合同无效：
(一)违反法律、行政法规的劳动合同；

(二)采取欺诈、威胁等手段订立的劳动合同。

无效的劳动合同，从订立的时候起，就没有法律约束力。确认劳动合同部分无效的，如果不影响其余部分的效力，其余部分仍然有效。

第二十六条　下列劳动合同无效或者部分无效：

(一)以欺诈、胁迫的手段或者乘人之危，使对方在违背真实意思的情况下订立或者变更劳动合同的；

(二)用人单位免除自己的法定责任、排除劳动者权利的；

(三)违反法律、行政法规强制性规定的。

对劳动合同的无效或者部分无效有争议的，由劳动争议仲裁机构或者人民法院确认。

第二十七条　劳动合同部分无效，不影响其他部分效力的，其他部分仍然有效。

第二十八条　劳动合同被确认无效，劳动者已付出劳动的，用人单位应当向劳动者支付劳动报酬。劳动报酬的数额，参照本单位相同或者相近岗位劳动者的劳动报酬确定。

第四节　实务操作

一、劳动合同签署实务

当企业与劳动者签署劳动合同时，企业应该谨慎审查劳动者提供的身份证、学历证明、资格证书、工作经历等信息。当劳动合同出现内容无效情况时，无论过错是在劳动者还是企业，企业都要承担相应的责任，所以对劳动合同的内容企业要依法依规进行确定，确保劳动合同中各必备条款不缺失，非必要条款在法律法规约束下。

通常企业与劳动者签署劳动合同包括两部分，一部分是本地劳动行政部门的劳动合同范本，另一部分是企业根据具体情况制作的劳动合同补充协议。以下内容是劳动合同补充协议的示例，供读者参考。

劳动合同补充协议

甲方：

乙方：

本补充协议作为劳作合同的补充，与劳动合同有冲突时，以本协议为准。

一、合同期限：本合同自_____年___月___日(开始日)开始，至_____年___月___日(终止日)终止，为期_____年；

二、工作岗位：_____(甲方有权依据公司的实际需要调整乙方的工作岗位)。

三、试用期管理。

(1) 乙方的试用期限为___月，自_____年___月___日(开始日)开始，至_____年___月___日终止。

(2) 试用期工资为人民币_____元/月。

(3) 试用期考核方法。

根据岗位职责，确定如下考核依据，作为录用条件，乙方自愿遵守，并承诺认可甲方的考核结果(详见岗位考核规定)。

(4) 试用期如果乙方出现以下情况，甲方有权以不符合录用条件为由，解除劳动合同。

……

四、工作内容。

甲方因工作需要，在合法的前提下有权对乙方工作岗位进行适当调整，乙方应当服从，工资待遇亦根据岗位实际作相应调整。

……

五、转正后劳动报酬。

……

六、工资发放时间。

每月___日发放上月工资。

七、工作时间和休假。

双方约定实行计时工作制的，若甲方根据工作需要要求乙方加班，甲方将安排乙方补休或按国家规定支付加班费用；乙方自行加班的，根据甲方管理制度和具体工作安排，乙方属完成正常工作任务，甲方不再作加班处理。

……

八、社会保险。

甲方按照国家相关规定，为乙方缴纳社会保险，其中乙方应缴纳的社会保险部分，由甲方在其工资中代扣。

九、劳动合同的解除。

十、保密、竞业限制。

十一、离职程序。

乙方正常离职的，甲方应依法为乙方办理离职手续，但有下列情形之一的，致使甲方不能及时为乙方办理相关手续，由此产生的一切责任由乙方承担：

(1) 未按甲方规定办妥离职手续的；

(2) 拒不办理离职手续的；

(3) 因无法联络致使甲方无法将有关离职资料送达乙方的。

十二、争议处理。

十三、信息送达。

十四、其他约定。

以上内容为劳动合同补充内容，是劳动合同不可分割的一部分，与劳动合同具有同等法律效力。若与法律法规相抵触，或者因法律法规的变更而不一致的，以现行有效的法律法规为准。由甲、乙双方签字、盖章后生效。

甲方　　　　　　　　　　　　　　　　　乙方

　年　月　日　　　　　　　　　　　　　　年　月　日

二、劳动合同签署工具

企业为了规范与劳动者签署过程，防止签署无效劳动合同，规避潜在风险，在劳动合同签署过程中不仅要注意劳动合同内容、形式、主体等关键因素，还要留存相关凭证，若发生争议，可以将其作为直接有效的证据。

签订劳动合同通知书

××先生/女士：

根据《中华人民共和国劳动合同法》和《中华人民共和国劳动合同法实施条例》规定，建立劳动关系，应当订立书面劳动合同。订立地点为公司人事部。

接此通知后，你应当自＿＿＿年＿＿月＿＿日(即用工之日)起一个月内，于＿＿年＿＿月＿＿日前与本单位订立书面劳动合同。否则，本单位将依法与你终止劳动关系，并不给予经济补偿。

本通知书一式三份，甲乙双方各执一份，存入乙方档案一份。

特此通知

　　　　　　　　　　　　　　　　用人单位盖章：
　　　　　　　　　　　　　　　　法定代表人或委托代理人签字(盖章)
　　　　　　　　　　　　　　　　　年　月　日

　　　　　　　　　　　　　　　　签收人：
　　　　　　　　　　　　　　　　签收时间：

续签劳动合同通知书

××先生/女士：

　　单位与你签订的劳动合同的期限将于＿＿＿＿年＿＿月＿＿日届满，单位决定继续与你续订劳动合同，若同意续订合同，请于＿＿月＿＿日上/下午＿＿＿时到(部门)办理续订劳动合同手续。若不同意续订合同，请于＿＿月＿＿日前以书面方式答复单位。

　　特此通知

用人单位盖章：
法定代表人或委托代理人签字(盖章)
年　月　日

签收人：
签收时间：

劳动合同签收单

××公司：

　　＿＿＿＿＿＿，身份证号＿＿＿＿＿＿，所属部门＿＿＿＿＿＿，劳动合同签订时间为＿＿＿＿年＿＿月＿＿日，本人已完整阅读，并充分理解和认可劳动合同的内容。现收到公司交付给本人的已完整填写并加盖公章的劳动合同壹份，谨此确认。

员工签字：
签字日期：　　年　月　日

备注：劳动合同签收单应涵盖以下信息及注意事项。
1. 员工的基本信息、劳动合同签订时间。
2. 表明员工已知晓劳动合同内容，劳动合同是合法有效的，避免出现"空白劳动合同"的问题。
3. 表明员工已经收到劳动合同文本，且该文本已加盖公章为签收单的必备内容。
4. 落款日期为员工签收劳动合同日期，应由员工本人填写。
5. 签字应该当面进行。

第五节 答疑解惑

一、以例说法

> **案例参考 20** 网络艺人与运营公司是否形成劳动关系

2020 年 7 月，某文化公司与田某签订艺人独家经纪合约，约定双方合作范围包括但不限于网络演艺、线下演艺、商务经纪、明星周边及其他出版物、法律事务等与演艺事业相关的所有活动。双方基于合作产生收益，不谋求建立劳动关系，文化公司向田某支付艺人签约费 8 万元。若田某个人原因长期无法配合文化公司安排的直播或其他活动，需要提前 30 天提出书面停播申请。因个人身体问题导致无法直播须提供相关病历，病假期间的损失双方共同承担。田某每月直播时长未达到最低规定的，文化公司有权暂扣分成，双方收益结算周期为平台结算到账后 10 个工作日内。2020 年 9 月，田某不再履行合同。某文化公司主张田某按合同返还签约费。

【名师指点】

本例中，虽然主播田某的直播行为要受到其与某文化公司签订的独家经纪合约约定的最低直播时长、直播纪律等方面的约束，但田某是自行在第三方直播平台上注册从事网络直播活动，自主决定直播时间、直播地点和直播方式，并以粉丝打赏为主要收入来源。文化公司未对田某进行劳动管理，且未向田某支付劳动报酬，田某的收入全部来自网络直播吸引的粉丝打赏，双方按照约定比例进行收益分配；田某从事网络直播的平台由第三方所提供，网络直播活动并不是文化公司业务的组成部分，因此田某无须返还公司签约费。

【专家建议】

总体而言，网络艺人作为信息技术发展中形成的新职业，作为主播的劳动者具有劳动的自主性、独立性比其他职业劳动者从属于公司更为显著，因此其与经纪公司之间不构成劳动关系。

【相关法规】

参见《中华人民共和国劳动合同法》第七条、第十条。

▶ 案例参考 21　企业可签订合作协议代替劳动合同吗

2021 年 5 月，A 公司与张某签订合作协议，约定双方合作开发一款游戏软件，由张某进行项目管理，A 公司每月给张某发放工资，工资构成为基本工资+绩效+奖励+股份，并约定张某要接受 A 公司的管理。2022 年 3 月，A 公司通知张某解除合作协议。张某认为其与 A 公司是雇佣关系，向公司主张未签订劳动合同的双倍工资赔偿，A 公司以合作协议为由拒绝，于是双方发生争议。

【名师指点】

本例中，争议的焦点在于合作协议内容是否有效。判定劳动者与公司之间是否存在劳动关系，其核心是劳动者是否对公司具有依附性，是否受公司管控以及劳动者提供劳动后获取相应报酬，其判定标准并不只是表面文字，更重要的是劳动者与公司的实质劳动关系。在 A 公司与张某签订的合作协议中，已约定用工主体、工作岗位及职责、劳动报酬等内容，因此，已具备书面劳动合同的基本条款，且张某要接受 A 公司的管理，所以该合作协议应视为劳动合同。

【专家建议】

企业和劳动者之间的事实关系不是由协议内容确定的，若劳动者和公司满足以下标准，那么双方就存在劳动关系：

(一)用人单位和劳动者具有法律法规规定的主体资格；

(二)用人单位依法制定的各项劳动规章制度适用于劳动者，劳动者受用人单位的劳动管理，从事用人单位安排的有报酬的劳动；

(三)劳动者提供的劳动是用人单位业务的组成部分。

【相关法规】

参见《中华人民共和国劳动合同法》第七条、第十条。

二、总结与思考

在劳动合同订立过程中，企业要在劳动者入职一个月内订立书面劳动合同。劳动合同订立主体必须是劳动者与用人单位双方，劳动合同的内容要具备法律规定的必备要素，如果劳动合同内容部分违法，则不影响其他合法内容的生效。

第四章

保密与知识产权风险管控

　　随着知识经济时代的到来和人才流动的频繁，商业秘密的有效保护已逐渐成为困扰企业的一大难题。就目前的现实情况而言，人才流动是企业商业秘密流失的主要渠道，部分跳槽者甚至将原单位的商业秘密作为重新择业的筹码，由此引发的商业秘密侵权纠纷层出不穷。对于那些在日常工作中能够接触到企业商业秘密的员工，企业通常与其签订《保密协议》或《竞业限制协议》，从而达到保护商业秘密的目的。但是有些员工为了自己的利益违反相关约定，侵害企业的商业秘密，与企业在保密协议内容上发生争议。因此，如何建立和健全企业的商业秘密保护机制，通过一整套流程体系的规范管理，有效地预防泄密现象的发生，是企业 HR 必须面对和解决的问题。

第一节 商业秘密

商业秘密是指不为公众所知悉，具有商业价值并经权利人采取相应保密措施的技术信息和经营信息。也就是说，相关信息是否构成商业秘密，必须具备三要素，即秘密性、价值性和合理的保密措施。

(1) 秘密性：该信息不向社会公开，不能从公开渠道直接获取。

(2) 价值性：该信息具有现实的或潜在的商业价值，能为权利人带来竞争优势。

(3) 合理的保密措施：权利人采取了具体的保密措施，足以使承担保密义务的相对人意识到该信息为需要保密的信息。例如，在规章制度中明确保密信息，或签订保密协议等。

企业如果没有依据上述三要素来合理确定自己需保密的信息，相关信息就很可能因不构成法律规定的"商业秘密"而得不到法律的保护。

一、商业秘密的范围

商业秘密不能随意约定，需要严格按照前述商业秘密三要素的要求确定。如果欠缺某一要素，即便企业在保密协议或规章制度中明确规定为商业秘密，也不可能受到法律的保护。签订保密协议或制定保密规章制度本身就是用工单位采取保密措施的体现，在此前提下，对于是否属于商业秘密，主要是判断信息的秘密性和价值性。

商业秘密包括企业生产技术信息和企业经营信息两大类。企业生产技术信息是指企业对外销售的产品中企业应用的产品设计和所采用的各种技术的总称，包括企业产品生产流程设计工艺和计算机技术、通信技术。企业经营信息是指企业在经营管理过程中获取使用的能给企业带来竞争优势的各种信息，包括但不限于原材料价格、销售市场和竞争公司的情报、招投标中的标底及标书内容，还包括供销渠道、贸易记录、客户名单、产销策略、经营管理方法、经营管理方法的相关资料和信息。

通常下列企业信息可以认定为商业秘密。

企业的经营战略、经营规划和经营决策，合同、可行性研究报告和重要会议纪要，客户资料、进货渠道、招投标信息；技术信息，如技术方案、设计图纸、计算机程序、产品配方、产品模型、制作工艺、制作方法等；财务信息，如财务预决算报告、各类财务报表、银行账务信息等；人事信息，如企业的人事档案、组织架构、薪酬体系等；企业在对外交往和合作过程中知悉的第三方的保密信息，对于第三方信息，不仅企业对外承担保密义务，其员工也应承担相应的义务。

通常企业生产技术信息被认定为企业的商业秘密，而企业经营信息并不都具有秘密性，根据有关法规下列情形信息不具有秘密性：

(1) 该信息为其所属技术或者经济领域的人的一般常识或者行业惯例；

(2) 该信息仅涉及产品的尺寸、结构、材料、部件的简单组合等内容，进入市场后相关公众通过观察产品即可直接获得；

(3) 该信息已经在公开出版物或者其他媒体上公开披露；

(4) 该信息已通过公开的报告会、展览等方式公开；

(5) 该信息从其他公开渠道可以获得；

(6) 该信息无须付出一定的代价而容易获得。

由此可见，非商业秘密的信息通常都是可以通过其他渠道比较容易获取的内容。另外，商业秘密涉及的信息还必须具有现实的或潜在的商业价值，能为企业带来竞争优势，才能成为商业秘密。商业秘密中信息的价值评定可从以下几点考查。

(1) 价值既包括现实的价值，也包括潜在的价值。不管是现实的可直接使用的信息，还是正在研究、试制、开发等具有潜在的(可预期的)价值的信息，都可以构成商业秘密。

(2) 无论是积极信息还是消极信息，只要具有价值性，就可以构成商业秘密。不论是对生产、销售、研究、开发等生产经营活动直接有用的信息，还是在生产经营中有利于节省费用、提高经营效率的信息，如失败的试验报告、顾客名单、设计图纸等，都属于商业秘密。

(3) 价值具有客观性，即除权利人认为有实用价值外，还必须在客观上确实具有实用价值。仅仅是权利人认为有价值，并作为商业秘密进行管理，而客观上没有价值的信息，也不能构成商业秘密。

▶ 案例参考 1　违反保密协议并利用保密信息，需要承担什么法律责任

2019 年 5 月，李某与 A 教育公司签订《劳动合同》《保密协议》《竞业限制协议》，正式成为 A 教育公司的员工，并担任市场营销中心副总一职，负责招生工作。2021 年 9 月，李某从 A 教育公司离职，到 B 文化公司工作，主持市场营销部工作，在经营场所内利用 A 教育公司的培训资料、统计数据、合作画室名单、学员名单等文件资料，通过拨打文件资料中学生、家长的电话为 B 文化公司进行招生经营活动。于是 A 教育公司向有关部门反映 B 文化公司侵犯其商业秘密。

【名师指点】

本例中，李某离职交接后仍然保留 A 公司的培训资料、统计数据、合作画室名单、学员名单等文件资料，其中培训资料和统计数据为 A 公司经营信息，合作画室名单、学员名单等为 A 公司在经营过程中获取的第三方信息，这些都属于 A 公司的保

密范畴。因此，B 公司及李某应立即停止侵犯商业秘密的违法行为，并进行相应赔偿。

【专家建议】

离职员工从原公司获取资源，利用其获取的资源在新公司开展业务或创业的现象不少，如果保密措施做得不到位或不够严谨，可能会给公司造成很大的困扰，因此，用工单位要在保密协议上加大力度和投入。对离职人员的管理可从以下几个方面做起。

(1) 应明确员工离职时工作交接的具体内容，并且以书面形式告知员工必须交还的资料；

(2) 员工个人档案中应保存相应的培训记录，并尽量记录其所接触的保密信息范围；

(3) 要求离职人员作出承诺，确保其已根据企业指示交回一切含有商业秘密的资料和文件。

但是，客户基于对职工个人的信赖而与职工所在单位进行市场交易，该职工离职后，能够证明客户自愿选择与自己或者其新单位进行市场交易的，应当认定没有采用不正当手段，但劳动者与原单位另有约定的除外。

【相关法规】

《中华人民共和国劳动法》

第一百〇二条 劳动者违反本法规定的条件解除劳动合同或者违反劳动合同中约定的保密事项，对用人单位造成经济损失的，应当依法承担赔偿责任。

《中华人民共和国劳动合同法》

第二十三条 用人单位与劳动者可以在劳动合同中约定保守用人单位的商业秘密和与知识产权相关的保密事项。

对负有保密义务的劳动者，用人单位可以在劳动合同或者保密协议中与劳动者约定竞业限制条款，并约定在解除或者终止劳动合同后，在竞业限制期限内按月给予劳动者经济补偿。劳动者违反竞业限制约定的，应当按照约定向用人单位支付违约金。

二、保密协议制定注意事项

在实践中企业对员工提起的商业秘密侵权案件，胜诉败诉比例参半。这主要是由于企业忽视对其技术和经营信息的管理，没有采取合理的保密措施，缺乏相应的保密制度。不少企业对商业秘密管理仅限于在劳动合同或是在公司规章制度中设置一个保密条款，又或者是仅订立一个保密协议。如此薄弱的制度设计，一方面，增加了商业秘密泄露的可能；另一方面，权利人在遭到侵权时很可能会被认定是企业未采取合理保密措施，所以不构成商业秘密，致使相关权益无法得到法律的保护。一个完善的保密措施要从以下几个方面做起。

1. 建立完善严格的保密规章制度

企业应根据自身的实际情况建立完善的保密规章制度，并做好相应的公示，确保员工能明确知晓保密信息的存在，以及违反保密制度的法律责任。

(1) 建立登记制度和设定保密区域，对于外来人员进入进行登记，禁止外来人员随意进入办公区域，条件允许的，还可以配备电子监控系统和防盗系统。在企业内部设定保密区域，如技术部、产品研发部等，限制无关的人员进入保密区域。企业内部无关人员进出保密区域，应当进行登记。

(2) 对公司文件和档案进行保密管理，根据文件和档案的内容，确定保密级别、保密期限，并由专人专门保管，规定文件的借阅范围和手续。对于发放给特定人的含有商业秘密的文件和资料，应当对保密事项以书面形式做出说明。如果条件允许，还可以要求对方签署保密声明。

(3) 对生产设备、生产过程、原材料等物理隔离，将含有商业秘密的生产设备和生产过程安排在特定的保密区域内进行，对设备盛装标注"保密"标志。

(4) 明确计算机的使用和操作规程，任何员工不能随意复制含有商业秘密的软件或电子文件，更不能将上述软件或文件带出保密区域或企业。对于企业内含有商业秘密的专用计算机，应确定专人管理，并全面记录和登记其使用情况。

(5) 任何规章制度都需要经过公示才能发生法律效力，对于保密措施和保密制度，这一点更要明确。企业应当向相关员工明示相应的制度和规范，并进行全面的保密教育，使员工明确知晓其所负有的保密义务及相应的法律责任。

2. 签订保密或竞业限制协议

与员工签订保密协议，或在劳动合同中设立保密条款，是企业最常使用的保密措施。保密协议可以对保密的内容和范围、保密协议双方的权利义务、保密期限和违约责任等作出约定，它不仅可以规范员工的日常行为，还是要求泄密员工承担赔偿责任的依据。对于涉密性极高的员工，企业还可以与其签订竞业限制协议，要求竞业限制人员在离职后一定期限内未经同意不得从事与本单位相同或类似的业务，以从根本上阻断泄密的渠道。

劳动者保守企业的商业秘密是劳动者作为企业员工应尽的义务，从企业与劳动者建立劳动关系之时起，劳动者就负有保守企业商业秘密的义务，不因劳动合同未约定或劳动合同的解除及终止而终止。保守企业的商业秘密，是劳动者的一项义务，因此企业无须为此向劳动者支付保密费用。

3. 建立商业秘密侵权索赔机制

因劳动者原因造成企业商业秘密泄密的，劳动者当承担相应的法律责任，在《劳动法》第一百〇二条中规定，劳动者违反本法规定的条件解除劳动合同或者违反劳动合同中约定的保密事项，对用人单位造成经济损失的，应当依法承担赔偿责任。

商业秘密一旦遭受侵权，就很难恢复到圆满状态，企业应当建立一套商业秘密侵权的应急和索赔机制，以使企业在遭受侵权后，能将影响和损失减小到最低程度。企业应第一时间收集和保留好相关证据，确定侵权的范围、程度和侵权行为采用的手段及影响，进而决定相应的补救措施和索赔方案。侵权证据包括以下几种情形：

(1) 以金钱、财物等方法引诱劳动者泄露商业秘密；

(2) 通过胁迫劳动者等手段索取企业商业秘密；

(3) 违反保密义务披露或使用他人商业秘密；

(4) 第三人明知或者应知属于前述违法行为获得的商业秘密，仍使用、披露权利人的商业秘密。

为了减少企业损失，可以在保密协议中对违反保密协议需要承担的赔偿进行约定。另外，对于其他企业招用尚未解除劳动合同的职工，构成共同侵权对原企业造成损失的，除职工承担赔偿责任外，可同时要求该企业承担连带赔偿责任，如果劳动者违反保密协议侵犯企业商业秘密性质严重的，还将构成刑事犯罪。

▶ **案例参考 2** 不支付保密费的保密协议还有效吗

张某于 2020 年 6 月 12 日与上海 A 软件公司签署了为期 1 年的劳动合同，张某的工作岗位是研发工程师，且双方签署了保密协议，约定张某在工作期间所获悉的任何商业秘密，未经公司同意，不得向任何第三方披露。2021 年 6 月 11 日，双方劳动合同到期未续签。2021 年 11 月份，A 软件公司发现市面上出现了一款管理软件与其开发的产品几乎一致，该软件一经问世便抢占了 A 软件公司的市场，使 A 软件公司的销售额大幅下滑。

经 A 软件公司进一步调查，发现该软件是由 B 软件公司开发生产的，而张某离职后即担任了 B 软件公司研发部经理一职。A 软件公司认为，张某违反了双方保密协议的约定，泄露了公司的商业秘密，给公司造成了重大损失，于是将张某诉至劳动争议仲裁委员会，要求张某赔偿公司相应的损失。

▶ 【名师指点】

本例中争议的焦点在于 A 公司是否必须在支付张某保密费后，张某才要遵守此保密约定。在劳动者与用人单位终止劳动合同后，劳动者保密义务是否以保密费的支付为前提。商业秘密是企业的绝密信息，同时它也属于企业的绝对权利，任何知晓用人单位商业秘密的劳动者，暂且不管是如何获悉用人单位的商业秘密的，在未获得商业秘密所有者的同意之前，都不可以向任何第三方披露，损害所有者的合法权益。也就是说，保守商业秘密并不以用人单位支付所谓的保密费为前提。因此，劳动争议仲裁委员会应当支持 A 公司的请求，判定张某支付相应的损失费用。

【专家建议】

商业秘密是指不为公众知悉，能为权利人带来经济利益，具有实用性并经权利人采取保密措施的技术信息和经营信息。商业秘密是企业的无形资产。它给企业带来的经济效益和竞争优势是其他资产所无法比拟的。因此，有不少企业对员工订立了保密协议。保护商业秘密是法律赋予企业的一项权利，不以商业秘密所有权人是否支付保密费为前提，无论企业是否与员工签署保密协议，或者企业是否支付给员工保密费，员工都应当就工作中所接触到的商业秘密予以保密。擅自泄露商业秘密，员工应当承担赔偿责任，构成犯罪的，可以追究刑事责任。

【相关法规】

参见《中华人民共和国劳动法》第一百〇二条。
参见《中华人民共和国劳动合同法》第二十三条。

第二节　竞业限制管控

在实践中，保密协议和竞业限制协议比较容易混淆。实际上，劳动者保密义务的存在是没有任何期限的，只要该商业秘密存在，劳动者作为义务人的保密义务就存在，且不需要支付任何保密费。而竞业限制协议义务基于当事人之间的约定，如果无此约定，劳动者则不必遵守。同时，竞业限制义务的存在是有期限的。用人单位可以与劳动者约定在解除或者终止劳动合同后，在竞业限制期限内按月给予劳动者经济补偿。而劳动者违反竞业限制约定的，应当按照约定向用人单位支付违约金。

一、竞业限制协议范围约定

竞业限制是指用人单位与劳动者约定在解除或者终止劳动合同后一定期限内，劳动者不得到与本单位生产或者经营同类产品、从事同类业务的有竞争关系的其他用人单位任职，或者自己开业生产或者经营同类产品或同类业务。竞业限制在一定程度上限制了员工的自由择业权利，会对其及家人的生活构成重大影响，因此，法律对于竞

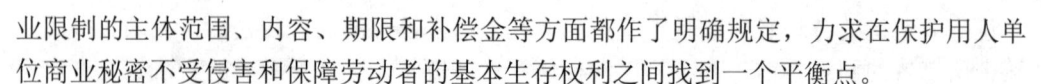

业限制的主体范围、内容、期限和补偿金等方面都作了明确规定，力求在保护用人单位商业秘密不受侵害和保障劳动者的基本生存权利之间找到一个平衡点。

竞业限制主体范围限于用人单位的高级管理人员、高级技术人员和其他负有保密义务的人员。这里的高级管理人员一般是公司经理、副经理、财务负责人、上市公司董事会秘书和公司章程规定的其他人员。除此之外，对于生产制造和科技类行业的企业，还包括高级研究开发人员、技术人员、关键岗位的技术工人等比较容易接触到企业的商业秘密的人员；其他可能知悉企业商业秘密的人员，包括市场销售人员、财会人员、秘书等。总之，企业应选择与掌握企业核心和重要商业秘密的劳动者签订竞业限制协议，对于不可能接触到用人单位商业秘密的普通劳动者，企业不必订立竞业限制协议。

竞业限制义务的内容主要包括两个方面：一是限制员工到生产同类产品或经营同类业务且有竞争关系或其他利害关系的企业任职；二是员工不得自行建立与本单位业务范围相同的企业，不得自己生产、经营与本单位有竞争关系的同类产品或业务。通俗地说，就是员工不能到原单位的竞争对手那里工作，也不能自己成为原单位的竞争对手。

由于劳动者自由择业的权利受到了限制，依据公平原则，法律要求企业应对竞业限制的范围和区域作出明确约定。一般来说，限制就业的职业种类和范围，应当限定在员工在企业所从事的特殊的、专门的业务范围内，而不能任意扩大到整个行业和各种职业；否则，如果企业完全剥夺了员工再就业的机会和可能性，员工甚至连一般知识、技能和经验等特长都无法发挥，那么相关约定将会被认定为侵犯了员工的就业权，应当属于无效条款。

同时，企业与劳动者竞业限制协议中约定的违约金要适当，如果劳动者违反竞业限制协议的约定，就应当承担一定的违约责任。企业与劳动者可以依据公平与诚实信用原则，约定一定数额的违约金，或者约定因违约产生的损失赔偿额的计算方法。如果企业与劳动者约定的违约金过高，与按月支付的经济补偿极其不对等，在法律上也很难被支持。

企业与员工约定竞业限制，其目的是保护商业秘密，限制劳动者到与本单位生产或者经营同类产品、从事同类业务的有竞争关系的其他企业，或者自己开展生产或经营同类产品从事同类业务。当企业与员工签订竞业限制协议，并要求员工在离职后予以履行时，要尽到相应的告知义务，并保留告知凭证，否则，就可能会因缺少足够的凭证而使企业维权陷入被动。企业告知义务从以下两个方面着手。

(1) 在劳动者离职时，进行书面告知提醒。企业在与劳动者订立竞业限制协议后，在劳动者离职时，以书面形式明确告知劳动者是否履行竞业限制义务。

(2) 企业在支付竞业限制补偿金时履行书面告知义务。如果企业在劳动者离职时明确表示要求其履行竞业限制的,要按照《竞业限制协议》的约定按时足额支付竞业限制补偿金,在补偿金发放时,及时告知其包含的款项明细,要求劳动者履行竞业限制协议,以免引起劳动者的误解,导致不必要的纷争。但是在劳动合同解除或者终止后,企业与劳动者约定了竞业限制和经济补偿,如果因企业原因导致 3 个月未支付经济补偿,劳动者可以请求与企业解除竞业限制约定,并主张企业支付其已履行竞业限制期间的经济补偿金。因此,已签订竞业限制协议的劳动者在离职时,企业最好的办法是以书面形式告知劳动者是否需要履行竞业限制协议。

案例参考 3　原公司同意劳动者入职新公司,劳动者可以得到竞业补偿吗

陈某是一名电子工程师,就职于 A 公司,劳动合同到期后,A 公司未续签,之后陈某于 2020 年 9 月离职。公司跟陈某签订了竞业协议,约定未经 A 公司书面同意,乙方离开公司后 2 年内,不得组建、参与或就业于与 A 公司有竞争关系的单位,甲方每月按当地最低生活标准付给乙方补偿金。10 月底陈某找了新单位,A 公司人事部门让陈某提供新单位工作证明及岗位职责,陈某也及时如实提供了,A 公司说没问题,然后陈某才入职,可到 11 月份原单位也没给陈某发补偿金,于是陈某打电话给人事部门,人事部门竟然说陈某现在单位业务与他们有竞争关系,补偿金不予发放。于是陈某与 A 公司发生争议。

【名师指点】

在本例中,陈某与原公司的争议在于竞业协议中约定陈某再就职需要得到 A 公司的同意,在得到 A 公司同意后是否就不再触发竞业协议。原单位与新单位若有竞争关系,则无论乙方的具体岗位是什么,都不能到该单位工作,否则乙方违约,甲方可以不支付补偿金。原单位与新单位若不存在竞争关系,则甲方应支付补偿金给乙方,否则甲方违约。陈某在入职新公司前已就新公司的任职岗位职责告知 A 公司,陈某的入职是在 A 公司人力资源确认后的行为,所以陈某可以继续就职新公司,并要求原公司依约支付补偿金。

【专家建议】

法律主张诚实守信,是对劳动者和企业双方的规范,签订竞业协议不是为了限制劳动者就业,是对企业权益的一种保护。若有证据表明企业同意劳动者入职,应视为劳动者入职企业岗位不存在竞业协议受限行为。劳动者履行了其竞业协议,因此,企业要正常发放给劳动者经济补偿。

【相关法规】

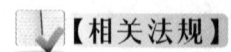

《中华人民共和国劳动合同法》

第二十四条　竞业限制的人员限于用人单位的高级管理人员、高级技术人员和其他负有保密义务的人员。竞业限制的范围、地域、期限由用人单位与劳动者约定，竞业限制的约定不得违反法律、法规的规定。

在解除或者终止劳动合同后，前款规定的人员到与本单位生产或者经营同类产品、从事同类业务的有竞争关系的其他用人单位，或者自己开业生产或者经营同类产品、从事同类业务的竞业限制期限，不得超过二年。

第九十条　劳动者违反本法规定解除劳动合同，或者违反劳动合同中约定的保密义务或者竞业限制，给用人单位造成损失的，应当承担赔偿责任。

▶ 案例参考 4　企业未支付竞业补偿金，能否向劳动者主张竞业协议违约责任

2019 年 6 月，陈某入职 A 科技公司，在软件事业部担任旅游行业开发经理。A 公司与陈某签订了为期 2 年的劳动合同，同时该劳动合同约定了保密与竞业限制条款，约定陈某须遵守竞业限制协议约定，即离职后不能在行业内从事相关工作，竞业限制期限为 2 年，双方还约定了陈某若违反竞业限制义务应赔偿 A 公司违约金 15 万元。2021 年 6 月，A 公司与陈某劳动合同到期终止，但一直未支付陈某竞业限制经济补偿。2022 年 2 月，陈某入职当地另一家从事旅游行业科技公司，依旧从事开发工作。

【名师指点】

依据《劳动合同法》第二十三条第二款规定："对负有保密义务的劳动者，用人单位可以在劳动合同或者保密协议中与劳动者约定竞业限制条款，并约定在解除或者终止劳动合同后，在竞业限制期限内按月给予劳动者经济补偿。劳动者违反竞业限制约定的，应当按照约定向用人单位支付违约金。"因此，竞业义务是劳动者在劳动合同解除或终止后应履行的义务。在本例中，A 公司在竞业限制协议履行期间长达 8 个月未向陈某支付经济补偿，造成陈某遵守竞业限制约定却得不到相应补偿的后果，应视为劳动者以其行为提出解除竞业限制约定。若 A 公司向陈某主张违反竞业限制协议赔偿金，将得不到法律支持。

【专家建议】

劳动者因用人单位原因三个月未得到经济补偿后，如果实施了竞业限制行为，可以视为劳动者以其行为提出解除竞业限制约定，且无须履行竞业限制义务，无须明示请求解除竞业限制约定。

【相关法规】

参见《中华人民共和国劳动合同法》第二十四条、第九十条。

二、保密协议与竞业限制的区别与联系

(1) 保密义务是法定义务，而竞业限制义务则是约定义务。劳动者的保密义务源于劳动者对用人单位的忠诚义务。忠诚义务是基于诚信原则产生的合同当事人所普遍承担的一项义务。劳动者只要成为用人单位的成员，就必须维护用人单位的合法权益，履行保密义务。

(2) 保密义务是无偿的，而竞业限制义务则是有偿的。保密义务是法定义务，劳动者不能因为履行保密义务而要求额外报酬。用人单位即使在劳动关系存续期间或者劳动关系终止后，没有向劳动者支付额外的经济补偿，劳动者也应当履行保密义务。劳动者的竞业限制义务涵盖了劳动关系存续期间和劳动关系终止后。用人单位在劳动关系终止后，应当向劳动者支付相应的经济补偿。

(3) 违反保密义务可能承担违约与侵权责任的竞合或被追究刑事责任，而违反竞业限制义务最多承担违约责任。劳动者违反保密义务可能要承担违约责任、侵权责任以及侵犯商业秘密罪的刑事责任。而由于竞业限制是约定义务，劳动者单纯违反竞业限制义务限制的，应当承担违约责任，并向用人单位支付违约金。

(4) 劳动者是否在职都应履行保密义务，而劳动者只有离职后才需履行竞业限制义务。在劳动关系存续期间，劳动者有绝对保密义务；在劳动关系终止后，有相对保密义务。只要商业秘密在法律上还不被公众所知悉，未丧失其法律性质，劳动者无论在职与否都应当履行保密的义务。而在劳动关系终止后，为了更好地保护原用人单位的商业秘密，原用人单位可以与劳动者签订竞业限制协议，以限制劳动者的就业自主权的方式来保护商业秘密。

综上所述，保密协议与竞业限制有所不同，虽然两者都要求保密，但是保密协议是每个员工都应当遵守的，就算用人单位不支付保密费，劳动者也要守护公司的商业机密，但是竞业限制可以收取一定的报酬。

第三节　知识产权保护存在的问题

在与劳动者签订保密协议和竞业协议之后，企业是否就能高枕无忧了？企业产品是企业最终将要面向客户的东西；产品是指能够供给市场被人们使用和消费，并能满

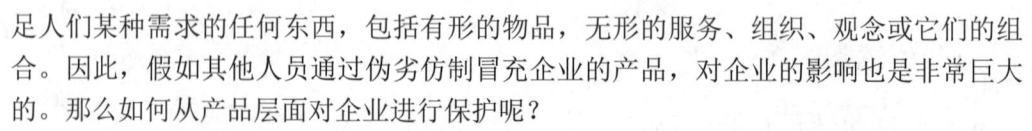

足人们某种需求的任何东西，包括有形的物品、无形的服务、组织、观念或它们的组合。因此，假如其他人员通过伪劣仿制冒充企业的产品，对企业的影响也是非常巨大的。那么如何从产品层面对企业进行保护呢？

要想让产品不受他人侵犯，前提是要申请产品知识产权保护。在法律保护范围内的知识性产权商品，如具有利益性质的著作出版发行权、专利的使用权等，在没有得到著作权利人的允许情况下，任何单位和个人不准许出版发行，在没有得到其产品的专利权人允许下，任何单位和个人不准许生产销售。

通常知识产权是指人们就其智力劳动成果所依法享有的专有权利，是国家赋予创造者对其智力成果在一定时期内享有的专有权。

知识产权从本质上说是一种无形财产权，它的客体是智力成果或知识产品，是一种无形财产或者一种无形的精神财富，是创造性的智力劳动所创造的劳动成果。它与房屋、汽车等有形财产一样，都受到国家法律的保护，都具有价值和使用价值。

同样制造专利产品，对发明和实用新型专利权而言，是指作出或者形成具有权利要求所记载的全部技术特征的产品；对外观设计专利权而言，是指作出或者形成采用外观设计专利的图片或者照片所表示的设计方案的产品。而要对专利技术予以保护的，可以通过申请专利，写明专利权利要求书，保护自己的专利技术。

那么，企业应该如何保护自己的知识产权呢？可从以下几个方面入手。

1. 研发立项前进行检索

企业在产品研发立项前，请务必注意对已有信息进行充分检索。否则一旦出现企业自主研发的成果可能早已是公知信息或早已由他人申请知识产权保护的情况，企业将遭受不必要的人力和资金损失。

2. 研发过程中注意保护

企业在产品研发过程中，由于研发尚未完成，不能申请专利保护，因此，企业要特别注意对商业秘密的保护，以避免他人利用你的研究成果抢先完成产品研发，抢先申请专利。在产品研发完成后，企业要及时通过申请专利或采取保密措施进行商业秘密保护，否则将可能导致企业的技术被公开，或被他人抢先申请专利，造成损失。同时，根据不同产品的特点，可以同时考虑采取专利、商标、著作权、知名商品特有包装、装潢等方式进行全方位的知识产权保护。

3. 生产过程注意保护

企业在生产过程中，要注意对涉及商业秘密的技术信息资料以及生产流程加以物理隔离，以防因保密意识不强，任凭他人参观、拍照、摄像而遭受不必要的损失。委托他人加工时，企业的一些商业秘密必然会让对方知晓，要注意与对方签订保密协议加以约束。

4. 及时登记软件著作权

企业还要对软件、文字、图片、图案、花型等作品进行著作权的保护，作品完成后应及时到版权部门进行著作权登记。所形成的电子文档，应当尽量运用电子数据认证、加盖时间戳等现代网络技术手段加以固定，作为完成作品时间的证据。

以上主要是针对企业知识产权保护处理，同样，劳动者也和知识产权有一定关系。

劳动者的知识产权主要体现在以下几点。

(1) 委托开发所完成的发明创造，当事人另有约定的除外，申请专利的权利属于研究开发的劳动者。研究开发劳动者取得专利权的，委托人可以免费实施该专利。研究开发劳动者转让专利申请权的，委托人可优先受让该专利申请权。

(2) 合作开发所完成的发明创造，当事人另有约定的除外，申请专利的权利属于合作开发的各方共有。当事人一方转让其专利申请权的，其他各方可优先受让其共有的专利申请权。合作开发的一方声明放弃其共有的专利申请权的，可由另一方单独或其他各方共同申请。申请人取得专利权的，放弃专利权的一方可免费实施该项专利。但合作开发的一方不同意申请专利的，另一方或其他各方不得申请专利。

(3) 委托开发或合作开发完成的技术秘密成果的使用权、转让权和利益的分配办法，由当事人约定。没有约定或约定不明确的，依《劳动合同法》第六十一条的规定仍不能确定的，当事人均有使用和转让的权利。但是，委托开发的研究开发人不得在向委托人交付研究开发成果前，将研究开发成果转让给第三人。

(4) 在技术转让合同中，当事人可以按照合理的原则，约定实施专利、使用技术秘密的后续改进技术成果的分享办法。在合同没有约定或者约定不明的情况下，当事人可以协议补充；不能达成补充协议的，按照合同中有关条款或交易习惯确定；依照合同有关条款或交易习惯仍不能确定的，一方后续改进的技术成果，其他各方无权分享，而由后续改进方享有。

第四节　实务操作

一、商业秘密实务

商业秘密泄露的主要原因有企业缺少对商业秘密的正确认识，对劳动者关于商业秘密的要求不规范从而造成劳动者跳槽后带走属于企业的商业秘密，在企业的商业秘密被侵犯时，难以取证。因此，企业要对企业的经营信息进行分类，对商业秘密信息进行保护，加强商业秘密的管理。可以与劳动者签署保密协议和制定企业商业秘密管理办法。

员工保密协议

甲方：　　　　　　　　　　　　乙方：
地址：　　　　　　　　　　　　地址：
法定代表人：　　　　　　　　　身份证号码：

因乙方现正在为甲方提供服务和履行职务，已经(或将要)知悉甲方的商业秘密。为了明确乙方的保密义务，有效保护甲方的商业秘密，防止该商业秘密被公开披露或以任何形式泄露，根据《中华人民共和国劳动合同法》《中华人民共和国劳动法》《中华人民共和国反不正当竞争法》及国务院有关部委的规定，甲、乙双方本着平等、自愿、公平和诚实信用的原则签订本保密协议。

一、本协议所指的保密信息包括：技术信息、专有技术、经营信息和甲方公司列为绝密、机密级的各项文件。乙方对此保密信息承担保密义务。上述保密信息可以以数据、文字、图片及记载上述内容的资料、光盘、软件、图书等有形媒介体现，也可通过口头等视听形式传递。

二、双方权利与义务：

(1) 乙方对其因身份、职务、职业或技术关系而知悉的甲方商业秘密应严格保守，保证不被披露或使用，包括意外或过失。即使这些信息甚至可能是全部地由乙方因工作而构思或取得的。

(2) 在服务关系存续期间，乙方未经授权，不得以竞争为目的，用商业秘密制造或再现商业秘密的器材，取走与商业秘密有关的物件；不得直接或间接地向公司内部、外部的无关人员泄露；不得向不承担保密义务的任何第三人披露甲方的商业秘密；不得允许或协助不承担保密义务的任何第三人使用甲方的商业秘密；不得复制或公开包含甲方商业秘密的文件或文件副本；对因工作所保管、接触的有关甲方或其客户的文件应妥善对待，未经许可不得超出工作范围使用。

(3) 服务关系结束后，乙方应将与工作有关的技术资料、实验设备、实验材料、客户名单等交还甲方。

(4) 乙方因各种原因离开，自离开之日起一年内不得自营或为甲方的竞争者提供服务，不得从事与其在甲方生产、研究、开发、经营、销售有关的相关工作(包括受雇他人或自行从事)，并对其所获取的商业秘密严加保守，不得以任何理由或借口予以泄露。

三、违约责任：

(1) 乙方违反协议中的保密义务，应承担违约责任。

(2) 乙方如将商业秘密泄露给第三人或使用商业秘密使甲方遭受损失的，乙方应对其进行赔偿，赔偿数额不少于由于其违反义务所给甲方带来的损失。

(3) 因乙方恶意泄露商业秘密给甲方造成严重后果的，甲方将通过法律手段追究其侵权责任，直至追究其刑事责任。

甲方(盖章)　　　　　　　　　　　　　　乙方(签字)
代表人：
　　年　月　日　　　　　　　　　　　　　　年　月　日

商业秘密管理办法

一、总则

1. 本方法所称商业秘密，是指未为本企业外公众所知悉，能够为企业带来经济效益，具有实用性并经企业采取保密措施的技术信息和经营信息。

2. 行政部门负责商业秘密保护的指导、监督和管理工作。行政、财务和审计部门负责认定和处理侵犯商业秘密的行为。一般性决定、决议、通告、通知及行政管理资料等内部文件不属于保密范围。

3. 公司所有员工在职期间均有保守企业商业秘密的义务，离职或退休后仍应继续履行保守商业秘密的义务。

二、商业秘密界定

1. 重大决策中的秘密事项。
2. 尚未实施的经营战略、方向、规划、决策、项目及其计划、草案、创意。
3. 内部掌握的合同、协议、意见书以及可行性报告、重要会议记录。
4. 对外谈判中，限内部掌握的谈判计划、价格底线及对外询价、报价资料。
5. 营销策略、方案、合同，国内外销售市场网络和客户名单，涉及商业秘密的业务函电。
6. 有价值的项目情报、供销情报、价格情报、资料。
7. 对外招投标中的标底、计划及标书内容。
8. 内部核算成本、内控价格、资产债务等财务资料。
9. 公司财务预决算报告及各类财务报表、统计报表。
10. 尚未进入市场或尚未公开的各类信息。
11. 其他经公司确定应保密的事项。

三、密级

1. 商业秘密分为绝密、机密、秘密三级。
   ○ 绝密级：直接影响公司权益和利益的重要决策文件资料。
   ○ 机密级：公司的规划、财务报表、统计资料、重要会议记录、公司经营状况等。
   ○ 秘密级：公司人事档案、合同、协议、员工薪酬、尚未进入市场或未公开的各类信息。

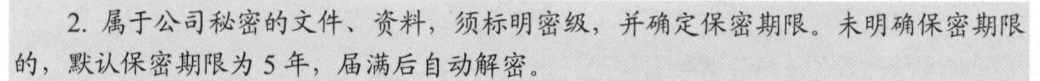

2. 属于公司秘密的文件、资料，须标明密级，并确定保密期限。未明确保密期限的，默认保密期限为 5 年，届满后自动解密。

3. 商业秘密标识。

○ 书面形式的商业秘密在首页右上角标明"商业秘密"，并注明密级。

○ 非书面形式的商业秘密按上述方式在易于识别的地方标明。

○ 对于不易标识的商业秘密，须采用其他有效办法予以确认。

4. 涉密部门须制定保密细则，建立岗位责任制，确保商业秘密管理制度化。

5. 商业秘密有关事项，须在掌管、接触该秘密和已知密的人员范围内公布。

6. 如商业秘密的密级及保密期限变更，须在原件上做出明显标志并及时通知保密责任人。

7. 属于公司秘密的文件、资料和其他物品的制作、收发、传递、使用、复制、摘抄、保存和销毁，由行政部门或主管副总经理指定专人执行；采用计算机技术存取、处理、传递的公司秘密由涉密电脑负责人负责保密。

8. 对密级文件、资料和其他物品，须实行以下保密措施。

○ 未经总经理及领导批准，不得复制和摘抄。

○ 收发、传递和外出携带，由指定人员担任，并实行必要的安全措施。

○ 在配备完善的保险装置中保存。

9. 在公务中需要提供公司秘密事项时，须事先经总经理批准。

四、泄密处理

……(此部分需根据公司实际情况补充完善具体泄密处理措施和责任追究条款)

二、竞业限制实务

关于竞业限制，企业首先要明确的是不是所有的企业员工都需要签署，只有那些涉及企业秘密的岗位和人员才有必要进行签订，签订时要明确企业和劳动者双方的权利义务。可以与劳动者签署竞业协议和制定企业竞业限制管理办法。

竞 业 协 议

甲方：　　　　　　　　　　　乙方：
地址：　　　　　　　　　　　地址：
法定代表人：　　　　　　　　身份证号码：

第一条　竞业限制

1. 竞业限制期限为员工与公司任何一方与对方终止或解除劳动合同之日起的__个月内，员工不得自营或为他人经营与公司有竞争的业务。

2. 竞业限制的区域为甲方或其关联企业从事或计划从事其各自业务的区域范围。

第二条　乙方的义务

1. 不得与公司的客户发生商业接触。包括为其提供信息、提供服务、收取订单、直接或间接转移公司的业务等行为；

2. 直接或间接引诱、要求、劝说、雇用或鼓励公司的其他员工离职，或试图引诱、要求、劝说、雇用、鼓励或带走公司的其他员工；

3. 不论因何种原因从甲方离职，离职后年内不得到与甲方有竞争关系的单位就职。

第三条　甲方的义务

在乙方履行竞业限制协议期间，甲方应当支付乙方竞业限制补偿金。未支付竞业限制补偿金由甲方承担违约责任，违约金为＿＿＿＿元人民币。

第四条　违约责任

1. 乙方违反本协议的约定，应立即停止违约，除继续履行本协议外，还应向甲方支付违约金100000元人民币。违约金不足以补偿甲方损失的，乙方还应赔偿甲方因此受到的所有损失。

2. 甲方未按时支付竞业限制补偿金的，乙方有权解除竞业限制协议，并要求甲方支付违约金50000元人民币。

第五条　其他

因履行本协议发生争议，双方首先应协商解决，若协商不成，任何一方提起的诉讼均由甲方所在地人民法院管辖。

本协议一式两份，甲、乙双方各执一份，具有同等法律效力。

甲方(盖章)　　　　　　　　　　　　　　乙方(签字)

代表人：

　　年　月　日　　　　　　　　　　　　　年　月　日

竞业限制管理办法

1. 目的：

为了加强对竞业限制岗位的管理，明确公司与员工的权利和义务，维护公司的合法权益，防止不正当竞争，避免公司资源流失，特制定本办法。

2. 范围：

适用于全公司正式员工。

3. 职责：

3.1 人力资源部：负责本办法的编制、修订、执行、监督、落实；负责竞业限制协议的签订；负责各中心及部门竞业限制岗位的认定和管理。

3.2 各部门经理：负责本部门竞业限制管理实施细则的制(修)订；负责本部门竞业限制岗位的认定和管理。

3.3 财务部：负责竞业限制补偿费的给付。

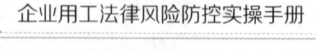

3.4 总经理：负责竞业限制补偿费用的审批。

4. 定义：

本办法所称竞业限制，是指经公司认定属于竞业限制人员的员工，在解除或终止劳动合同后，在竞业限制期内不得在生产、经营与本公司同类产品或与本公司有竞争关系的用人单位就职，不得自行生产或经营与公司有竞争关系的同类产品、业务。

5. 内容：

5.1 竞业限制人员的拟认定范围：公司高管人员、核心骨干团队成员；掌握公司核心机密、重要客户资源的直属部门负责人、关键岗位人员；从事技术开发工作的工程师及以上技术职务的技术人员；其他经公司认定需进行竞业限制的人员。

5.2 本公司已充分考虑过竞业限制对象在职期间及离职后需要承担的竞业限制义务。公司在支付竞业限制对象工资报酬时，已将竞业限制补偿费计入员工工资内。竞业限制对象离职后在履行与本公司的竞业限制义务期间，公司可将一定金额作为竞业限制保障金支付给相关员工。

5.3 本办法所指与本公司有竞争的单位，包括但不限于本公司的供应商、客户、生产(经营)与本公司同类产品或同类配件的企业。

5.4 人力资源部对批准认定为竞业限制人员，拟定竞业限制协议并协商签订事宜。

5.5 竞业限制补偿费自竞业限制人员离职次月起按期予以支付。

5.6 竞业限制人员离职后必须在每季度第 5 个工作日前向人力资源部书面告知任职信息，包括工作单位及单位联系人、工作岗位、工作内容等信息，否则视为放弃竞业限制补偿费，公司停止支付竞业限制补偿费，但竞业限制人员仍要继续履行竞业限制义务；竞业限制人员因不可抗力无法与公司联系，在障碍消除后 10 个工作日内，竞业限制人员应主动与公司联系并能证明相关事实，公司可补发竞业限制补偿费。

5.7 竞业限制人员离职后每季度由人力资源部负责核实离职员工任职情况，并做好记录；离职竞业限制人员兼职情况难以核实的由行政部门协助调查。经核实有违约行为的，公司停止支付竞业限制补偿费，并对其追究违约责任。

5.8 除公司在员工离职前，可以同员工解除《竞业限制协议》，员工个人不得擅自解除《竞业限制协议》，否则公司有权要求员工偿还其在职期间公司所支付的竞业限制保障金。

5.9 本办法一经颁布，视为已同适用于本制度的员工签署了竞业限制协议，我公司竞业限制协议涉及的条例及约束内容，同样适用于我公司员工。

5.10 竞业限制期满的，竞业限制协议终止。对属于竞业限制的人员，公司认为不需再对其进行竞业限制的，可以解除所签竞业限制协议，公司不需要另行通知竞业限制人员本人，无须支付竞业限制补偿费，已支付的补偿费亦不再追回。

第五节 答疑解惑

一、以例说法

> **案例参考 5** 是否必须支付保密费保密协议才生效

张某在 2020 年 3 月 15 日同 A 公司签订了为期 1 年的劳动合同，其岗位为产品设计师，并且双方还签订了保密协议，规定张某在工作期间获取到的任何商业秘密，若未经 A 公司许可，不可向任何第三方予以披露。2021 年 3 月 14 日，双方的劳动合同到期后并未续签。张某离职后加入 B 公司，担任 B 公司产品设计部经理职务。2021 年 8 月，A 公司发现市场上 B 公司销售的软件跟其开发的产品几乎相同，随后便和张某展开沟通。张某认为，A 公司尽管和自己签订了保密协议，但从未支付过保密费，所以该保密协议是无效的，因而自己无须遵守。A 公司和张某针对违反双方保密协议的约定、泄露 A 公司商业秘密一事产生了争议。

【名师指点】

在本例中，张某片面地认为 A 公司没有支付保密费，保密协议不生效。从法律角度上，保密是劳动合同的附随义务，用人单位与员工建立了劳动关系，员工义务之中就包括了对用人单位商业秘密的保守。因此，是否签订保密协议，并不影响员工保密义务的履行；是否支付保密费，也并不会影响保密协议的效力，即保密义务不以义务人是否同意或权利人是否支付对价为前提。本例中如果 A 公司走法律途径，应当判定张某违反保密协议，并承担 A 公司的损失费用。

【专家建议】

劳动者的保密义务源于劳动者对用人单位的忠诚义务，保密义务是法定义务，即使双方在合同中未作约定，劳动者也应当遵守。此外商业秘密无须设定期限，到商业秘密公开时为止，所以有的企业约定保密期限为员工离职后 2 年或 3 年，会给员工造成误解，即离职 2 至 3 年后即可公开或使用商业秘密，是错误的。

【相关法规】

参见《中华人民共和国劳动法》第一百〇二条。
参见《中华人民共和国劳动合同法》第二十三条。

案例参考 6 劳动者违反竞业协议支付违约金后还需要继续履行吗

张某于 2020 年 3 月 1 日入职 A 公司,签订了 2 年的劳动合同,同时双方签订《竞业限制协议书》,在协议中约定"张某在职期间及离职后两年之内不得以任何形式从事与其公司业务类型相同或存在竞争关系的业务,同时约定张某若违反该协议应承担 20 万元的违约金"。双方于 2022 年 3 月解除劳动合同。此后,A 公司每月向张某支付经济补偿金。张某于 2022 年 8 月 10 日入职 B 公司,从事与 A 公司相同的业务,A 公司发现后要求张某支付违约金并继续履行竞业限制协议。张某同意支付竞业限制违约金,但就是否支付违约金后继续履行竞业限制协议与 A 公司发生争议。

【名师指点】

违约金具有赔偿和惩罚双重属性,惩罚针对的就是违约方的特定违约行为,并不因此替代了履行约定。在本例中,劳动者在违反竞业限制约定而支付违约金后,仍应当继续履行竞业限制义务,否则有损 A 公司的权益,甚至会变相鼓励不正当竞争。本例中如果 A 公司走法律途径,应当判定张某违反竞业协议,需承担赔偿责任,并要继续履行竞业限制义务。

【专家建议】

劳动者在支付了竞业限制协议约定的违约金后,企业仍然可以要求劳动者继续履行竞业限制协议。因此,只要在竞业限制的履行期限内,企业按照约定支付了经济补偿,劳动者就需要遵守竞业限制的约定,跟劳动者是否支付违约金无关。

【相关法规】

参见《中华人民共和国劳动法》第一百〇二条以及《中华人民共和国劳动合同法》第二十三条。

二、总结与思考

从法律上讲,劳动者有法定保密义务,但签订书面保密协议依然有积极意义,主要体现在可以书面明确保密的范围,可以约定损害的计算方法与范围,可以视为权利人采取了合理的保密措施,在认定商业秘密时作为有力证据。保密与竞业限制在法律上具有不同的地位,一个是劳动者的基本义务,一个是企业为保护本企业的竞争优势采取的防御措施,二者共同服务于企业,为企业合法利益提供保护。保密是劳动者的义务,不因企业是否支付补偿金而受影响,但是竞业限制企业必须为劳动者支付一定经济补偿,一般是在劳动者离职后按月发放。在判断劳动者是否违反竞业限制协议时，要看劳动者是否到限制范围内的企业或者区域工作，而判断用人单位是否违反竞业限制协议，要看用人单位是否支付经济补偿。双方在解除或者终止劳动合同时，对于竞业限制协议，必须写清楚双方的权利与义务。在知识产权保护方面，需要企业积极主动地为自主研发的产品申请专利、著作权、品牌商标等，与保密和竞业限制一起为企业权益提供可靠保障。

第五章

培训服务期风险管控

在劳动者入职后，企业通常会请专业的技能培训人员对劳动者进行岗位技能方面的培训，目的是让劳动者快速提高岗位技能，尽快熟悉开展公司业务。随着劳动者技能提高，其个人价值也会得到提高，从而导致其无法满足于企业为其支付的薪酬福利，由此产生离职风险，从而增加了企业用工成本，所以加强企业培训服务期风险管控是非常必要的。

第一节　服　务　期

随着社会经济的不断发展和劳动力市场的日益规范，服务期制度成为劳动者成长为人才、企业留住人才的重要手段。在法律层面，服务期是保障企业合法权益的工具，同时也对企业服务期权利进行约束，服务期约定权利要接受法律法规的限制，防止对劳动者造成困扰。

一、什么是服务期

培训服务期指企业为劳动者进行专业技术培训，并支付了专项培训的费用的，企业可以与该劳动者订立协议，约定劳动者在企业服务的最短期限。根据《劳动合同法》第二十二条规定，用人单位为劳动者提供专项培训费用，对其进行专业技术培训的，可以与该劳动者订立协议，约定服务期。劳动者违反服务期约定的，应当按照约定向用人单位支付违约金。违约金的数额不得超过用人单位提供的培训费用。用人单位要求劳动者支付的违约金不得超过服务期尚未履行部分所应分摊的培训费用。劳动者接受企业提供的专项培训，自身的能力和水平得到了提高，同时接受服务期的约束，保障了企业在服务期内劳动者可提供的劳动的稳定性，从而形成企业和劳动者双赢的局面。

在《劳动合同法》中并没有对服务期的长短作出规定，一般可以理解为，服务期的长短由劳动者和企业双方沟通达成一致意见即可。但是，企业在与劳动者协议确定服务期年限时，注意协议要体现公平合理的原则，不得滥用权利，当与劳动者约定的服务期较长时，企业需要按照工资调整机制提高劳动者在服务期间的劳动报酬。

企业为劳动者提供的培训可以分为两种，一种是岗位培训，另一种是专业技能培训。岗位培训可以理解为对劳动者原来知识、技能的熟悉与加深，劳动者本身对这一技能有一定基础，企业针对公司的实际业务情况，结合公司经营经验对劳动者进行培训，目的是通过培训让劳动者的职业技能更为熟练，效率更高。其内容一般可包括公司规章制度、企业文化、岗位安全知识、岗位职责、具体工种操作等，是企业用工必不可少的环节之一。

而专业技术培训是指由企业出资，为提高劳动者专业素质能力，实施的有计划的、系统的培训过程，目的在于提高劳动者的技术知识和工作效能，使劳动者在培训后能够为单位创造更大的价值。其培训对象多为特殊岗位、专门岗位的员工。因此，岗前培训不能被认定为专业技能培训，在服务期约定中要区分岗位培训和专业技能培训，只有专业技能培训才能约定劳动服务期。

案例参考 1　违反培训服务期约定应承担经济补偿吗

2020 年 9 月，王某入职 A 公司，岗位为销售经理。2020 年 10 月，A 公司与王某签订员工培训服务协议书，协议中指出 A 公司出资为王某提供岗位技能等相关培训，培训结束后，按双方约定在 A 公司指定岗位继续工作。培训主要内容包括但不限于岗位技能针对性服务培训相关知识。王某保证培训后必须在本公司服务 2 年。服务期限的起始时间为从培训结束之日起。培训期结束后，若王某未履行完协议约定的服务年限，应向 A 公司支付违约金，违约金的数额为培训费用总额的 50%或者根据实际服务年限经双方协商确定赔偿金额。2020 年 11 月，A 公司委托 B 企业管理咨询公司对员工进行培训，并向该公司支付培训费若干，课程价值为每人 8600 元。王某作为参训人员签名确认。之后王某于 2021 年 10 月 21 日从 A 公司处离职。A 公司认为王某违反服务期协议，于是与王某发生争议，要求王某承担相应经济赔偿。

【名师指点】

本例中，A 公司委托 B 企业管理咨询公司对王某进行培训，并向该公司支付其培训费 8600 元，同时 A 公司与王某签订了培训服务期协议约定服务期限为 2 年。在服务期未满的情况下，王某提出离职，其行为违反了培训服务期协议，当劳动者违反服务期约定的，要按照约定向企业支付违约金。违约金的数额不得超过企业提供的培训费用。企业要求劳动者支付的违约金不得超过服务期尚未履行部分所应分摊的培训费用，并在协议中约定，违约金的数额为培训费用总额的 50%或者根据实际服务年限经双方协商确定赔偿金额。企业针对王某的培训于 2020 年 11 月 10 日已经完成。王某在员工培训服务期未届满时自行离职，其行为构成违约，故王某应向 A 公司支付培训费用总额 50%的违约金，即 8600 元×50%=4300 元，王某服务企业时间不足约定服务期的一半，所以 4300 元赔偿金不超过王某未履行服务期的培训费用分摊。如果 A 公司走法律途径，王某当向 A 公司支付 4300 元经济赔偿。

【专家建议】

劳动者违反服务期约定协议的要按照约定协议向企业支付违约金。违约金的数额上限为企业为劳动者提供的培训费用金额，并且企业要求劳动者支付的违约金不得超过服务期尚未履行部分所应分摊的培训费用。此外，在满足以下两个条件后企业才可以与劳动者约定培训服务期。

(1) 企业给劳动者提供了除上岗必要知识之外的专业技能的培训。
(2) 企业为劳动者支付了培训费用。

【相关法规】

《中华人民共和国劳动合同法》

第二十二条　用人单位为劳动者提供专项培训费用，对其进行专业技术培训的，可以与该劳动者订立协议，约定服务期。

劳动者违反服务期约定的，应当按照约定向用人单位支付违约金。违约金的数额不得超过用人单位提供的培训费用。用人单位要求劳动者支付的违约金不得超过服务期尚未履行部分所应分摊的培训费用。

用人单位与劳动者约定服务期的，不影响按照正常的工资调整机制提高劳动者在服务期期间的劳动报酬。

案例参考 2　公司组织的技能培训能否要求劳动者履行培训服务期协议

2021 年 9 月 4 日，周某入职 A 公司，岗位为专职讲师，并签订了为期 2 年的劳动合同(2021 年 9 月 4 日至 2023 年 9 月 3 日)。在劳动合同中约定，若周某提出解除劳动合同，周某应向 A 公司支付培训费。同日，周某与 A 公司签订《培训协议》，协议内容显示由 A 公司出资派周某参与"专项培训"，培训费用为 10 万元，服务期为 3 年，若周某违约，违约金计算费用为按月等分培训费用总额，以周某已履行的服务期递减。随后 A 公司组织人员进行的集中培训，授课老师是公司的培训教师，2021 年 12 月 10 日，周某提出辞职，并于 2021 年 12 月 21 日正式离职。于是，A 公司认为公司与周某存在培训协议，要求周某支付相应的培训服务期违约金，遂与周某发生争议。

【名师指点】

本例的争议焦点在于公司组织的技能培训是否属于专业技术培训。专业技术培训通常是企业为劳动者花费较高数额的专项培训费用，旨在提高劳动者特定专业技术技能，这种培训主要针对特殊岗位和专门岗位的劳动者。本例中培训教师是公司员工，A 公司主张的 10 万元培训费用没有相关支出依据，周某在经过培训后也未取得相关技能资格证书，并且周某未正式上岗，所以这种类型的培训应认定为普通的岗位职业技能培训，而非专业技能培训，A 公司与周某培训服务期的约定为无效约定。因此，周某也无须支付违约金。如果 A 公司走法律途径，公司的主张不被法律支持。

【专家建议】

根据《劳动法》规定，用人单位应当建立职业培训制度，按照国家规定提取和使用职业培训经费，根据本单位实际，有计划地对劳动者进行职业培训。依此规定，劳动者享有接受企业职业培训的权利。职业培训并不等同于专业技术培训。劳动者的岗位培训是企业义务性培训，比如为劳动者提供岗位安全卫生知识、岗前培训等，是因该岗位特殊工作性质的需要和公司操作规范，不能约定培训服务期。

【相关法规】

参见《中华人民共和国劳动合同法》第二十二条。

《中华人民共和国劳动法》

第六十八条　用人单位应当建立职业培训制度，按照国家规定提取和使用职业培训经费，根据本单位实际，有计划地对劳动者进行职业培训。

从事技术工种的劳动者，上岗前必须经过培训。

第六十九条　国家确定职业分类，对规定的职业制定职业技能标准，实行职业资格证书制度，由经备案的考核鉴定机构负责对劳动者实施职业技能考核鉴定。

▶ 案例参考3　公司解决特殊福利待遇能否约定服务期

丁某于2020年6月入职A公司，与A公司签订了自2020年6月11日起至2025年6月10日止的《劳动合同》，职位为人事行政总监。同时，还签订了《住房补贴合同》一份，约定由A公司支付丁某住房补贴费150000元，丁某必须为A公司服务6年。同时，该合同中还约定如果6年服务期未满，丁某提出离职或因重大违纪、违法被单位除名、辞退的构成违约，丁某应全额赔偿A公司出资的住房补贴费。但若丁某尽到劳动合同约定的忠实勤勉义务，同时在A公司连续工作满6年的，A公司同意免除丁某本协议项下的全部还款义务。

2022年4月2日，丁某以个人原因提出辞职，双方于4月15日解除劳动关系。A公司就住房补贴事宜发生争议，主张丁某退还全部住房补贴，并支付违约金。

【名师指点】

服务期是劳动合同当事人在劳动合同或者其他协议中约定的劳动者应当为企业服务的期限，因为企业对劳动者有特殊投入，导致劳动者获得利益，企业履行了这种特殊义务后，允许其设置违约金，违约金针对的并不是劳动者在劳动关系中的原有义务，而是基于企业履行了一个特殊投入的先行义务后，使劳动者增加的相应义务。本例中，丁某在A公司工作期间，A公司已按双方所签劳动合同的约定按时、足额支付了丁某相应的工资报酬，履行了劳动合同义务。住房补贴系在正常劳动合同之外，A公司另行给予丁某的一种特殊待遇，不属于服务期事项，不满足服务期违约金条件。但是住房补贴协议是当事人真实意思的表示，故应为有效。丁某因个人原因辞职，住房补贴款项应全额返还给A公司。

【专家建议】

本例中企业未对劳动者提供专项技能培训及支付培训费用，因此约定的服务期对劳动者不能构成约束，也不支持违约金。但企业确实为劳动者提供了相关福利，在劳动者违背约定后，其应返还相应款项。

【相关法规】

参见《中华人民共和国劳动合同法》第二十二条。

二、服务期期限

根据权利义务对等原则，劳动者获取了技能上的进步，企业付出培训费用，可以约定服务期期限，服务期的长短可以由劳动合同双方当事人协商确定，但是，企业在与劳动者协议确定服务期期限时要把握以下两点。

(1) 培训服务期长短要体现公平合理的原则，不得滥用权利，要根据培训实际投入，约定合理的服务期时间。

(2) 企业与劳动者约定的服务期较长的，企业应当按照工资调整机制提高劳动者在服务期间的劳动报酬。

如果培训服务期期限明细对劳动者不利，则此期限在法律上将不被支持。通常企业在约定服务期限时可根据企业提供专项培训费用的数额、劳动者所在的岗位的专业难度、工作强度等多个因素来进行合理化考量，并与劳动者协商达成一致意见。

案例参考4　合同期满，培训服务期未满，劳动者解除劳动合同培训费如何处理

李某于2019年5月入职A公司，岗位为技术支持。双方签订了期限为2019年5月19日至2021年5月18日的劳动合同。之后，A公司又和李某于2019年6月1日签订了《培训协议》，由公司出资送李某到培训机构进行培训。其中约定：李某在培训结束后应至少在A公司工作5年，即自2019年6月1日至2024年5月31日，若李某违反服务期约定，应当支付违约金；若由于A公司经营情况发生较大变化，导致李某不能继续履行服务的情况发生，允许变更或终止协议。2021年，A公司因业务调整，决定取消李某所在岗位，且李某在公司内部无其他合适岗位。2021年3月31日A公司通知李某，在2021年5月18日届满之后劳动合同将不再续签，双方劳动关系将于2021年5月18日终止，并提出李某尚有需要履行协议中约定的服务期，要求李某返还未履行服务期的相关费用。李某不同意A公司的要求，于是双方发生争议。

第五章 培训服务期风险管控

【名师指点】

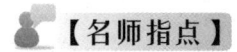

本例中争议的焦点在于劳动合同期满服务期未满，企业解除劳动合同是否有权利要求劳动者返还未履行服务期部分的培训费用。对于劳动者，当劳动合同期满服务期未满而选择解除劳动合同时，劳动者需要承担违约责任。对于企业来说，若劳动合同期满服务期未满企业解除劳动合同，便不再要求劳动者履行剩余服务期，是服务期赋予企业的一种主动权利，企业可以根据实际情况进行权利主张或者放弃。但是，因为服务期的提前结束是企业造成的，劳动者属于无过错方，所以在此情形下，企业不能再向劳动者主张未履行服务期部分的培训费用。因此，A公司可以在服务期未满时解除到期的劳动合同，但是不能向李某主张返还未履行服务期的相关费用。

【专家建议】

劳动合同期限已满，如果劳动者提出终止劳动合同，企业可以选择放弃对劳动者履行剩余服务期要求，则劳动合同可以终止。劳动合同期满，企业要求劳动者继续履行剩余服务期，若劳动者不愿意继续履行服务期，应当向企业赔付违约金，但违约金不得超过服务期尚未履行部分所应分摊的培训费用。若劳动者同意继续履行服务期，则双方应当续订劳动合同，或者将原劳动合同期限变更为与服务期限一致。

【相关法规】

参见《中华人民共和国劳动合同法》第二十二条。

案例参考5 服务期未满劳动者解除劳动合同，企业能否要求劳动者继续履行

2019年6月20日，张某就职于某医院，并签订2年的劳动合同，合同约定张某在某医院担任主治医师。2020年6月7日，张某与某医院又签订《补充协议》，在协议中约定，某医院按照本协议约定条款和条件为张某安排培训等事宜，若出现张某解除劳动合同，包括但不限于：提前解除劳动关系、辞职、劳动合同期限届满未续签等情况，发生本条所述任一情况，张某需全额返还某医院全部培训费用，并约定服务期限为5年。之后，张某在医院的安排下参加了相关技能培训。2021年6月8日，某医院收到张某邮寄的辞职报告。某医院以双方劳动合同尚处于履行期间为由，不同意张某提出的终止劳动合同要求，并要求张某继续履行已签订的《补充协议》中的服务期。双方因此发生劳动争议。

【名师指点】

本例中张某违反服务期约定，根据《劳动合同法》规定，劳动者违反服务期约定的，应当按照约定向企业支付违约金。违约金的数额不得超过企业提供的培训费用。企业要求劳动者支付的违约金不得超过服务期尚未履行部分所应分摊的培训费用，但企业不得与劳动者再另行约定由劳动者承担违反服务期违约金，所以张某提出与某医院解除劳动合同，还需承担服务期未履行部分的培训费用。同时，张某在劳动合同终止前提前通知了某医院，符合劳动者提前30日以书面形式通知企业，可以解除劳动合同。只要劳动者想离开工作岗位，支付相应的违约金即可，即便是劳动合同仍可以继续履行，劳动者也可以辞职，企业不能要求劳动者继续履行劳动合同。所以当劳动合同终止，但服务期没有终止时，劳动者可以不继续签约，只需要承担未履行部分的培训费用分摊。因此，张某与某医院劳动合同可以终止，但需要向某医院支付未履行服务期的培训费用分摊。

【专家建议】

劳动者在服务期未满时，可以单方解除劳动合同，也可以与企业协议解除劳动合同。在因劳动者严重违反企业的规章制度，劳动者严重失职，营私舞弊，给企业造成重大损害的，劳动者被依法追究刑事责任等，由于劳动者过错而被企业依法解除劳动合同的情况下，劳动者需承担违反服务期约定的责任向企业支付违约金。在服务期没有开始时，违约金额不能超过企业提供的培训费用；服务期已经开始的，违约金不得超过服务期尚未履行部分所应分摊的培训费用，即劳动者违反服务期约定需要承担的违约金计算，以企业提供的技能培训费用开销作为依据。

【相关法规】

《中华人民共和国劳动合同法》

第二十二条　用人单位为劳动者提供专项培训费用，对其进行专业技术培训的，可以与该劳动者订立协议，约定服务期。

劳动者违反服务期约定的，应当按照约定向用人单位支付违约金。违约金的数额不得超过用人单位提供的培训费用。用人单位要求劳动者支付的违约金不得超过服务期尚未履行部分所应分摊的培训费用。

用人单位与劳动者约定服务期的，不影响按照正常的工资调整机制提高劳动者在服务期期间的劳动报酬。

《中华人民共和国劳动合同法实施条例》

第十六条　劳动合同法第二十二条第二款规定的培训费用，包括用人单位为了对劳动者进行专业技术培训而支付的有凭证的培训费用、培训期间的差旅费用以及因培训产生的用于该劳动者的其他直接费用。

第十七条　劳动合同期满，但是用人单位与劳动者依照劳动合同法第二十二条的规定约定的服务期尚未到期的，劳动合同应当续延至服务期满；双方另有约定的，从其约定。

第二十六条　用人单位与劳动者约定了服务期，劳动者依照劳动合同法第三十八条的规定解除劳动合同的，不属于违反服务期的约定，用人单位不得要求劳动者支付违约金。

有下列情形之一，用人单位与劳动者解除约定服务期的劳动合同的，劳动者应当按照劳动合同的约定向用人单位支付违约金：

(一)劳动者严重违反用人单位的规章制度的；
(二)劳动者严重失职，营私舞弊，给用人单位造成重大损害的；
(三)劳动者同时与其他用人单位建立劳动关系，对完成本单位的工作任务造成严重影响，或者经用人单位提出，拒不改正的；
(四)劳动者以欺诈、胁迫的手段或者乘人之危，使用人单位在违背真实意思的情况下订立或者变更劳动合同的；
(五)劳动者被依法追究刑事责任的。

第二节　培训服务期风险问题

企业组织劳动者进行培训，受益的是企业和劳动者双方，劳动者经过培训获得了专业技能的提升，企业则由于劳动者具备相关专业技能，可以更方便地开展公司业务。因为劳动者专业技能得到提升，自身价值增加，在求职中有了更多议价筹码，所以出现了不少劳动者经过培训后没有等到服务期结束就离职的情况，给企业造成了损失。因此，人力资源要提前做好准备，对培训产生的费用、服务期及违约责任进行确定，降低企业诉讼成本。以下几个问题企业 HR 一定要明确。

(1) 必须为劳动者提供专业技能培训才可约定服务期。
(2) 设定服务期后，劳动合同期限应当顺延。
(3) 设定服务期后，违约金数额不得高于培训费用。

对于劳动者而言，若劳动者违反服务期约定的，应向用人单位支付违约金，这主要包括以下三种情形。

(1) 服务期尚未届满，劳动者因个人原因单方提出解除劳动合同的。

(2) 服务期尚未届满，经劳动者提出双方协商一致解除劳动合同的。

(3) 服务期尚未届满，劳动者违反公司规章制度或国家相关法律法规造成公司主动解约的。

▶ 案例参考6 未提供技能培训但约定服务期限是否有效

李某具有某专业技术，2019年9月入职A公司，A公司为留住人才，在为其解决城市户口、住房的基础上，与李某签订的劳动合同中约定，其必须在公司工作满5年后方可离职。至2021年9月30日，李某在公司的工作期限满2年。因个人情况，李某于2021年10月15日正式向A公司递交书面辞职信，但A公司以服务期未满为由予以拒绝。于是李某与A公司发生争议。

【名师指点】

本例中，李某不受A公司与他签订的劳动合同中约定的服务期限制。根据法律规定企业必须为劳动者提供专项培训费用，对其进行专业技术培训的，才可以与该劳动者订立协议，约定服务期。并非所有劳动合同都能够为员工设定服务期，设定该服务期必须同时满足两个条件，即企业为劳动者提供专项培训费用，并对其进行专业技术培训。本例中，A公司为李某解决城市户口、住房，不属于专项培训，即使公司为此支付了费用，公司也不能与李某约定服务期。也就是说，本例所涉服务期约定对李某无效，其离职与否无须受此约定限制。

【专家建议】

服务期约定需要满足两点，一是企业为劳动者提供了专业技能培训服务，二是企业为劳动者提供专业技能培训服务支付了费用，满足这两个条件方可约定服务期。此外，因企业为劳动者提供其他便利而双方约定服务期当不被法律支持。

【相关法规】

参见《中华人民共和国劳动合同法》第二十二条。

▶ 案例参考7 服务期违约金超出培训费用是否支持

胡某于2018年3月就职于A公司，岗位为研发。2020年8月，A公司为提升企业技术竞争力，将胡某送往外地进行专项技术培训，并为此次培训出资5万元。A公司与胡某签订《培训服务协议》，其书面约定：胡某培训结束后，服务期为5年，如

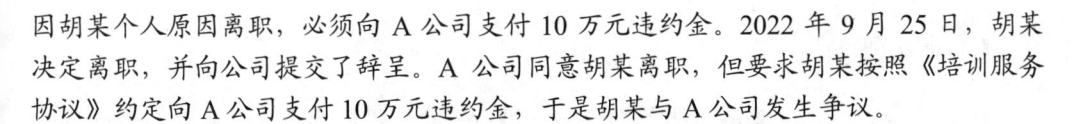

因胡某个人原因离职，必须向 A 公司支付 10 万元违约金。2022 年 9 月 25 日，胡某决定离职，并向公司提交了辞呈。A 公司同意胡某离职，但要求胡某按照《培训服务协议》约定向 A 公司支付 10 万元违约金，于是胡某与 A 公司发生争议。

【名师指点】

本例的争议之处在于 A 公司主张的 10 万元违约金是否有效。根据法律规定，劳动者违反服务期所产生的违约金数额不得超过企业提供的培训费用。企业要求劳动者支付的违约金不得超过服务期尚未履行部分所应分摊的培训费用，所以违约金的计算必须以"培训费用"为限，而不能随意扩大，任意约定，企业免除劳动者违约金除外。A 公司为胡某支付的专业技术培训费为 5 万元，服务期为 5 年，在胡某已履行服务期 2 年的情况下，其未履行服务期培训费用分摊应为 3 万元，支付的违约金应当是 3 万元。因此，A 公司依据《培训服务协议》要求胡某承担 10 万元违约金，法律上不被支持。当然，如果 A 公司将违约金主张更改为 3 万元，则胡某需要承担违约金，不能拒绝。

【专家建议】

根据《劳动合同法》第二十二条规定，劳动者违反服务期约定的，应当按照约定向用人单位支付违约金。违约金的数额不得超过用人单位提供的培训费用。用人单位要求劳动者支付的违约金不得超过服务期尚未履行部分所应分摊的培训费用。所以企业向劳动者主张服务期违约金数额应当以企业为劳动者支付的培训费用为限，且要去掉劳动者已履行服务期限的分摊培训费金额。

【相关法规】

参见《中华人民共和国劳动合同法》第二十二条。

案例参考 8　未签署服务期协议，劳动合同到期企业是否可以主张违反服务期权利

李某于 2019 年 3 月 30 日入职 A 公司，A 公司与李某签订了劳动合同，并约定工作年限为 2 年，即至 2021 年 3 月 29 日到期。2019 年 8 月，公司决定对李某进行专业技术培训。A 公司与李某经协商一致后，约定其经此次培训后服务期限为 2 年，期限至 2021 年 8 月止，后因公司原因一直未与李某签署书面服务期协议。李某于 2021 年 8 月 10 日向公司提出辞职，并向 A 公司提交了辞职信，在辞职信中李某的理由是劳动合同期限已经届满，劳动合同关系应终止。

【名师指点】

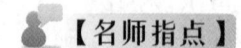

在劳动合同中，如果没有服务期协议，当劳动合同期限届满时，企业与劳动者的劳动关系自动终止。劳动合同期满，但是企业与劳动者约定的服务期尚未到期的，劳动合同应当续延至服务期满，即在劳动合同期限与服务期限同时并存的情况下，如果没有特别约定，合同期限应当服从服务期限，劳动者的工作期限需续延至服务期满。本例中，虽然 A 公司安排李某参加业务专项培训，但双方没有书面签订培训协议，A 公司无法举证与李某约定服务期的事实。因此，A 公司请求李某赔偿其培训费用以及违约金，缺乏证据，应当视为 A 公司放弃服务期权利，不予支持。

【专家建议】

企业对劳动者进行了专项培训，但没有签订劳动服务期书面协议，属于企业管理失当。若与劳动者因此产生纠纷，就无法主张企业应有的权利。为避免此种情况发生，企业应当建立专门的服务期管理制度，规范服务期协议管理流程。

【相关法规】

参见《中华人民共和国劳动合同法》第二十二条。

第三节 实务操作

一、培训服务期协议

培训对于企业和劳动者来说是双赢的事情，可劳动者在接受培训后就另谋高就的现象也很多，造成企业的培训投入没有取得预期的效果，因此，企业 HR 为避免风险产生，要与劳动者签订书面培训服务期协议，对培训费用、服务期和违约责任等作出相应的规定，从而保障企业的权利。为此要做到以下几个方面。

(1) 培训对象的选择，同一岗位有多名劳动者，需要企业根据劳动者综合情况进行考量，然后决定参与培训的劳动者。

(2) 培训费用要有明细，并告知劳动者产生的劳动者费用。

(3) 服务期限约定要合理。要结合培训费用的产生与劳动者协商一个合理的服务期限。

(4) 服务期违约赔偿计算要合理，要以培训费用为上限，不能任意扩大。

(5) 要与劳动者签订书面的培训服务期协议。

书面培训服务期协议范本如下。

培训服务期协议

甲方：
乙方： 身份证号：
地址： 联系方式：
(乙方地址或联系方式变更应当十日内告知甲方)

甲、乙双方就有关培训、服务期限等事宜，经协商一致，自愿达成以下协议。

一、培训安排。
1. 培训内容：
2. 培训地点：
3. 培训时间：
4. 培训费用：甲方将负担以下所列乙方相关培训费用，包括并不限于以下内容：
培训学费(须由培训方开具发票)；
资料费；
住宿和餐饮费；
其他费用。
合计费用为_____
乙方确认上述培训费用如实发生。

二、培训效果。
培训期满后，乙方必须达到如下培训效果：取得证书，或通过考试。

三、培训期满，劳动合同的签订。
1. 乙方达到本协议第二条规定的培训效果的，并按本协议第五条的规定履行服务期协议。
2. 乙方未达到本协议第二条规定的培训效果的，甲方有权终止本协议，并要求乙方返还所有培训费用。
3. 培训期满后，乙方不与甲方签订劳动合同，或双方就签订劳动合同内容未达成一致的，甲方有权终止本协议，并要求乙方返还所有培训费用。

四、权利及义务。
1. 甲方应按照本协议约定提供培训资金及其他必备之条件。
……

五、服务期约定。
1. 乙方参加本次培训后，乙方必须为甲方服务(简称必须服务期)，服务期起算日为培训结束后第一个工作日。
2. 乙方在必须服务期内，若劳动合同期满，经甲方书面同意该劳动合同期限自动延长至必须服务期满。

六、其他约定。
1. 未经甲方同意，乙方不得改变培训期限，也不得延长时间或提前结束。

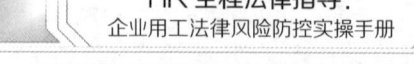

2. 乙方在受训期间突然患病，致使培训无法继续，本协议的继续履行与否由双方协商后决定。

3. 双方约定，乙方服务期约定的赔偿金为甲方支付培训费用，如实际损失大于培训费的，按实际损失赔偿。

七、违约责任。

1. 乙方在课程结束前无论何种原因拒绝或不能参加培训的，须偿还本协议第一条第四款所列培训费用中甲方已为其支付的费用。

2. 乙方在必须服务期内无论何种原因离职或者甲方根据《劳动合同法》第三十九条规定解除劳动合同的，乙方须按以下计算方法支付甲方违约金：甲方培训费用×未履行服务期月数/(服务年限×12)。

甲方(签章)：   乙方(签章)：
法定代理人(或委托代理人)：
 年 月 日   年 月 日

二、培训服务期发生费用告知单

为避免培训费用产生后无法确认，在培训结束后需要根据每人报销情况制作培训费用告知单。

培训费用告知单

课程名称		日期		地点	
费用预算明细					
1. 教材				___元/本×___本=___元	
2. 讲师报酬				___元/时×___时=___元	
3. 讲师交通费				___元	
4. 讲师住宿费				___元/日×___日=___元	
5. 讲师膳食费				___元/日×___日=___元	
6. 其他费用				___元	
7. 合计费用				___元	
8. 预支费用				___元	
参加培训人员名单(计___人)					
部门	姓名		职称		备注

第四节　答疑解惑

一、以例说法

▶ **案例参考 9**　公司拖欠工资，劳动者是否可以无责解除服务期劳动关系

张某于 2019 年 5 月应聘到 A 公司，岗位为工程师。2020 年 3 月，A 公司开展新业务，为提升员工工作技能，A 公司出资 10 万元安排张某等 5 人参加了为期 1 个月的技术培训班，并且同张某等人书面约定了 3 年的服务期限。2021 年 6 月，张某发现 A 公司经常拖欠工资，于是向 A 公司提出解除劳动合同，A 公司依据培训服务协议认为张某服务期未满，不能解除合同，如果解除，张某应支付违约金。

【名师指点】

本例中，张某解除劳动合同的理由是 A 公司经常拖欠工资。根据法律规定，企业与劳动者约定了服务期，在企业发生拖欠工资的情况下，可以解除劳动合同，不属于违反服务期的约定，企业不得要求劳动者支付违约金。当由于公司的过失，造成劳动者解除劳动合同，劳动者不承担任何违约责任。这些过失情形包括以下方面：未按照劳动合同约定提供劳动保护或者劳动条件的；未及时足额支付劳动报酬的；未依法为劳动者缴纳社会保险费的；企业的规章制度违反法律、法规的规定，损害劳动者权益的。此外，当企业以暴力、威胁或者非法限制人身自由的手段强迫劳动者劳动的，或者企业违章指挥、强令冒险作业危及劳动者人身安全的，劳动者可以立即解除劳动合同，不需要事先告知企业。

【专家建议】

在企业违法或存在过失的情形下，劳动者要求解除劳动合同的，应当依据过失原则，判定劳动者的行为不属于违反服务期的约定行为，企业无权要求劳动者支付违约金。因此，企业一定要严格遵守法律法规的相关规定，只有这样才能使企业的权益得到保障。

【相关法规】

参见《中华人民共和国劳动合同法》第二十二条。

案例参考 10　签订劳动合同时企业可以提出约定服务期吗

许某于 2020 年 2 月应聘到 A 公司，岗位为 3D 动画师。A 公司在与许某签订劳动合同时提出，现在有一个专业培训的机会，培训时间为 4 个月，为此要在签订劳动合同时与许某约定 3 年服务期。许某认为 A 公司的此项操作不合规。

【名师指点】

根据相关法律法规，用人单位为劳动者提供专项培训费用，对其进行专业技术培训的，可以与该劳动者订立协议，约定服务期。规定中并没有对服务期签订时间进行约定，企业在签订劳动合同时提出取得劳动者的认同，进而决定是否与企业签订劳动合同应无不当。同时，劳动者应明确认知专业技能培训对劳动者来说是一个成长机会。

【专家建议】

相关法律法规没有对培训服务期限和签订时间进行规定，企业可以根据自身的情况，选择在劳动合同中体现；也可以在劳动合同签署后，与劳动者就培训服务期协议达成一致，另外签署劳动服务期协议。二者劳动关系认定应取时间长的那个期限。

【相关法规】

参见《中华人民共和国劳动合同法》第二十二条。

二、总结与思考

由此可见，服务期是当今企业留人的重要手段，但服务期不等同于合同期，需要由单位用专项投资和专业技术培训为对价才能与员工约定。如果员工违反约定的服务期条款，则需要对单位的投入进行赔偿。服务期对于员工方而言并不是纯利益，而是利益与约束并存。对于企业来说，出资给员工进行培训的目的是让员工技能成长，更好地为企业创造利润，可是，会有部分员工技能成长后不满足于公司当前的薪资或环境，提出辞职，从而给企业带来一定风险。所以如何规避培训服务期公司投入风险，企业人力资源部门可从以下几点着手。

(1) 在参与培训人的选择上，要用心考查，选择对企业认可度高的员工，尽可能不用试用期员工。

(2) 培训费用的支出要有依据，产生费用的凭证要保留好，做好总费用支出汇总，并告知劳动者，避免将来在服务期违约金计算上缺少凭证。

(3) 根据培训支出合理约定服务期限，避免过长的服务期限对劳动者不公平。

此外，企业基于人才竞争的需要，在正常工资报酬外给劳动者另外提供住房福利、调动户口、专车等特殊待遇，与劳动者约定服务期。这种约定，符合自愿原则，不得包含违约金的内容，但可以约定违反协议须退还企业已支付的资金或相关便利。

第六章

工作时间与休假风险管控

在员工正式入职后,与企业最容易产生分歧的部分就是工作时间与休假时间了。在实际工作中,这也是争议频发的地方。为了保障劳动者休息权,法律上也作了相关的规定。人力资源部门要熟悉这些规定,根据这些规定结合企业情况合理制定工作时间和休假制度,避免产生争议,给企业带来风险。

第一节 工作时间

工作时间会带来一系列问题，比如工作时间怎么确定，什么情况属于加班，加班工资怎么计算等，如果企业对此认识不足，风险防控不充分，在劳动仲裁和诉讼中就会败诉。

一、工作时间的约定

工作时间又称劳动时间，是指法律规定的劳动者在一天内或一周内从事劳动的时间。工作时间的长度由法律直接规定，或由集体合同或劳动合同直接规定。劳动者或企业不遵守工作时间的规定或约定，要承担相应的法律责任。

在我国存在 3 种工时制度，分别是标准工时制、不定时工时制和综合计算工时制。

(1) 标准工时制度是指法律规定正常情况下劳动者工作时间的标准，其内容规定每天工作的最长时间为 8 小时，每周最长工作时间为 40 小时，并保证劳动者每周至少休息 1 天。标准工时制度也是当前我国企业使用最为广泛的一个工作时间制度。根据《劳动法》第三十六条规定，国家实行劳动者每日工作时间不超过八小时、平均每周工作时间不超过四十四小时的工时制度。这一规定与当前标准工时制度稍有不同，通常可以认为超出 40 小时部分为延长工时，企业应当为劳动者发放加班工资。

(2) 不定时工时制度是指企业因生产经营工作情况，无法按标准工作时间衡量或是需要机动作业的劳动者所采用的，劳动者每一个工作日没有固定的上下班时间限制的工作时间制度。但应确保职工的休息休假权利和生产、工作任务的完成，其适用岗位包括：高级管理、销售、仓库装卸、长途司机等。需要注意的是，采用不定时工时制度需要企业向企业工商登记地人力资源社会保障行政部门提交申请，经批准后方可实施不定时工作制度。

(3) 综合计算工时制度是指企业以标准工时制度工作时间为基础，采用计算工作时间的周期不再是以天为单位，而可以是以周、月、季、年为单位，但其平均日工作时间和平均周工作时间应与法定标准工作时间相同，即在综合计算周期内的总实际工作时间应当不能超过总法定标准工作时间。同不定时工时制度一样，采取综合计算工时制度的企业也需要向工商登记地人力资源社会保障行政部门提交申请，经批准后方可在企业施行综合计算工时制度。

目前，我国劳动者的工作时间是采用如下方法计算的。

年工作日：365 天-104 天(休息日)-11 天(法定节假日)=250 天

季工作日：250 天÷4 季=62.5 天/季

月工作日：250 天÷12 月=20.83 天/月

工作小时数的计算：以月、季、年的工作日乘以每日 8 小时。

企业不能随意变更劳动者工作时间，《劳动合同法》第四条规定，"用人单位在制定、修改或者决定有关劳动报酬、工作时间、休息休假、劳动安全卫生、保险福利、职工培训、劳动纪律以及劳动定额管理等直接涉及劳动者切身利益的规章制度或者重大事项时，应当经职工代表大会或者全体职工讨论，提出方案和意见，与工会或者职工代表平等协商确定"，工时变更需要经职工代表大会或全体职工讨论，最后讨论结果上报劳动保障部门进行审批才可执行。同时，由于工时是劳动合同的必备条款之一，变更工时需要在劳动合同中进行体现，需要企业与劳动者进行沟通，形成一致意见，对劳动合同进行变更。未经与劳动者协商一致，企业不得变更劳动者工时制度。

企业违反劳动工时制度，将要承担相应的责任，根据《劳动法》第九十条的规定，用人单位违反本法规定，延长劳动者工作时间的，由劳动行政部门给予警告，责令改正，并可处以罚款。

案例参考 1　"996"工作制合法吗

张某于 2020 年 8 月入职 A 公司，岗位为软件开发工程师，劳动合同期限为 2 年，约定试用期为 3 个月，工作时间执行 A 公司规章制度相关规定。A 公司规章制度规定，软件开发工程师工作时间为早 9 时至晚 9 时，每周工作 6 天。2 个月后，张某以公司工作时间严重超过法律规定上限为由，立即辞职走人。A 公司认为张某未履行提前告知义务，应给予适当补偿。

【名师指点】

本例中 A 公司采用的是典型的"996"工作制，折合下来每日工作 12 小时，每周工作 72 小时。根据法律规定企业由于生产经营需要，经与工会和劳动者协商后可以延长工作时间，一般每日不得超过一小时；因特殊原因需要延长工作时间的，在保障劳动者身体健康的条件下延长工作时间每日不得超过三小时，但是每月不得超过三十六小时。"996"工作制已经违法，张某在试用期内解除劳动合同须提前 3 天告知，但因 A 公司工作制度违法，张某可以即刻解除劳动关系，无须提前告知。

【专家建议】

为确保劳动者享有休息权，我国法律对延长工作时间的上限予以明确规定，每周不得超过 44 小时，企业制定违反法律规定的加班制度，无论是在劳动合同中与劳动者约定或是公司规章制度中违反法律规定的加班条款，都是无效的条款。

【相关法规】

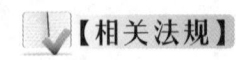

《中华人民共和国劳动合同法》

第二十六条　下列劳动合同无效或者部分无效：

(一)以欺诈、胁迫的手段或者乘人之危，使对方在违背真实意思的情况下订立或者变更劳动合同的；

(二)用人单位免除自己的法定责任、排除劳动者权利的；

(三)违反法律、行政法规强制性规定的。

第三十八条　用人单位有下列情形之一的，劳动者可以解除劳动合同：

(一)未按照劳动合同约定提供劳动保护或者劳动条件的；

(二)未及时足额支付劳动报酬的；

(三)未依法为劳动者缴纳社会保险费的；

(四)用人单位的规章制度违反法律、法规的规定，损害劳动者权益的；

(五)因本法第二十六条第一款规定的情形致使劳动合同无效的；

(六)法律、行政法规规定劳动者可以解除劳动合同的其他情形。

用人单位以暴力、威胁或者非法限制人身自由的手段强迫劳动者劳动的，或者用人单位违章指挥、强令冒险作业危及劳动者人身安全的，劳动者可以立即解除劳动合同，不需事先告知用人单位。

《中华人民共和国劳动法》

第四十一条　用人单位由于生产经营需要，经与工会和劳动者协商后可以延长工作时间，一般每日不得超过一小时；因特殊原因需要延长工作时间的，在保障劳动者身体健康的条件下延长工作时间每日不得超过三小时，但是每月不得超过三十六小时。

第四十三条　用人单位不得违反本法规定延长劳动者的工作时间。

▶ 案例参考2　劳动合同生效中企业是否可以自主变更工时制度

胡某 2020 年入职 A 公司，岗位为电话销售，双方签订的劳动合同中约定胡某的岗位执行标准工时制。半年后，胡某由于工作出色，被安排兼顾其他岗位工作，经常需要加班，但在月底领工资时却发现没有加班费。胡某找 A 公司沟通，公司给出的理由是从上个月起，所有销售岗位已变更为"不定时工作制"，依法无须执行加班工资的规定。并且拿出了当地政府劳动部门的一个批复，批准了该公司对销售等 3 个岗位实行不定时工作制的申请。胡某不服，要求 A 公司支付其上月加班费 2000 余元，A公司不同意，二者遂发生争议。

第六章　工作时间与休假风险管控

【名师指点】

本例的争议焦点在于 A 公司取得工作岗位工时变更批复是否对已签过劳动合同的胡某具有约束力。工作时间与休息休假是劳动合同的必备条款，双方在劳动合同中关于胡某的岗位适用标准工时制符合法律规定。A 公司虽经劳动部门审批适用不定时工作制，胡某所在岗位也符合实行不定时工作制的相关条件，但劳动部门批准适用不定时工作制只是企业获得与劳动者约定适用不定时工作制的条件，不是说企业只能与劳动者签订不定时工作制，双方仍可以选择标准工时制。胡某在签订劳动合同时已经约定为标准工时制，企业要改变为不定时工作制，属于劳动合同主要条款的变更。按照《劳动合同法》第三十五条的规定，企业变更劳动合同必备条款时要与劳动者协商，并采用书面形式变更劳动合同。如果劳动者不同意变更，只能按照劳动合同约定的条款继续履行劳动合同。若本例走法律程序，胡某的请求将被支持。

【专家建议】

标准工时工作制还要求：企业应保证劳动者每周至少休息 1 日；因生产经营需要，经与工会和劳动者协商，一般每天延长工作时间不得超过 1 小时；特殊原因每天延长工作时间不得超过 3 小时；每月延长工作时间不得超过 36 小时。如果单位安排加班超过 36 小时，将面临"由劳动行政部门给予警告，责令改正，并可以处以罚款"的处罚，而对劳动者在加班期间继续享有 1.5 倍工资。

如果用人单位合同中约定了不定时工时工作制，但未经相关行政部门审批的，可能仍会按照标准工时来计算工资报酬。因此，企业对符合综合计算工时制或不定时工时制的岗位应及时报相关劳动行政部门审批，规范用工。虽然实行不定时工作制和综合计算工时制，但也不能超过规定的工作时间。但是有些单位实行工作日为周一到周六，周日休息；每天早 9 晚 5、中午休息 1.5 小时的制度是不需要劳动行政部门审批的。

【相关法规】

《中华人民共和国劳动合同法》

第三十一条　用人单位应当严格执行劳动定额标准，不得强迫或者变相强迫劳动者加班。用人单位安排加班的，应当按照国家有关规定向劳动者支付加班费。

第三十五条　用人单位与劳动者协商一致，可以变更劳动合同约定的内容。变更劳动合同，应当采用书面形式。

变更后的劳动合同文本由用人单位和劳动者各执一份。

第八十五条　用人单位有下列情形之一的，由劳动行政部门责令限期支付劳动报酬、加班费或者经济补偿；劳动报酬低于当地最低工资标准的，应当支付其差额部分；逾期不支付的，责令用人单位按应付金额百分之五十以上百分之一百以下的标准向劳动者加付赔偿金：

（一）未按照劳动合同的约定或者国家规定及时足额支付劳动者劳动报酬的；

（二）低于当地最低工资标准支付劳动者工资的；

（三）安排加班不支付加班费的；

（四）解除或者终止劳动合同，未依照本法规定向劳动者支付经济补偿的。

▶ 案例参考3　综合计算工时有加班费吗

2018年9月1日，张某到A物流公司上班，双方签订了书面劳动合同，合同期限为2018年9月1日至2020年6月30日，约定张某的岗位是配送员，实行不定时工时工作制。2020年7月1日，双方续签了劳动合同，合同期限为2020年7月1日至2023年6月30日，约定张某的岗位变更为运营支持，实行综合计算工时工作制。2022年3月21日，张某以"上班时间长"为由提出辞职，要求A物流公司支付2018年9月1日至2022年3月21日的加班工资，A公司认为其岗位是综合计算工时制，不存在加班情况，于是与张某发生争议。

【名师指点】

本例的争议在于执行综合计算工时工作制是否存在加班费用。经劳动行政部门批准实行综合计算工时工作制的，其综合计算工作时间超过法定标准工作时间的部分，应视为延长工作时间，并应按该规定支付劳动者延长工作时间的工资。实行不定时工时制度的劳动者，不执行上述规定。

在张某执行不定时工作制的时间段，企业无须支付加班工资。但是，在张某执行综合计算工时工作制时段，应按照其综合计算工作时间的周期，统计总工作时间并对比法定标准工作时间，超过的部分，企业按照不低于劳动合同规定的小时工资标准的150%支付张某加班工资。

【专家建议】

执行综合计算工时工作制，并不等于不须要支付加班工资。企业应该合理安排时间，保障劳动者的健康权休息权，否则要支付劳动者超时工作的加班费。总之，综合计算工时制超过了法定标准工作时间的，应视为加班，应按照相关规定支付加班的劳动报酬。

【相关法规】

参见《中华人民共和国劳动合同法》第三十一条、第八十五条。

《中华人民共和国劳动法》

第四十四条　有下列情形之一的，用人单位应当按照下列标准支付高于劳动者正常工作时间工资的工资报酬：

(一)安排劳动者延长工作时间的，支付不低于工资的百分之一百五十的工资报酬；

(二)休息日安排劳动者工作又不能安排补休的，支付不低于工资的百分之二百的工资报酬；

(三)法定休假日安排劳动者工作的，支付不低于工资的百分之三百的工资报酬。

二、休息与休假

休息、休假是法律赋予劳动者的权利，企业必须予以保障。但是，员工休息休假将处于不在岗状态，无法为企业创造价值，难免会对企业正常经营管理造成负面影响。病假、事假、医疗期、工伤停工留薪期、女性"三期"等往往是企业人力资源管理的难点，容易引起劳动纠纷。人力资源部门假期管理一定要把制度化办事与人性化管理结合起来。

在我国休息与休假有以下几种。

1. 休息日

休息日又称公休假日，是劳动者满 1 个工作周后的休息时间。《劳动法》第三十八条规定，用人单位应当保证劳动者每周至少休息 1 天。

我国职工的休息时间标准为工作 5 天，休息 2 天。该决定同时规定，国家机关、事业单位实行统一的工作时间，星期六和星期日为周休息日；企业和不能实行国家规定的统一工作时间的事业单位，可以根据实际情况灵活安排周休息日。

2. 法定节假日

全体公民放假的节日如下：

(1) 新年，即元旦，放假 1 天(1 月 1 日)；

(2) 春节，放假 3 天(农历除夕，正月初一、初二)；

(3) 清明，1 天(农历清明当天)；

(4) 劳动节，1 天(5 月 1 日)；

(5) 端午，1 天(农历端午当天)；
(6) 中秋，1 天(农历中秋当天)；
(7) 国庆，3 天(10 月 1、2、3 日)。

部分公民放假的节日及纪念日如下：

(1) 妇女节，妇女放假半天；
(2) 青年节，14 周岁以上的青年放假 1 天；
(3) 儿童节，不满 14 周岁的少年儿童放假 1 天；
(4) 建军节，现役军人放假半天。

3. 带薪年休假

企业的职工连续工作 1 年以上的，享受带薪年休假。累计工作已满 1 年不满 10 年的，年休假 5 天；已满 10 年不满 20 年的，年休假 10 天；已满 20 年的，年休假 15 天。国家法定节假日、休息日不计入年休假的假期。

4. 探亲假

国家机关、人民团体和全民所有制企业、事业单位工作满 1 年的固定职工可以享受探亲假。

职工探望配偶的，每年给予一方探亲假 1 次，假期 30 天；

未婚职工探望父母，原则上每年给假 1 次，假期 20 天。如果因为工作需要，本单位当年不能给予假期，或者职工自愿 2 年探亲 1 次的，可以 2 年给假 1 次，假期 45 天。

已婚职工探望父母的，每 4 年给假 1 次，假期 20 天。

上述假期包含公休日及法定节假日，但不包括路程假期。

5. 产假及哺乳期

女职工产假为 90 天，其中产前休假 15 天。晚婚晚育的增加 30 天，并给予男方 15 天护理假。难产的，增加产假 15 天。多胞胎生育的，每多生育 1 个婴儿，增加产假 15 天。女职工怀孕流产的，其所在单位应当根据医疗机构证明，给予一定时间的产假。产假、护理假期间视为全勤，工资奖金照发。

有不满 1 周岁婴儿的女职工，其所在单位应当在每次劳动时间内给予两次哺乳(含人工喂养)时间，每次 30 分钟。多胞胎生育的，每多哺乳 1 个婴儿，每次哺乳时间增加 30 分钟。女职工每次劳动时间内的 2 次哺乳时间，可以合并使用。哺乳时间和在本单位内哺乳往返途中的时间，算作劳动时间，并不得安排夜班工作。

6. 婚丧假

一般婚假为 3 天；晚婚的，增加 20 天。男 25 周岁，女 23 周岁结婚的是晚婚。

职工的直系亲属死亡的，丧假为 3 天；职工的岳父母或公婆死亡需要料理丧事的，可以给予 3 天丧假。

婚假与丧假期限不包括路程假。路程较远的，可以另行给予路程假。

7. 事假、病假

普通的事假、病假由企业与劳动者协商或者制定规章制度确定。可以适当扣除工资，但实际发放不得低于 80%。

因工伤、大病等需要治疗的，可以适用工伤保险条例关于医疗期的规定。

企业因生产经营需要，经与劳动者协商，占用劳动者公休假日加班的，企业应安排劳动者补休，安排不了补休的，应支付其加班报酬；占用劳动者法定节假日加班的，应支付劳动者加班工资。

▶ **案例参考 4　企业双休日加班以调代休合法吗**

林某在 A 公司从事财务工作，因公司工作任务紧，经理要求部门所有员工公休日加班，林某考虑到单位统一要求，并且以前单位每次加班都按工资的 200%发加班费，所以便同意公司加班要求。加班过后，经理通知他下周一休息，作为对公休日加班的补休。林某认为劳动法规定这种情况下公司应当按工资的 200%发给加班费，A 公司安排补休让自己的利益受损。因此，他提出不同意安排补休，而是要求发给其 200%的加班费。那么，公司是否一定要向林某支付加班费呢？

【名师指点】

在企业中，由于生产经营的需要，依法安排职工在休息日加班是常有的事情，但在加班过后，是应安排补休，还是支付加班费呢？《劳动法》第四十四条中规定，休息日安排劳动者工作又不能安排补休的，支付不低于工资的 200%的工资报酬。所以在休息日安排劳动者工作，企业可以首先安排补休，在无法安排补休时，才支付不低于工资 200%的加班费。也就是说，是安排补休还是支付加班费，可以由企业自行决定，当企业能够安排职工补休时，职工应当服从。这既保护了劳动者的休息权，有利于职工的身体健康，也使职工能够及时恢复体力投入新的工作，有利于安全生产。

【专家建议】

双休日加班，企业有权为劳动者安排调休，调休方无法主动选择支付加班费，选择权在公司。需要注意的是，对于法定节假日的加班，企业不能安排补休，必须支付不低于 300%的工资报酬。

另外，计算加班工资的基数不得低于劳动者所在岗位应得的工资报酬；若低于当地最低工资标准，则以当地最低工资标准作为基数。国家机关、事业组织、社会团体的加班工资以本人基本工资为基数。

【相关法规】

《中华人民共和国劳动法》

第四十三条 用人单位不得违反本法规定延长劳动者的工作时间。

第四十四条 有下列情形之一的,用人单位应当按照下列标准支付高于劳动者正常工作时间工资的工资报酬:

(一)安排劳动者延长工作时间的,支付不低于工资的百分之一百五十的工资报酬;

(二)休息日安排劳动者工作又不能安排补休的,支付不低于工资的百分之二百的工资报酬;

(三)法定休假日安排劳动者工作的,支付不低于工资的百分之三百的工资报酬。

▶ 案例参考5 年假未使用需要支付年假工资吗

张某在2016年3月入职A公司,与A公司签订劳动合同,双方建立劳动关系,张某的岗位为行政经理。2019年双方签订无固定期限劳动合同,并约定在合同期内,员工当年度没有使用完成的年假可以转至下一个年度,并必须在下一个合同年度内使用完毕。若因员工自身原因未能使用的年假,视为自动放弃,张某同意并签字。

后张某因个人原因离职,离职时主张公司支付其未休年休假工资报酬。A公司以合同中有约定,张某同意并有签字为由拒绝,于是与张某发生争议。

【名师指点】

劳动者带薪年休假是法定权利,《职工带薪年休假条例》第五条第三款规定,单位确因工作需要不能安排职工休年休假的,经职工本人同意,可以不安排职工休年休假。对职工应休未休的年休假天数,单位应当按照该职工日工资收入的300%支付年休假工资报酬。因此,在A公司未能举证证明曾安排张某休假,但张某自己拒绝的前提下,A公司应向张某支付未休年休假工资,若A公司有证据证明张某主动放弃权利,可以不给予支付。也就是说,合同中约定"年休假须在下一个合同年度内使用完毕,若因员工自身原因未能使用的年假"这一条款无效。

【专家建议】

劳动者工作年限满一年的,可以依法享受带薪年休假。公司若因生产需要不安排年休假的,应当按工资的300%支付工资报酬。企业不安排年休假,又不以工资报酬进行支付的行为是违法的,劳动者有权对年休假进行权利主张。

第六章　工作时间与休假风险管控

【相关法规】

《中华人民共和国劳动法》

第四十三条　用人单位不得违反本法规定延长劳动者的工作时间。

第四十四条　有下列情形之一的，用人单位应当按照下列标准支付高于劳动者正常工作时间工资的工资报酬：

(一)安排劳动者延长工作时间的，支付不低于工资的百分之一百五十的工资报酬；

(二)休息日安排劳动者工作又不能安排补休的，支付不低于工资的百分之二百的工资报酬；

(三)法定休假日安排劳动者工作的，支付不低于工资的百分之三百的工资报酬。

第四十五条　国家实行带薪年休假制度。

劳动者连续工作一年以上的，享受带薪年休假。具体办法由国务院规定。

第二节　工作时间与休假的认知误区

实际工作过程中，存在着很多认知误区，这些误区可能会造成企业在劳动仲裁和诉讼中败诉，从而导致企业用工成本增加。

▶ 案例参考6　变更工时制是否需要劳动者同意

王某2019年大学毕业后就职于A公司，双方签订了期限为3年的劳动合同，约定工作时间为标准工时制，每天工作8小时，每周工作不超过40小时。2021年7月，A公司通过了劳动行政部门综合计算工时制的批准备案，要求王某签订变更劳动合同协议书，变更劳动合同中的标准工时制为综合计算工时制。王某拒绝签订，A公司认为该综合计算工时制度作为公司民主程序指定的规章制度，并经劳动行政部门批复，只需向王某公示后即可生效。王某于是提请劳动仲裁委员会裁决。

【名师指点】

在生产经营过程中，企业欲变更原标准工时为综合计算工时制的，鉴于工作时间和休息时间是劳动合同的必备条款和重要内容，该条款的变更涉及劳动者的重大切身利益，应经职工代表大会或者全体职工讨论，与工会或者职工代表平等协商确定，并根据国家关于实行特殊工时制的审批办法报经相关劳动部门的审批同意，向劳动者公示。那么，面对经过这一系列复杂程序制定的综合计算工时制，向劳动者公示后劳动者必须被动接受吗？答案是否定的。

经过上述一系列复杂程序制定的新工时制并不因为上述程序的合法而当然地发生对劳动者原劳动合同工时的变更。

如果劳动者认为新工时制损害到自己的合法既得权益(实行综合工时制后，劳动者加班的双倍工资将被合法地减少至 1.5 倍)，不愿意执行新工时制，仍同意执行劳动合同中约定的标准工时制或者实际履行的标准工时制作为自己的工作时间并申请仲裁或者诉讼要求确认的，应当得到仲裁委员会或法院的支持。

因为，劳动合同约定的标准工时制在先，新批准的综合计算工时制在后，根据《劳动合同法》第三十五条规定，变更劳动者劳动合同条款需要和劳动者协商一致并采用书面形式，因此，如果劳动者不同意变更劳动合同所约定或者实际履行过程中已经成为事实的标准工时制，拒绝签订变更劳动合同(变更工时)协议书，则会出现公司规章制度工时制与劳动合同约定的工时制不一致的情况。在这种情况下，企业制定的内部规章制度与集体合同或者劳动合同约定的内容不一致，劳动者请求优先适用合同约定的应予支持。

【专家建议】

变更工时要从以下几点着手。

(1) 变更工时前要与工会和劳动者协商。变更标准工时为综合计算工时工作制的，关系到员工的重大切身利益，企业应当经职工代表大会或者全体职工讨论，提出方案和意见，与工会或者职工代表平等协商确定。

(2) 实行综合计算工时制的，应报经相关劳动行政部门批准。企业因生产特点或工作性质的限制，不能实行每日工作 8 小时、每周工作 40 小时标准工时制的，按照国家有关规定，须报经相关劳动行政部门批准，才可以实行综合计算工时制。

(3) 与劳动者协商签订变更劳动合同协议书。变更劳动者的工作时间是对劳动合同内容的重大变更，关系到劳动者加班工资的计算倍数。变更劳动合同应当与劳动者签订书面的变更劳动合同协议书，这不仅是法律的硬性要求，而且这样做也能为企业有效保存相关证据，避免以后员工反悔要求实行原工时制情况的发生。

【相关法规】

参见《中华人民共和国劳动合同法》第三十一条、第三十五条、第八十五条。

▶ 案例参考7　值班与加班有区别吗

李某是某医院中层干部，每逢法定节假日，单位总要安排他值班，还会给他几十元的值班津贴，相当于他一天的基本工资，这与国家规定的"三倍工资"相去甚远。

于是，李某就此提出异议，觉得值班放弃了个人的休息时间，也等同加班，应该按《劳动法》规定拿三倍工资的加班费。而单位却认为值班时，大多只是接电话或处理简单的事务，和平常工作比较起来清闲得多，不属于加班的范围，并且也对其给予了相应补助。于是，二者产生分歧。

【名师指点】

本例中涉及加班和值班两个概念，加班是指劳动者根据企业的要求，在 8 小时之外、休息日、法定节日等时间从事生产或工作，通俗地说，就是超出正常工时在应该休息的时间工作。值班是指劳动者根据企业的要求，在正常工作日之外担负一定的非生产性的责任，主要是因单位安全、消防、假日等需要担任单位临时安排或制度安排的与劳动者本职工作无关的值班。企业安排劳动者加班的，需与劳动者进行协商，如果劳动者不同意，则企业没有权利安排劳动者加班。而如果是企业安排劳动者值班的，则不必经过上述程序，劳动者在一般情况下不得拒绝，企业的这种安排属于企业用工管理权的范畴。加班职工与值班职工所享受的待遇是不同的：加班工资是法定的，企业安排劳动者加班的，必须按照法定标准向劳动者支付加班工资；而关于值班报酬，单位规章制度有规定、集体合同、单项集体协议、劳动合同有约定或有惯例的，可遵照执行。一般而言，值班待遇会比加班待遇低很多。

认定加班还是值班，主要看劳动者是否继续在原来的岗位上工作，或者是否有具体的生产或经营任务。如果劳动者继续在原来的岗位上工作或者有具体的生产或经营任务，则应当认定为加班，而如果不是继续在原来的工作岗位也没有具体的生产或经营任务，则应当认定为值班。不过，值得注意的是，如果单位安排劳动者从事与其本职工作有关的值班任务，但值班期间可以休息的，也不能够认定为加班。李某在法定节假日所从事的并非其本职工作或者具体的生产或经营任务，只是接电话或处理简单的事务，因此，可以认定为值班，而非加班。弄明白这两个概念就不难看出李某在法定节假日接电话或处理简单事务，当属值班行为。

【专家建议】

加班和值班的差别主要有以下两个方面。

(1) 加班是从事本职工作，具有一定的工作强度；值班处理的事务是非本职工作或处理本职工作但没有规定任务。

(2) 值班的报酬，目前在法律上尚无明确规定，一般情况下，它是由单位内部制定的规章制度予以规范的；而加班工作是法定的，企业安排劳动者加班的，必须按照法定标准向劳动者支付加班工资。

【相关法规】

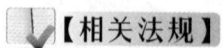

参见《中华人民共和国劳动法》第四十一条。

▶ 案例参考8　员工不加班等于不服从管理吗

王某是某公司的技术员工。双方签订了为期 2 年的劳动合同，合同期限为 2018 年 3 月 11 日至 2020 年 3 月 10 日，月工资为 3600 元。2019 年 7 月 10 日，公司由于接到大宗订单，需要加快生产速度，遂安排员工加班。王某由于个人原因，一直没有进行加班。公司连续向王某发两次"不服从公司管理安排"的处分书，2019 年 8 月 15 日，公司以王某严重违反公司规章制度为由开除王某。王某不服，申请劳动仲裁主张公司支付违法解除的赔偿金。

【名师指点】

企业安排加班须与劳动者协商，如果企业安排加班，劳动者因故不能出勤的，不能认定为旷工，该发的全勤奖还要发放。企业安排劳动者加班，应当与工会和劳动者协商，达成一致的协议以后，方可延长工作时间。若没有与工会和劳动者协商，企业单方面决定或者安排劳动者加班的，劳动者有权予以拒绝。对此，企业不能按违纪处理。对于企业单方面延长工作时间的安排，劳动者有权拒绝执行。在本例中，公司安排的加班行为并未与工会和劳动者达成一致，王某有权不加班，该公司也不能以王某不加班为由作出违反规章制度的处理，否则构成强迫劳动者加班。因此，该公司的解除王某的行为属于违法解除，应当向王某支付相应的赔偿金。

【专家建议】

关于加班，企业需要注意以下三点。

(1) 加班时长。企业由于生产经营需要，经与工会和劳动者协商后可以延长工作时间，一般每日不得超过 1 小时；因特殊原因需要延长工作时间的，在保障劳动者身体健康的条件下延长工作时间每日不得超过 3 小时，每月不得超过 36 小时。

(2) 加班报酬。企业应当按照下列标准支付高于劳动者正常工作时间工资的工资报酬：①安排劳动者延长工作时间的，支付不低于工资的 150%的工资报酬；②休息日安排劳动者工作又不能安排补休的，支付不低于工资的 200%的工资报酬；③法定休假日安排劳动者工作的，支付不低于工资的 300%的工资报酬。

(3) 有下列情形之一的，延长工作时间不受协商程序限制，劳动者不能拒绝：①发生自然灾害、事故或者因其他原因，威胁劳动者生命健康和财产安全，需要紧急处理的；②生产设备、交通运输线路、公共设施发生故障，影响生产和公众利益，必须及时抢修的；③在法定节日和公休假日内工作不能间断，必须连续生产、运输或者营业的；④必须利用法定节日或公休假日的停产期间进行设备检修、保养的；⑤为完成国防紧急任务的；⑥为完成国家下达的其他紧急生产任务的；⑦法律、行政法规规定的其他情形。

【相关法规】

《中华人民共和国劳动法》

第四十二条　有下列情形之一的，延长工作时间不受本法第四十一条规定的限制：

(一)发生自然灾害、事故或者因其他原因，威胁劳动者生命健康和财产安全，需要紧急处理的；

(二)生产设备、交通运输线路、公共设施发生故障，影响生产和公众利益，必须及时抢修的；

(三)法律、行政法规规定的其他情形。

第四十四条　有下列情形之一的，用人单位应当按照下列标准支付高于劳动者正常工作时间工资的工资报酬：

(一)安排劳动者延长工作时间的，支付不低于工资的百分之一百五十的工资报酬；

(二)休息日安排劳动者工作又不能安排补休的，支付不低于工资的百分之二百的工资报酬；

(三)法定休假日安排劳动者工作的，支付不低于工资的百分之三百的工资报酬。

第三节　实务操作

一、加班操作实务

对企业加班，要进行管控，避免不必要的加班。实践中，一些单位加班，往往是因为工作安排不当造成的。用人单位对工作安排不仅要有长期安排，还要有短期安排，更要合理安排工作。此外，要强化劳动者主动工作的效率，对凡是可以用劳动定额考核的岗位，制定劳动定额，保障工作尽快完成，不拖沓。最后，针对必须加班的情况，用制度规范加班，通过内部管理制度，明确"加班"概念。加班通常可以分为两种，一种为企业安排，另一种为员工自觉加班。对企业安排的加班，必须给劳动者进行调休或者支付工资报酬。而劳动者因为自己应完成而未完成的工作任务，下班后

131

主动工作的情形不属于加班范畴，企业无须支付加班报酬。因此制定一个规范的加班规章制度对加班进行规范是非常有必要的。

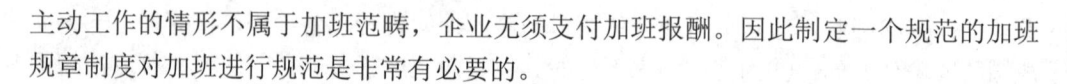

加班规章制度

一、目的

为提高效率，对从事司机工作人员额外劳动进行合理补偿，调动员工工作积极性，保障公司经营正常运行，根据国家有关法律、法规和文件规定，结合本公司实际情况，特制定本规定。

二、定义

本规定所指加班是指驾驶员在公司正常作息时间之外，需要延长劳动时间或在周末、国家法定节假日完成额外的工作。

三、适用范围

本规定适用于企业全体员工。

四、加班范围及规定

1. 职工在国家法定节假日和双休日期间工作为加班。

2. 因生产需要职工必须在标准工作时间外提供劳动，并通过加班审批确认为加班。

3. 加班人员包括工人及在加班现场提供技术支持的管理人员。

4. 职工一次加班不得超过 8 小时，紧急抢修除外。

5. 职工加班结算加班工资。

五、加班申请、审批、撤销步骤

1. 变电站和门房值班人员及临时工双休日不计入加班考勤。

2. 因工作需要必须加班时，负责加班的部门主管必须填写《加班申请单》，并于加班前1个工作日提交分管领导。

3. 分管领导对加班申请审核并估算加班时间，批复发回申请部门。

4. 不能在规定时间提交加班申请，且无正当理由，其实际加班时间将视为无效。

5. 因突发情况需要加班者，负责加班的部门主管必须于事后 1 个工作日内填写《加班申请单》并加以额外说明。

6. 因特殊情况需撤销加班的，部门主管必须于加班前书面通知分管领导及加班人员，撤销加班申请。

7. 《加班申请单》上填写加班人数及名单、预计加班时间，部门主管和分管领导需要对加班时间进行监控和评估。

8. 《加班申请单》经分管领导批复后，不得擅自改动，否则一律无效。

六、加班费计算

1. 加班时间以 0.5 小时为单位。

2. 加班费以员工的时薪为基础计算，加班费=加班时数×时薪×给付倍数，其中，时薪=岗位工资/月法定工作小时数(目前为167.4)，给付倍数标准如下：
(1) 在正常工作日或公司假日加班，付给1.5倍；
(2) 在国家法定节假日加班，付给3倍。

七、其他

加班费与当月工资一起发放。

二、休假操作实务

同加班一样，为了规范和统筹安排企业工作计划，需要制定合理的休假管理制度，对休假进行规范管理，明确哪些假期属有薪假期和处理流程，避免因此与劳动者产生纠纷。

请休假管理制度

一、目的
为了加强考勤管理，规范员工请休假程序，确保生产顺利进行制定本制度。
二、范围
本制度规定了员工请假程序、假别、请假准核权限、请假的记录等内容，本制度适用于所有本公司员工。
三、请休假管理制度
1. 请假手续：员工请假，必须由本人于假前办理请假手续，填写《请假单》，若确因急病、急事且居住地离单位较远，确实不能亲自办理请假手续时，可用电话或委托他人向主管领导请假，事后必须补办请假手续和交验有关证明，否则无请假单而未出勤者均视为旷工；员工请假期满，因特殊情况需要续假时，应于假期期满前按规定向相关主管办理续假手续，续假未准应按时上班。
2. 请假类别：请假分为公假、事假、病假、工伤假、婚假、丧假、产假、探亲假、停薪留职9种，分为有薪假和无薪假两种婚丧假，探亲假为有薪假，其他除特殊情况规定外均执行无薪假别。
3. 请休假程序按照下列程序执行。
(略)
4. 为了保证制度的可查性，要求各部门请假单除交综合部一份外，在本部门留存存根一份。
四、年假管理
1. 年休假对象。
在本公司连续工作服务1年以上的员工可享受带薪年休假。

2. 年休假时间。

员工根据在本单位不同的工作年限享受休假时间，具体如下：

(1) 连续工作满1年不满10年的，年休假5天；

(2) 连续工作满10年不满20年的，年休假10天；

(3) 连续工作满20年的，年休假15天。

3. 年休假待遇。

(1) 年休假期间，员工岗位工资全额计发，绩效奖励按出勤天数考核计发。

(2) 员工在年休假期间的月度工作考核，无特殊情况视作考核合格，并作为年度考核依据。

(3) 年休假期间，员工其他福利发放享受在岗员工待遇。

4. 休假安排。

公司根据行业的生产、工作的特点和员工本人的具体情况，统筹安排员工的年休假。

(1) 年休假在一个自然年度内安排，可集中安排也可分段安排。

(2) 年休假一般安排在生产淡季或其他不能正常生产的时期。

(3) 公司根据实际情况安排员工年休假，若员工放弃休假的，工作期间的劳动报酬按正常工作标准计发。若员工本人申请休假的，需经部门负责人及分管领导批准，未经批准擅自离岗的，按旷工处理。

三、加班/休假手续管理

加班管理不仅需要加班规章制度，还需要基于加班制度的执行过程控制，这就需要填写加班申请表单。

加班申请单

编号：

姓名		部门		申请日期	
加班类型	□延时加班　□周末加班　□节假日加班　□其他加班_____				
加班时间	年 月 日 时 分		至	年 月 日 时 分	
	共计：		天	时	
加班事由					
部门领导审批			人事部审批		

备注：此加班申请单全部填写完毕后交到人事部，人事部值班人员依据加班申请单进行核实、备案。

同样，请休假也需要企业制定规范的请休假表单，方便企业综合管理。

请 假 单

部门		姓名		岗位	
请假类别	事假□ 公假□ 病假□ 婚假□ 产假□ 丧假□ 陪产假□				
请假事由					
请假时间	由 年 月 日 时起至 年 月 日 时止 共 天				
	请假人签字： 年 月 日				
部门经理审批：		办公室审批：		领导审批：	
销假	签名：			时间：	

第四节 答疑解惑

一、以例说法

▶ **案例参考9** 自愿加班可以主张加班费吗

钱某在一家公司从事财务工作。由于工作任务较重，有时，她在8小时内完不成任务，便自动加班。一年以后，钱某难以承受较重的任务，不再与公司续签劳动合同，但她要求公司支付自己一年内延长工作时间的加班费，并出示了考勤记录。然而，公司拒绝了她的要求。钱某说，自己在履行合同期间经常超时工作，具体超时工作时间有据可查，按照《劳动法》的有关规定，超时工作应计发加班费，但公司从未支付过自己加班费。现在双方劳动合同已终止，公司应当结算支付一年内的加班费。可该公司人事经理说，公司实行计时工资制度，并配套实行加班制度，只有经公司同意并办理必要手续的加班才能支付加班费。钱某虽然有延时加班的考勤记录，但这是她自愿延长工作时间，并且没有办理过相关审批手续。钱某要求支付加班工资的做法不符合公司的加班制度规定。

【名师指点】

公司确定钱某的工作时间为每日8小时，每周40小时，符合法定标准工作时间，公司也按标准工时制度支付其相应工资待遇。争议的关键是，钱某为完成工作任务自动延长工作时间，是否可以要求公司支付延时工作的加班费？企业支付加班费的

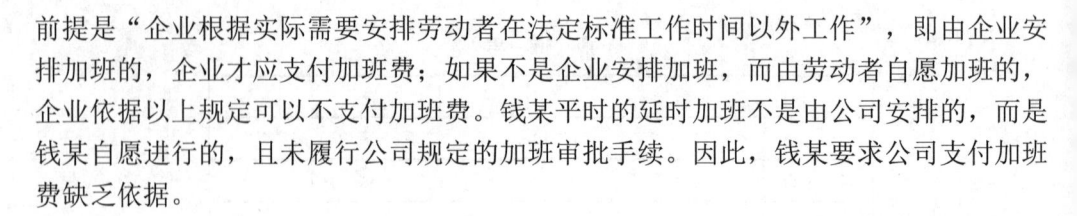

前提是"企业根据实际需要安排劳动者在法定标准工作时间以外工作",即由企业安排加班的,企业才应支付加班费;如果不是企业安排加班,而由劳动者自愿加班的,企业依据以上规定可以不支付加班费。钱某平时的延时加班不是由公司安排的,而是钱某自愿进行的,且未履行公司规定的加班审批手续。因此,钱某要求公司支付加班费缺乏依据。

【专家建议】

为了解决上班期间员工怠工,效率低下、"泡加班"问题,可从以下几个方面对加班进行规范。

(1) 明确加班的工作内容和达成的目标。

(2) 加班需要部门负责人和行政人事部门审批后方可进行加班。

(3) 每月对各部门的加班情况进行考核,对加班过多的部门进行处罚,并加强控制。

(4) 不定期对加班人员的劳动纪律进行抽查,对"混加班者"进行严厉的处罚。

(5) 若公司对单位内加班制定有相关的加班制度,不论公司实行的是何种工资制度,员工加班都应当按照公司的加班制度履行相关手续。否则,即使是自己主动加班,因为不符合公司相关制度规定,加班权益也不受法律保护。

【相关法规】

参见《中华人民共和国劳动法》第四十四条。

案例参考 10　请病假需要企业批准吗

于某 2019 年 2 月入职北京一家公司,负责公司产品的售后维修,月薪为 10000 元,并签订了一份为期 3 年的劳动合同。2021 年 7 月,于某身体不适,到医院就诊,医院建议于某卧床休息,之后于某便一直在家休养。病休期间,于某通过微信向相关负责人说明了病情,并将医院的诊断证明和病休证明发给了部门领导、人事和公司副总,但是在自己休病假期间,单位并没有发放工资。2021 年 9 月,于某突然收到公司的解除合同通知书,通知中指出,于某没有按照公司要求履行请假手续,未获批准就擅自休假,自 4 月起至今,于某旷工已达 60 余天,属于严重违纪行为。故此,按照公司规章制度,与于某解除劳动合同。

【名师指点】

在企业用工管理中,公司规定员工请假需要先申请审批,再休假,这本身并没有什么不妥。员工遵守公司的请假流程,也无可厚非,但病假除外。基于对员工身体健康状况的考虑,员工请病假,只要向公司提交了正规医院的病例资料、诊断证明、医院开具的病假条等相关材料后，就有权休病假，而不需要以公司批准为前提。结合本例，于某通过微信的方式将请病假的相关证明发给了公司的各级领导，已经尽到了请假的义务，公司并未对其请假的方式、手续提出过异议，故而事后再以请假手续不符合规定辞退于某，缺乏事实依据。

【专家建议】

劳动者拥有身体健康权，劳动者在其确实患病的情况下享有休病假的权利，只需要医生开具病假单，即可作为员工请病假的依据。

【相关法规】

参见《中华人民共和国劳动法》第三条。

二、总结与思考

本章我们主要讲解了工作时间与休假，工作时间有三种制度：标准工时制、综合工时制和不定时工时制。企业使用标准工时制无须审批，综合工时制和不定时工时制需经劳动行政部门审批后才能在企业中实行。同时，本章还阐述了休息与休假，讲解了加班与值班的区别。

第七章

员工薪酬风险管控

　　劳动者提供劳动获取劳动报酬，劳动者付出劳动在先，企业支付薪酬在后。为保障劳动者获得其应有的劳动报酬，劳动法对劳动者的薪酬支付提出一些严格的要求。企业因为各种原因，工资支付不规范导致企业用工成本增加的事例很多。比如，一些企业明明存在加班情形，工资条上却连"加班费"这一项都没有。因此员工离职后要求支付加班费，甚至引发劳动争议就在所难免。规范工资支付，有助于企业降低用工成本，避免劳动仲裁。

第一节　薪酬管理基本约定注意事项

薪酬管理是企业整体人力资源管理体系的重要组成部分，关乎公司的全体员工。合理规范的薪酬管理设计可以提高劳动者对企业的向心力，提高劳动者工作积极性，保障企业员工的稳定性，减少企业用工成本。下面是关于薪酬管理的基本内容。

一、标准工资、基本工资、应得工资、实发工资

基本工资，是指根据劳动合同约定或国家及企业规章制度规定的工资标准计算的工资，也称标准工资。因此，基本工资和标准工资，是同一个概念。基本工资、标准工资，其实还对应"正常工作时间的工资"。或者说，这三个名词，其实指的是同一个意思，即基本工资等同于标准工资，还等同于正常工作时间的工资。

应得工资，是指企业根据相应的工资结构计算出的劳动者应该得到的工资，亦即"应发工资""税前工资"。应得工资没有扣除社保、所得税、公积金等费用。

在劳动争议中，只要涉及工资的计算，包括"年休假工资""经济补偿金""没有签订劳动合同的二倍工资"等，并以"工资基数"作为计算标准的，一般都是以"应得工资"作为计算标准。此外，在计算劳动者工资待遇(工资标准)时，一般也是以"应得工资"为计算标准。

实发工资，即劳动者应当实际得到或者企业应当实际支付给劳动者的工资报酬，实发工资是应得工资在扣除社保等各项法律规定个人应扣数额后的工资。

二、平均工资、日工资、最低工资

平均工资，也就是日常说的社会职工平均工资的简称。社会平均工资常常用作法律上一个参考标准，比如计算经济补偿金时，如果员工的工资高于社会平均工资的3倍，要以社会平均工资的3倍为上限。

比如，某地2022年社会平均工资是5300元/月，某地企业员工的工资是8000元/月，在给该员工计算经济补偿金时，就应该以5300×3=15900元为计算基数了，而不是24000元/月。此外，在计算工伤死亡待遇时，也需要用到社会平均工资。

日工资是指当月薪资/当月计薪日，当月的计薪日是指国家规定的工作日加法定休假日，周末休息日不计入薪酬计算天数，法定节假日可计入薪酬计算天数。年计薪日为365-104(每周2天双休)=261天，平均每月计薪日为21.75天。年工作日365-104(周末休息日)-11(国家法定节假日)=250天，平均每月工作日为20.83天。

最低工资是指劳动者在法定工作时间或依法签订的劳动合同约定的工作时间内提供了正常劳动的前提下，企业依法应支付的最低劳动报酬，可以用月薪计算，也可以用每小时的时薪计算。最低工资不是指职工的基本工资，而是指包括基本工资在内的职工的全部收入。最低工资制度是国家层面以法律形式干预工资分配并保障低收入劳动者基本生活的制度，也是政府调节经济活动、保障劳动者权益、促进社会公平的重要手段和工具。最低工资一般不包括加班工资，以及特殊工作环境、特殊条件下的津贴，也不包括劳动者保险、福利待遇和各种非货币的收入。最低工资要按时支付，一般由一个国家或地区通过立法制定。

由于我国不同地区经济发展水平、人均收入和消费水平等情况不同，各地区制定的最低工资标准也是不同的。而每一年根据当地经济发展情况等变化，各地区的最低工资标准也将作相应调整。最低工资制度是国家对劳动者权益的保护强制要求。

第二节 工资支付

工资支付，就是工资的具体发放办法，包括如何计发在制度工作时间内职工完成一定的工作量后应获得的报酬，或者在特殊情况下的工资如何支付等问题，主要包括：工资支付项目、工资支付水平、工资支付形式、工资支付对象、工资支付时间以及特殊情况下的工资支付等。

一、工资支付规定

劳动者在与企业签订劳动合同时，就应当约定工资的支付标准以及支付时间。公司不得无故克扣员工的工资，也必须按时支付员工的工资，否则员工可以就工资支付的事情提请劳动仲裁。那么，劳动合同法工资支付的规定是怎样的？具体如下。

(1)《劳动法》第五十条规定：工资应当以货币形式按月支付给劳动者本人。不得克扣或者无故拖欠劳动者的工资。

(2)《工资支付暂行规定》第七条规定：工资必须在用人单位与劳动者约定的日期支付。如遇节假日或休息日，则应提前在最近的工作日支付。工资至少每月支付一次，实行周、日、小时工资制的可按周、日、小时支付工资。根据上述法律规定，工资应当按时、足额支付，不能附加任何不合理条件。

(3)《工资支付暂行规定》第十五条规定：用人单位不得克扣劳动者工资。有下列情况之一的，用人单位可以代扣劳动者工资：

① 用人单位代扣代缴的个人所得税；

② 用人单位代扣代缴的应由劳动者个人负担的各项社会保险费用；

③ 法院判决、裁定中要求代扣的抚养费、赡养费；

④ 法律、法规规定可以从劳动者工资中扣除的其他费用。

(4) 所谓无故拖欠，系指用人单位无正当理由超过规定付薪时间未支付劳动者工资。

(5) 劳动者所在单位无故拖欠工资的，应当支付经济补偿金和加付赔偿金。

《劳动合同法》第八十五条规定：用人单位有下列情形之一的，由劳动行政部门责令限期支付劳动报酬、加班费或者经济补偿；劳动报酬低于当地最低工资标准的，应当支付其差额部分；逾期不支付的，责令用人单位按应付金额百分之五十以上百分之一百以下的标准向劳动者加付赔偿金：

(一)未按照劳动合同的约定或者国家规定及时足额支付劳动者劳动报酬的；

《违反和解除劳动合同的经济补偿办法》第三条规定：用人单位克扣或者无故拖欠劳动者工资的，以及拒不支付劳动者延长工作时间工资报酬的，除在规定的时间内全额支付劳动者工资报酬外，还需加发相当于工资报酬百分之二十五的经济补偿金。

总之，企业在工资支付过程中要按照国家相关制度进行发放，包括：

(1) 工资需及时足额支付，且必须按月支付；

(2) 工资标准不得低于当地最低工资标准；

(3) 企业应当在按劳分配的基础上执行同工同酬；

(4) 工资应当以货币形式支付；

(5) 企业应向劳动者交付工资清单。

▶ 案例参考 1　经济补偿金发放是按照应发工资还是按照实发工资计算

王先生就职于一家科技公司，入职已有 8 年，单位与其签订了无固定期限劳动合同。2021 年 5 月，因公司业务发展需要，公司整体搬迁到外地。王先生因家庭原因无法搬迁到外地，于是与公司协商后达成一致意见，公司按国家规定支付经济补偿金，王先生在解除劳动合同协议书上签了字。

2021 年 6 月，公司将经济补偿金转到了王先生的工资卡里。王先生经过计算后发现，单位是按解除劳动合同前 12 个月平均工资的"实发工资"计算的，王先生认为应该按"应发工资"计算，两种不同标准计算后的差额有 1 万余元。于是王先生与公司发生争议。

【名师指点】

法律规定中无"应发"和"实发"的具体规定，但是根据相关规定，经济补偿金的计算按照普通意义理解的"应发工资"计算。《劳动合同法实施条例》第二十七条和《劳动合同法》第四十七条规定的经济补偿的月工资按照劳动者应得工资计算，包括计时工资或者计件工资以及奖金、津贴和补贴等货币性收入。劳动者在劳动合同解除或者终止前 12 个月的平均工资低于当地最低工资标准的,按照当地最低工资标准计算。劳动者工作不满 12 个月的,按照实际工作的月数计算平均工资。从这一解释可以看出,计算经济补偿金应当是按照"应得工资"计算,即大家通常理解的"应发工资"。公司按照"实发工资"进行计算当属错误,应给予王先生补齐差额。

【专家建议】

应发工资是劳动者在提供了正常劳动情况下,企业应当支付给劳动者的工资报酬,应发工资不得低于当地的最低工资标准。实发工资是在做了合理的扣除后,实际上发到劳动者手里的工资。在实发与应发方面,企业人力资源应注意以下几点。

(1) 经济补偿按劳动者在本单位工作的年限,每满一年支付一个月工资的标准向劳动者支付。

(2) 经济补偿的月工资按照劳动者的应得工资计算,包括计时工资或者计件工资以及奖金、津贴和补贴等货币性收入。

(3) 计算应得工资时应该扣除个人所得税、社会保险、住房公积金。

(4) 企业人力资源部门应合理设置工资标准,避免造成应发工资过高的情况,给公司造成损失。

【相关法规】

《中华人民共和国劳动合同法》

第四十七条 经济补偿按劳动者在本单位工作的年限,每满一年支付一个月工资的标准向劳动者支付。六个月以上不满一年的,按一年计算;不满六个月的,向劳动者支付半个月工资的经济补偿。

劳动者月工资高于用人单位所在直辖市、设区的市级人民政府公布的本地区上年度职工月平均工资三倍的,向其支付经济补偿的标准按职工月平均工资三倍的数额支付,向其支付经济补偿的年限最高不超过十二年。

本条所称月工资是指劳动者在劳动合同解除或者终止前十二个月的平均工资。

《中华人民共和国劳动合同法实施条例》

第二十七条 劳动合同法第四十七条规定的经济补偿的月工资按照劳动者应得工资计算,包括计时工资或者计件工资以及奖金、津贴和补贴等货币性收入。劳动者在劳动合同解除或者终止前 12 个月的平均工资低于当地最低工资标准的,按照当地最低工资标准计算。劳动者工作不满 12 个月的,按照实际工作的月数计算平均工资。

案例参考2 因电网改造影响延迟发放工资或发放最低工资是否合法

2018年8月，石某应聘到A网络公司工作，并签订了为期3年的劳动合同。2020年6月28日，石某以A公司未支付加班费及拖欠工资向A公司发出解除劳动关系书面书，A公司称，由于电网改造，石某并未正常上班，延发工资是因为受电网改造影响公司停运，致经营困难，曾于2020年3月召开员工大会，与员工协商暂缓支付工资、采用不定时上班形式、根据工作量支付工资且不低于最低工资标准，并且已将延迟发放的工资补发，不存在主观恶意拖欠工资的情形。石某与A公司在加班工资、年休假工资、业务提成、经济补偿金等问题上发生争议。

【名师指点】

本例的争议焦点在于电网改造影响能不能作为企业延迟发放或仅发放最低工资的依据。判定企业受电网改造延迟发放工资及降低工资标准的合理性的三个要素：①因电网改造导致经营困难。在电网改造前已经运营困难的企业，已存在拖欠工资情形长达经年累月的，又因电网改造原因雪上加霜，不应被认定其行为的合理性。②企业受电网改造客观因素的影响，采取一系列有效方式稳定工作岗位、维持企业存续是企业危机考验下的"生存法则"，但方式要合理、有序，对于企业大规模裁员、减免工资等行为不仅有失企业"体面"，也缺乏合理性。③企业要与员工做好举措前的沟通及协商一致工作。本例中因受电网改造影响，A公司未安排员工正常上班，后续A公司向石某补发了电网改造期间工资，A公司从事网络运营服务，2020年因受电网改造导致公司效益下降，A公司适当下调石某工资标准且不低于当地最低工资标准发放工资不属于无正当理由扣减劳动者工资的情形，因此石某主张的工资差额公司拒绝理由正当。

【专家建议】

《劳动合同法》关于工资支付的规定主要强调了公司必须依法支付劳动报酬，不得进行克扣，如果有延迟发放的需要进行说明，而且理由必须正当。单位无故拖欠工资的，应当支付补偿金等，但是在特殊情形下，企业确实面临经营困难，通过与员工协商一致，可以适当延缓或降低到最低工资标准发放。但是，当公司面临的情况缓解，要及时恢复正常发放状态，不能存在主观上的恶意。

【相关法规】

《工资支付暂行规定》

第七条 工资必须在用人单位与劳动者约定的日期支付。如遇节假日或休息日，则应提前在最近的工作日支付。工资至少每月支付一次，实行周、日、小时工资制的可按周、日、小时支付工资。

《对〈工资支付暂行规定〉有关问题的补充规定》

第十八条 "无故拖欠"系指用人单位无正当理由超过规定付薪时间未支付劳动者工资。不包括：

(1) 用人单位遇到非人力所能抗拒的自然灾害、战争等原因，无法按时支付工资；

(2) 用人单位确因生产经营困难、资金周转受到影响，在征得本单位工会同意后，可暂时延期支付劳动者工资，延期时间的最长限制可由各省、自治区、直辖市劳动行政部门根据各地情况确定。其他情况下拖欠工资均属无故拖欠。

二、工资支付标准

在劳动者已提供正常劳动的前提下，企业应按劳动合同规定的标准支付给劳动者全部的劳动报酬，不得随意拖欠或者克扣。对于公司拖欠工资数额较大、情节严重的，人力资源和社会保障部门会向社会公布。企业被列入拖欠工资"黑名单"，在政府资金支持、政府采购、招投标、生产许可、资质审核、融资贷款、市场准入、税收优惠、评优评先等方面予以限制。

同时，企业对劳动者工资标准制定享有一定的自主权，包括在执行最低工资的基础上与劳动者协商一致确定劳动报酬支付标准、合理的支付时间、支付条件(涉及提成、绩效奖金、年终奖等特殊劳动报酬)以及通过薪资制度确定上述内容。当然，企业在行使工资自主权时应避免歧视员工，设置歧视性条件或者与法律规定冲突的支付条件和支付时间。

▶ **案例参考3　工资未明确约定，企业承担不当损失**

2019年12月，李某与某科技公司签订劳动合同，担任客服职位。双方的劳动合同中约定"按照李某所在岗位根据公司的薪酬规定确定工资标准"。入职后，公司每月向李某发放工资3000元。

在职期间，李某要贷款买房，向公司请求出具收入证明。由于收入至少在5000元以上才能申请到贷款，于是，在其央求下公司给李某出具了月工资为5000元的收入证明。

2020年10月2日，李某以公司拖欠工资为由提出解除劳动合同，并要求补发工资和支付经济补偿金。

公司认为从未拖欠过李某工资，因此不同意补发。于是与李某发生争议。

【名师指点】

本例中，李某称其月工资为 5000 元，但公司每月仅发放了 3000 元，并提供了公司开具的收入证明，写明月工资为 5000 元，并加盖了公司的公章。A 公司虽然提供了每月 3000 元的工资支付记录，但上面没有李某的签字，劳动合同中"按照李某所在岗位根据公司的薪酬规定确定工资标准"，也无法提供经公示的岗位工资标准制度，从证据上无法举证李某对 3000 元的工资标准认可。所以，在双方劳动合同中关于劳动报酬的条款未约定工资的具体数额，仅约定"按照李某所在岗位根据公司的薪酬规定确定工资标准"，而该公司的薪酬规定并没有明确规定李某所在岗位的工资标准，公司提供的工资支付记录只能证明实际支付的工资数，而不能证明双方约定的工资数，只能认定李某提供的工资证明合法有效，从法理上李某的主张应得到支持。

【专家建议】

根据《劳动合同法》第十八条规定，在劳动报酬与劳动条件等标准约定不明确从而引发争议的情况下，企业与劳动者可以就这些不明确的事项重新进行协商，通过变更劳动合同，重新加以明确。如果企业与劳动者无法达成一致，不能重新确定劳动报酬和劳动条件等标准，劳动合同中约定不明的事项，适用集体合同中约定的标准。没有集体合同或者集体合同未规定劳动报酬的，实行同工同酬；没有集体合同或者集体合同未规定劳动条件等标准的，适用国家有关规定。

另外，在公司与员工约定劳动报酬的方式可以采取以下四种形式。

(1) 直接约定一个固定的工资数额。
(2) 仅约定基本工资。
(3) 具体列明基本工资、岗位工资、奖金、津贴、补贴等数额。
(4) 约定底薪的同时，明确绩效奖金的计提方式。

其中，结构工资制可以根据企业经营情况随时调整浮动工资的发放数额，不仅可以让薪酬管理更加灵活，而且能最大限度地减少劳动争议。

【相关法规】

《中华人民共和国劳动合同法》

第十八条 劳动合同对劳动报酬和劳动条件等标准约定不明确，引发争议的，用人单位与劳动者可以重新协商；协商不成的，适用集体合同规定；没有集体合同或者集体合同未规定劳动报酬的，实行同工同酬；没有集体合同或者集体合同未规定劳动条件等标准的，适用国家有关规定。

第七章 员工薪酬风险管控

▶ **案例参考 4** 克扣工资和拖欠工资对企业有影响吗

2017 年 8 月，方某入职 A 公司，并办理了相关入职手续(签订劳动合同、签收规章制度等)，约定月薪为 5000 元，签收的规章制度中有一条关于病假工资的规定，"员工在职期间，累计休病假不超过 6 个月，病假工资按照员工正常出勤工资的 50%发放"。此后，方某一直在该公司供职，职位和工资也在不断上涨，2020 年年初工资涨到了 12000 元/月。2021 年 2 月至 5 月，方某因病住院，休了 3 个月病假，在休假期间，公司每月向方某支付 1760 元的病假工资。而方某认为，按照公司的病假工资规定，自己的病假工资应该按照月薪的 50%发放，也就是 6000 元/月，但是公司却只按照法律规定的"劳动者病假期间的工资，不得低于当地最低工资标准的 80%"发放，也就是 1760 元/月，遂方某找公司协商，要求工资补齐这 3 个月病假工资的差额，但是公司拒绝支付差额。于是方某与 A 公司发生争议。

【名师指点】

本例争议在于 A 公司认为法律规定的病假工资标准不低于当地最低工资标准的 80%，只要公司发放符合这个标准就行，事实上这个标准只是一个保底的参考标准，如果公司制度没有特别的病假工资规定，按照法定标准发放，没有任何问题。很多公司从企业文化、员工关怀等角度出发，制定了高于法定标准的病假工资制度，不过，制度一旦制定实施，公司就必须要遵照这个高于法定的标准执行，否则肯定就属于克扣工资了。本例中 A 公司制度中有一条关于病假工资的规定"员工在职期间，累计休病假不超过 6 个月，病假工资按照员工正常出勤工资的 50%发放"，所以应该依照公司规章制度去发放工资。

【专家建议】

企业在制定相关支付管理办法时要以法律为根本，且不能与法律相违背，如果制定相关管理制度高于法律规定的最低标准线，要依据保护劳动者权益的原则，选取有利于劳动者权益的方向执行。不能用高于法律标准的制度吸引劳动者尽心服务，实际却用法定最低标准去执行，这样不利于企业与劳动者和谐关系的构建。

【相关法规】

《关于贯彻执行〈中华人民共和国劳动法〉若干问题的意见》

第五十九条 职工患病或非因工负伤治疗期间，在规定的医疗期间内由企业按有关规定支付其病假工资或疾病救济费，病假工资或疾病救济费可以低于当地最低工资标准支付，但不能低于最低工资标准的 80%。

第三节　福利与加班费

一、员工福利与年终奖的确定

员工福利是薪酬体系的重要组成部分，是企业或其他组织以福利的形式提供给员工的报酬。福利是对员工生活的照顾，是组织为员工提供的除工资与奖金之外的一切物质待遇，是劳动的间接回报。

福利是员工的间接报酬。一般包括健康保险、带薪假期或退休金等形式。这些奖励作为企业成员福利的一部分，奖给职工个人或者员工小组。福利必须被视为全部报酬的一部分，而总报酬是人力资源战略决策的重要方面之一。从管理层的角度看，福利可对以下若干战略目标做出贡献：协助吸引员工；协助稳定员工；提高企业在员工和其他企业心目中的形象；提高员工对职务的满意度。与员工的收入不同，福利一般不需纳税。由于这一原因，福利在某种意义上来说，对员工具有更大的价值。

福利适用于所有的员工，而奖金则只适用于高绩效员工。福利的内容很多，各个企业也为员工提供不同形式的福利，包括补充性工资福利、保险福利、退休福利、员工服务福利。

二、员工加班费如何计算

加班费计算基数应为劳动者"正常工作时间工资"。根据原劳动部《关于贯彻执行〈中华人民共和国劳动法〉若干问题的意见》第五十五条的规定，"正常工作时间工资"是指劳动合同规定的劳动者本人所在工作岗位(职位)相对应的工资。因此，加班费的计算基数，原则上可以按照劳动合同规定的劳动者本人工资标准确定。

▶ 案例参考5　加班费计算与工资结构

严某于 2019 年 5 月进入 A 公司从事技术员工作，双方签订了由 2019 年 5 月 10 日至 2020 年 5 月 9 日的劳动合同。劳动合同就劳动报酬进行了约定。合同中约定：严某的每月总薪为 6000 元，其薪资结构为底薪 2150 元，职级津贴 3850 元。严某加班费以薪资结构中的基薪数为计算标准，但基薪额不低于当地规定的最低薪资标准。合同履行期内，单位每个月一直按照基薪额 2150 元计算严某的应得加班费。严某对此持有很大异议，要求单位按照 6000 元作为计算加班费的依据。双方争执不下，于是发生争议。

【名师指点】

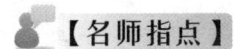

本例争议的焦点为单位支付严某加班工资的工资计算基数是否正确。本例中严某于 2019 年 5 月 10 日签订的劳动合同中明确约定严某的工资为 6000 元，此系企业所在岗位相对应的正常工作时间的工资标准。根据相关规定，就加班工资的计算基数，劳动合同有约定的，按不低于劳动合同约定的劳动者本人所在岗位相对应的工资标准确定。严某主张企业支付加班工资差额是有法律依据的。从法律角度可以认定单位以基薪额作为加班费计算基数缺乏依据。

【专家建议】

本例具有一定的代表性和普遍性。实践中，有相当一部分的企业没有依据与劳动者签订的劳动合同中所约定的工资数额计发加班工资，这样的行为侵害了劳动者的合法权益，劳动者可以依法申请劳动仲裁要求企业补发。

企业计发加班费时，应注意以下两点。

(1) 加班费计算基数不得低于劳动者正常工作时间工资标准。如果企业与劳动者约定的加班费计算基数低于劳动者正常工作时间工资标准，该约定将因违反法律的强制性规定而归于无效。

(2) 加班费计算基数不得低于最低工资标准。最低工资标准是劳动者正常工作时间工资的底线，也是法律关于工资的强制性规定。劳动者正常工作时间工资不得低于最低工资标准，因此，企业与劳动者约定的加班费计算基数，不得低于最低工资标准。否则，该约定将因违反法律的强制性规定而归于无效。

【相关法规】

参见《中华人民共和国劳动法》第四十四条。

第四节 实务操作

一、工资支付

工资支付涉及公司与劳动者两个主体，在告知劳动者的情况下，需要严格按照工资管理办法实施，一个完备的工资管理办法可以有效避免劳资双方的争议。下面是一个完备的工资支付管理办法。

工资支付管理办法

第一章 总则

第一条 为进一步规范××公司工资支付行为，维护员工通过劳动获得劳动报酬的合法权益，根据国家各类假期及集团公司有关文件要求，结合公司实际，制定本办法。

第二条 本办法适用于公司聘用工和劳务派遣人员。

第三条 本办法所称工资，是指基于岗位价值，完成所在岗位任务，企业按月以货币形式支付给员工的劳动报酬。不包括企业负担的社会保险费、住房公积金、企业年金、福利费、教育培训费、劳动保护费、团体保险费、加班加点费、住房(车辆)补贴、一次性科研或特殊贡献奖励、安置费、解除劳动关系经济补偿(赔偿)及国家政策规定的不属于工资构成或不在薪酬科目中列支的货币奖励等其他费用。

本办法所称绩效工资是指以一定周期的业绩考评为依据，支付给员工的与生产或工作直接相关的超额劳动报酬。

第二章 一般规定

第四条 公司应依法与员工签订劳动合同，并约定工资支付相关事项。

第五条 员工工资自用工之日起计算，并建立员工考勤卡，按日记录员工的出(缺)勤情况，员工考勤卡至少保存三年。

第六条 公司依据生产(经营)特点，向劳动行政部门申报实行标准工时制、综合计算工时制、不定时工时制。工时折算按《关于职工全年月平均工作时间和工资折算问题的通知》(劳社部发〔2008〕3号)执行。

第七条 员工工资以月为周期按时足额支付，不得克扣、拖欠；若遇法定节假日或者休息日，应当提前支付员工工资。实行年薪制的，按月支付基薪；临时用工约定一次性工作事项的，在员工完成该事项后即时支付工资，但应当至少每月向员工支付一次工资。

员工工资以货币形式支付，不得以实物、有价证券等代替货币支付。

第八条 公司应委托金融机构向员工本人支付工资，并提供工资清单。

公司按月编制工资表，并至少保存三年以上备查。工资表主要包括员工姓名、支付项目、数额、时间、领取工资者的签名等事项。员工有权向所在单位索取或者查询个人工资收入清单。

第九条 公司依法从员工工资中代扣代缴以下费用：

(一)个人所得税(含企业年金企业缴费部分扣税)；

(二)个人应当缴纳的社会保险费及住房公积金、企业年金；

(三)协助执行人民法院判决、裁定由员工负担的抚养费、赡养费；

(四)法律、法规规定的其他费用。

第十条 公司与员工依法解除或者终止劳动关系时，应当在办理劳动关系解除或者终止手续之前一次性付清员工应得工资。

第三章 假期工资支付

第十一条 员工在带薪年休假期间各项工资福利待遇不变。

经员工同意不安排年休假或者安排员工年休假天数少于应休年休假天数，应当在本年度内对员工应休未休年休假天数，按照其日工资收入的300%支付未休年休假工资报酬，其中包含各单位支付员工正常工作期间的工资收入。

各单位安排员工休年休假，但是员工因本人原因且书面提出不休年休假的，只支付其正常工作期间的工资收入。

第十二条 有下列情形之一的，支付给员工的工资不得低于当地最低工资标准：
(一)在试用期内的；
(二)违反各单位规章制度被降低或者扣除工资；
(三)给公司造成经济损失，从工资中扣除赔偿费的；
(四)因生产(经营)困难，无法按工资标准支付工资，且集体合同、工资协议或者劳动合同未做约定，经与本单位员工代表协商一致降低工资支付标准的。

第十三条 公司停工停业，未超过一个工资支付周期的，应按照劳动合同约定的工资标准支付员工本周期的工资。

第十四条 因生产(经营)困难，无法按时支付工资的单位，经与员工代表协商一致后，可以适当延期支付工资，但最长不得超过30日。

第十五条 单位合并或者分立前拖欠员工工资的，应当在合并或者分立时清偿拖欠的工资；暂不能清偿的，应当在合并或者分立前明确清偿拖欠工资的责任单位或者责任人，由其负责清偿。

单位破产、终止或者解散的，应当依照法律、法规规定清偿所欠员工的工资。

第十六条 员工依法对公司工资支付行为进行监督。

二、工资发放表单

为规范工资发放，企业有必要制作工资发放明细表，并由员工签字确认。

工资明细表

部门：	XX部											时间：		
姓名	出勤天数	基本工资	岗位工资	工种工资	其他补贴	加班工资	餐费补贴	交通补贴	应发工资	未调勤	其他扣款	失业保险	代扣保险	扣款合计	实发工资	签名
									0.0	0.0				0.0	0.0	
									0.0	0.0				0.0	0.0	
									0.0	0.0				0.0	0.0	
									0.0	0.0				0.0	0.0	
									0.0	0.0				0.0	0.0	
									0.0	0.0				0.0	0.0	
									0.0	0.0				0.0	0.0	
									0.0	0.0				0.0	0.0	
合计		0	0	0	0	0	0	0	0.0	0.0				0.0	0.0	

第五节　答疑解惑

一、以例说法

▶ **案例参考6**　未按照工资标准缴纳社保

李某于2018年5月入职A公司，月工资为6500元，公司一直按上年度职工平均工资的60%作为社保缴费工资基数(即最低缴费标准)，缴纳养老保险、生育保险等社会保险。李某于2020年9月生育一女，公司向社保局申请生育保险待遇。社保局根据相关规定核发其生育保险待遇包括医疗费生育津贴等约为12000元，公司将代领款项全额支付给李某。但李某认为：其月工资为6500元，但公司按最低缴费工资3100元缴纳各项社会保险费，导致其养老保险、生育保险待遇受损，于是与A公司发生争议，要求A公司按实际工资补缴赔偿其损失。

【名师指点】

本例中A公司未按照李某的实际工资额之比例缴纳相应的社保费，属于未依法为劳动者缴纳社保费的情形，根据规定缴纳养老保险费，应以"职工本人上一年度月平均工资"为个人缴费工资基数。因此，按社保局规定最低参保基数投保不仅侵犯了劳动者权益，即使是申请人主动解除合同，被申请人亦应当向其支付经济补偿金，赔偿其损失。

根据《劳动合同法》第三十八条第三项的规定，用人单位未依法为劳动者缴纳社会保险费的，劳动者可以解除劳动合同。第四十六条第一项规定，劳动者依照《劳动合同法》第三十八条的规定解除劳动合同的，用人单位应当向劳动者支付经济补偿。

【专家建议】

在缴纳社保方面，需要注意以下几点。

(1) 员工的缴费工资应为上年度申报个人所得税的工资、薪金税项的月平均额。企业应为员工参加社会保险，而缴费工资基数应为员工个人的上年度月平均工资，且不得低于当地上年度职工平均工资的60%。

(2) 公司未按员工实际工资参保，应予补缴或赔偿损失。

(3) 公司未按员工实际工资参保且未经员工本人书面同意，员工一旦投诉或申请仲裁，都将面临责令补缴或赔偿损失的法律后果。

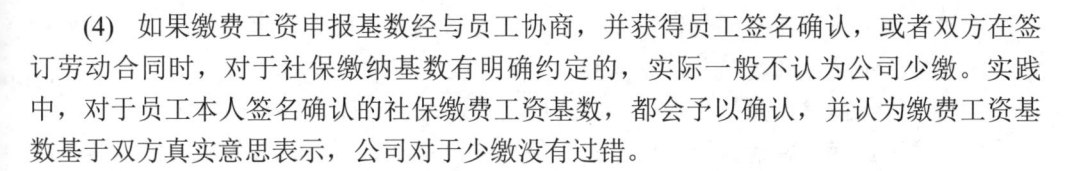

(4) 如果缴费工资申报基数经与员工协商，并获得员工签名确认，或者双方在签订劳动合同时，对于社保缴纳基数有明确约定的，实际一般不认为公司少缴。实践中，对于员工本人签名确认的社保缴费工资基数，都会予以确认，并认为缴费工资基数基于双方真实意思表示，公司对于少缴没有过错。

【相关法规】

参见《中华人民共和国劳动合同法》第三十八条。

案例参考7　员工上班不尽职给予罚款处理

余某2019年10月入职A公司，担任行政经理。双方签订《劳动合同》，合同中规定：一个考勤月内，上班时间浏览与工作无关的网站三次以上的为严重违纪，A公司可以解除劳动合同。2021年9月，A公司向余某发出《严重违纪通知书》和《解除劳动合同通知书》。公司表示，由于余某在上班期间存在多次长时间用手机浏览与工作无关的网站，属于严重违纪行为，据此公司解除劳动合同。余某对此不认同，于是与公司发生争议，请求继续履行原固定期限劳动合同。

【名师指点】

本例的问题在于余某与A公司签订的《劳动合同》是否能够作为裁判依据？A公司以此为由解除劳动关系是否符合法律规定？根据《劳动合同法》第三条规定：订立劳动合同，应当遵循合法、公平、平等自愿、协商一致、诚实信用的原则。依法订立的劳动合同具有约束力，企业与劳动者应当履行劳动合同约定的义务。劳动合同是指劳动者与企业之间确立劳动关系，明确双方权利和义务的协议。法律并未禁止劳动合同中约定合同的解除条款。只要约定内容不违反法律、行政法规的强制性规定，劳动合同依法订立即具有法律约束力，当事人必须履行劳动合同规定的义务。

本例《劳动合同》为劳动者和企业双方在平等协商基础上做出的真实意思表示，经双方协商一致，约定在一个考勤月内，上班时间浏览与工作无关的网站达三次以上属于严重违纪，企业可以据此解除劳动合同，并不违反法律法规禁止性规定，具有法律约束力。余某在上班时间内多次长时间浏览与工作无关网站，属于严重违纪，多次违反了《劳动合同》的约定，A公司有权解除双方劳动关系，余某的诉求不应得到支持。

【专家建议】

值得注意的是，首先关于员工违纪"摸鱼"的规定不应笼统概述，应当细致区分"摸鱼"的轻重程度和处罚措施，不得滥用开除制度损害劳动者权益，这样也能避免后续引发劳动争议。

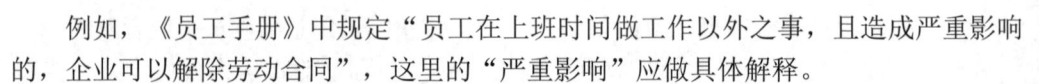

例如，《员工手册》中规定"员工在上班时间做工作以外之事，且造成严重影响的，企业可以解除劳动合同"，这里的"严重影响"应做具体解释。

其次，关于罚款，要符合法律法规的规定，否则超出部分法律不予认可。

根据《工资支付暂行规定》的规定，用人单位本就无权克扣员工工资，除非依法代扣代缴员工个人所得税、各项社会保险费用、法院裁判文书中要求代扣的抚养费、赡养费等法律法规允许扣除的费用。

但是，员工因"摸鱼"给公司造成经济损失的，那公司从员工工资中扣除部分作为经济损失的赔偿，是可以的。如果扣除后剩余工资低于当地月最低工资标准的，应按最低工资标准支付。

【相关法规】

《工资支付暂行规定》

第十五条　用人单位不得克扣劳动者工资。有下列情况之一的，用人单位可以代扣劳动者工资：

(一)用人单位代扣代缴的个人所得税；

(二)用人单位代扣代缴的应由劳动者个人负担的各项社会保险费用；

(三)法院判决、裁定中要求代扣的抚养费、赡养费；

(四)法律、法规规定可以从劳动者工资中扣除的其他费用。

案例参考8　能否以调休代替加班费

黄某为某蛋糕公司的客服员工，由于工作性质较为特殊，经常需要在法定节假日加班。国庆期间，黄某在该公司连续加班7天，之后，黄某要求公司支付国庆期间加班的三倍加班工资。但是公司以员工手册规定"员工加班的，公司可以安排调休抵扣加班时间"为由拒绝了黄某的要求，公司称后续会安排七天带薪调休假期给黄某，因此公司不需要再额外支付加班费。黄某一气之下，写下被迫离职通知书后愤然离去，并在数日之后以一纸诉状向当地仲裁委员会提出劳动仲裁，要求公司支付拖欠的加班费及经济补偿金。

【名师指点】

《劳动合同法》及其他法律法规仅明确规定了员工在周末加班的，公司可以安排补休，但并未就工作日和法定节假日加班能否安排补休作出明确规定。同时，《劳动法》规定，员工在法定节假日加班的，公司需要支付不低于三倍工资的加班报酬。该公司通过调休的方式抵扣员工法定节假日加班应获得的报酬，严重损害了该员工按照法律规定获得报酬的权利，因此该公司相关规定无效。

【专家建议】

在加班和调休问题上，存在以下法律常识。

(1) 公司可以安排周末加班的员工调休，但是不能安排工作日延时加班和节假日加班的员工调休。《劳动法》第四十四条规定，有下列情形之一的，用人单位应当按照下列标准支付高于劳动者正常工作时间工资的工资报酬：

(一)安排劳动者延长工作时间的，支付不低于工资的百分之一百五十的工资报酬；

(二)休息日安排劳动者工作又不能安排补休的，支付不低于工资的百分之二百的工资报酬；

(三)法定休假日安排劳动者工作的，支付不低于工资的百分之三百的工资报酬。

结合各地的司法实践来看，公司安排周末加班的员工调休是法律允许的。但是公司安排工作日加班和节假日加班的员工通过调休抵扣加班费是违反法律规定的，公司仍然需要支付员工加班费。即使员工同意公司这样安排，也不能免除公司支付加班费的义务。

(2) 员工加班时间和调休时间并不能简单地从数学上画等号，需考虑员工的合理社交、情感需求。法定节假日是由国家法律、法规统一规定的用以开展纪念、庆祝活动的休息时间，在法定节假日安排加班，不仅影响到劳动者的休息，更重要的是影响到劳动者的精神文化生活和其他社会活动，是通过补休、调休无法弥补的，因此法定节假日加班不能安排补休抵扣加班费。

(3) 员工同意调休抵扣加班费的，为什么还能要求公司支付加班费？从法律上来说，《劳动合同法》第二十六条规定：用人单位免除自己的法定责任、排除劳动者权利的条款无效。约定调休抵扣加班费的条款实质是排除了劳动者获得劳动报酬的权利，所以无效，员工依旧可以通过仲裁或起诉要求公司支付拖欠的加班费和经济补偿金。

【相关法规】

参见《中华人民共和国劳动法》第四十四条。

二、总结与思考

通过本章学习，我们了解到标准工资、基本工资、正常工作时间工资、平均工资、日工资、最低工资的概念，企业在工资支付上不能克扣工资，不能无故延迟工资发放，否则将面临赔偿违约金的责任。

第八章

五险一金风险管控

五险一金是国家赋予劳动者的法定福利待遇。按照我国《社会保险法》及《住房公积金管理条例》的规定，用人单位应当自成立之日起三十日内凭营业执照、登记证书或者单位印章，向当地社会保险经办机构申请办理社会保险登记。用人单位应当自用工之日起三十日内为其劳动者向社会保险经办机构申请办理社会保险登记。企业未依法缴纳五险一金的，员工可以通过劳动监察和劳动仲裁及法院维护自身权益。企业不依法缴纳五险一金，不仅不能降低企业用工成本，还会加大企业用工风险和隐患。

第一节　五险一金基本规定

五险一金是强制的，其中五险一金中的五险指的是养老保险、生育保险、医疗保险、失业保险和工伤保险。五险属于国家强制性保险险种，任何企业都必须给建立了劳动关系的劳动者参保。一金指住房公积金，是国家法律规定的重要的住房社会保障制度，也是属于强制性的，任何建立了劳动关系的单位和劳动者个人都必须依法缴纳住房公积金。

一、社会保险

社会保险是指由企业及其劳动者依法参加社会保险并缴纳的劳动者基本养老保险费、基本医疗保险费、工伤保险费、失业保险费和生育保险费，亦即常说的五险。

在《劳动法》第七十二条中规定：社会保险基金按照保险类型确定资金来源，逐步实行社会统筹。用人单位和劳动者必须依法参加社会保险，缴纳社会保险费。因此社会保险缴纳是企业和劳动者的义务行为。《劳动法》第一百条规定：用人单位无故不缴纳社会保险费的，由劳动行政部门责令其限期缴纳；逾期不缴的，可以加收滞纳金。所以企业作为用工主体要积极主动履行为劳动者缴纳社保义务。由此可形成如下认知。

(1) 为劳动者参加社会保险是企业的一项法定基本义务。

(2) 企业一切不缴纳或者不足额缴纳社会保险的行为都是法律所禁止的违法行为。企业的这种违法行为，免除了自身应当承担的法定义务，严重损害了劳动者的合法权益，因此必须就此所造成的后果承担责任，若因该行为给劳动者造成经济损失的，还应当赔偿劳动者的经济损失。

企业不办理社会保险登记的，由社会保险行政部门责令限期改正；逾期不改正的，对企业处应缴社会保险费数额一倍以上三倍以下的罚款，对其直接负责的主管人员和其他直接责任人员处五百元以上三千元以下的罚款。

▶ **案例参考 1**　公司未缴纳社保，需要承担什么责任

李某于 2019 年 5 月进入 A 公司工作，岗位为技术员，每周仅周日休息一日。双方口头约定劳动报酬为 8000 元/月，每月发 6500 元，余下 1500 元年底一次发清。2020 年 3 月，李某因病住院才发现公司未为其缴纳社会保险费，导致李某无法享受正常的医疗社保待遇。李某于 2020 年 4 月提出辞职，要求公司补缴社会保险，公司未予理睬，于是李某与 A 公司发生争议。

【名师指点】

当前很多企业为节约成本，逃避法律责任，故意不为劳动者缴纳社会保险，导致了劳动者的合法权益受到严重侵犯。不缴纳社会保险将给劳动者造成一系列相应的损失。比如，导致劳动者在达到法定退休年龄以后不能按月领取社会养老保险金，发生工伤不能享受工伤保险待遇等。如果企业未为劳动者缴纳社会保险，给劳动者造成损失的，应当依法承担赔偿责任。所以 A 公司应当为李某补缴缺失的社会保险费，补缴数额以社保机构核算为准，同时李某需要承担个人缴费部分。

【专家建议】

社保是法定义务，企业和劳动者都没有权利选择不缴纳社会保险。

企业应当自用工之日起 30 日内为其劳动者向社会保险经办机构申请办理社会保险登记。未办理社会保险登记的，由社会保险经办机构核定其应当缴纳的社会保险费。

企业少缴纳不缴纳社保须对员工承担相应的法律责任。其一，劳动者有权解除劳动合同，企业应支付经济补偿金。其二，劳动者有权以企业未为其办理社会保险手续，且社会保险经办机构不能补办导致其无法享受社会保险待遇为由，要求企业赔偿损失。

【相关法规】

参见《中华人民共和国劳动合同法》第三十八条。

案例参考 2　签署放弃缴纳社保协议是否有效

朱某 2018 年 10 月进入 A 公司担任销售员一职。入职之后，企业一直未给朱某缴纳社会保险，并与朱某签订了不缴纳社会保险的书面协议。2020 年 8 月，朱某生病住院，其间的医疗费用全部自行负担。2020 年 9 月，朱某请求企业补缴自 2018 年 10 月起的各项社会保险，并请求企业承担医药费等相应的费用。

【名师指点】

社会保险是国家强制保险，为劳动者办理社会保险是企业法定义务。无论是企业还是劳动者都不能随意放弃这项权利义务。本例中，虽然企业与朱某在自愿、协商一致的基础上，签订了放弃缴纳社保的协议。但这种协议本身是违反法律规定的。《劳动合同法》第二十六条第一款规定，因违反法律、行政法规强制性规定的可以导致劳

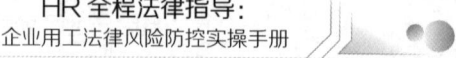

动合同无效或部分无效。因此,作为无效协议,对劳动者与企业双方都没有法律约束力,公司仍然应当承担为朱某缴纳社会保险的义务。劳动者因企业未办理社会保险而产生的损失可向企业主张赔偿请求权。但需要具备以下两个条件:一是企业未为劳动者办理社会保险手续;二是社会保险经办机构不能补办导致其无法享受社会保险待遇。企业未为劳动者办理社会保险手续,违反了其应承担的法定义务。本例中,企业应承担本可由医保基金支付的医疗费用。

【专家建议】

企业为劳动者缴纳社保,是法律规定的义务,企业不为劳动者缴纳社保,是违反法律的行为。

如果企业主观上存在恶意而不为劳动者缴纳社保,不但应支付经济补偿金,同时还应赔偿劳动者的养老保险等损失。

劳动者签订自愿放弃社保协议不管是自愿还是受到企业强势地位影响,都是权衡利弊做出的有利自身的选择,对签字可能产生的后果是明知的。

劳动者自愿与企业签订放弃参加社会保险的协议本身是违反法律规定的,是无效的。作为无效协议,对劳动者与企业双方都没有法律约束力,企业仍然应当承担为劳动者缴纳社会保险的义务。

【相关法规】

《中华人民共和国劳动法》

第七十二条 社会保险基金按照保险类型确定资金来源,逐步实行社会统筹。用人单位和劳动者必须依法参加社会保险,缴纳社会保险费。

第七十三条 劳动者在下列情形下,依法享受社会保险待遇:

(一)退休;

(二)患病、负伤;

(三)因工伤残或者患职业病;

(四)失业;

(五)生育。

劳动者死亡后,其遗属依法享受遗属津贴。

劳动者享受社会保险待遇的条件和标准由法律、法规规定。

劳动者享受的社会保险金必须按时足额支付。

二、养老保险

养老保险又称社会养老保险金,是指劳动者在因年老或病残而丧失劳动能力的情况下,退出劳动领域,定期领取生活费用的一种社会保险制度。它是由社会统筹基金支付的基础养老金和个人账户养老金组成,是社会保障制度的重要组成部分,是社会保险五大险种中最重要的险种之一。

当前,我国职工养老保险有以下三种形式。

(1) 退休,即职工因年老或病残而完全丧失劳动能力,退出生产和工作岗位养老休息时获得一定物质帮助的制度。它是养老保险的基本形式,其适用范围具有普遍性。

(2) 离休,即新中国成立前参加革命工作的老干部达到一定年龄后离职休养的制度。它既是一种特殊的干部安置措施,又是一种特殊的退休形式。

(3) 退职,即职工不符合退休条件但完全丧失劳动能力而退出职务和工作岗位进行休养的制度。在养老保险体系中,它作为退休的一种补充形式而存在,可以补充退休在范围上的不足。

(一)养老保险待遇的享受条件

1. 退休年龄条件

我国关于退休年龄的规定,主要内容如下。

(1) 一般退休年龄。男 60 岁,女 50 岁(工人)和 55 岁(干部)。

(2) 提前退休年龄。国家公务员的提前退休年龄为男 55 岁、女 50 岁;因从事有害身体健康工作和工伤(职业病)致残而完全丧失劳动能力的劳动者和连续工龄满 30 年的国家公务员,退休不受年龄限制。

(3) 延迟退休年龄。例如,高级专家经批准可以延迟退休,但正职不超过 70 岁、副职不超过 65 岁。

2. 退休工龄条件

劳动者退休除达到退休年龄外,一般还应同时达到一定的工龄。在我国,按规定职工退休一般需连续工龄满 10 年;国家公务员提前退休一般需连续工龄满 20 年,连续工龄满 30 年者提前退休可不受年龄限制;但因工伤(职业病)致残完全丧失劳动能力的职工,退休不以连续工龄为条件。

(二)养老保险待遇给付方式

养老保险待遇的给付方式有企业给付和保险人给付两种方式。具体给付方式如下。

(1) 养老金由社会保险经办机构从养老保险统筹基金和个人账户储存额中开支,

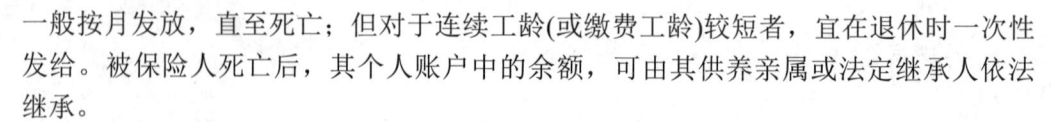

一般按月发放,直至死亡;但对于连续工龄(或缴费工龄)较短者,宜在退休时一次性发给。被保险人死亡后,其个人账户中的余额,可由其供养亲属或法定继承人依法继承。

(2) 医疗保险待遇所需费用的支付,按医疗保险有关规定执行。按照医疗保险制度改革的目标模式,应当按规定比例从医疗保险统筹基金和个人账户中支付。

(3) 其他养老保险待遇,一般由企业给付。

案例参考 3　劳动者补缴养老保险金能否要求企业返还

自 2016 年 8 月起,杨某就职于 A 公司,其间 A 公司一直未给杨某办理养老保险。2018 年 1 月至 2019 年 12 月,A 公司开始为杨某缴纳养老保险费。2021 年 10 月,杨某向 A 公司提出补缴 2016 年到 2018 年的养老保险申请,并自愿承担相应费用。A 公司同意后与杨某签署了《自愿补缴社保说明》,对上述说明进行确认,杨某签字同意以上说明。杨某补缴养老保险费后,要求 A 公司返还其为公司垫付的养老保险费,A 公司根据杨某签字说明表示拒绝,于是与杨某发生争议。

【名师指点】

社会保险费的强制性要求劳动者和企业双方都需要履行缴纳义务,不能用协议约定免除企业的法定缴费义务。企业自行与劳动者约定的免除企业缴纳社会保险费责任的条款,因违反了法律法规的强制性规定,应认定为无效。同时,社会保险费具有可追偿性。由于社保的法定性,当劳动者代企业履行缴费义务后,劳动者有权主张企业追偿。社会保险费追偿也是基于劳动者和企业之间存在劳动关系的前提而发生的,劳动者先行垫付后,企业系不当得利性质,必须返还。本例中,A 公司按规定足额为杨某缴纳养老保险费是其法定义务,因其不作为而导致杨某在承担其劳动义务并垫付养老保险费,致其自身权益受损。企业应当按照法律规定返还其缴纳的社会保险费用。因此,杨某自愿补缴的是个人应缴部分的养老保险费,而非自愿补缴单位应缴部分的养老保险费,所以 A 公司应承担公司应缴部分社会保险金。

【专家建议】

按照相关法律规定,社会保险属于劳动者的保障福利,由国家通过立法强制实行,企业和劳动者必须依法参加社会保险,缴纳社会保险费。企业与劳动者双方无权对社保进行协议,任何协议的结果都不被法律支持,故不能免除双方的缴纳义务。

【相关法规】

参见《中华人民共和国劳动法》第七十二条。

案例参考 4　未为劳动者缴纳养老保险，劳动者无法享受退休待遇怎么办

张某自 2009 年 7 月到 A 公司任职仓库管理工作。2022 年 7 月，张某到了退休年龄，被单位清退。张某办理退休手续时发现，在其工作期间，A 公司未给张某办理养老保险，无法办理退休手续。于是张某要求 A 公司支付养老保险待遇损失、未足额发放的工资、加班费、经济赔偿金。

【名师指点】

根据《中华人民共和国社会保险法》(简称《社会保险法》)第十六条规定，职工按月领取基本养老金必须同时符合两个条件，一是必须达到法定退休年龄，二是参加基本养老保险累计缴费年限满 15 年。本例中，张某达到退休年龄，符合条件一，A 公司未为张某缴纳养老保险，客观上造成张某无法办理退休手续，享受养老待遇，不满足条件二。因此，张某以企业未为其办理社会保险手续，且社会保险经办机构不能补办导致其无法享受社会保险待遇为由，要求 A 公司赔偿损失属正当要求，应给予支持。同时根据相关规定，对于连续工作未满 15 年的，养老保险待遇赔偿按每满一年发给一个月当地上一年度职工月平均工资进行计算。

【专家建议】

社会保险是国家通过立法建立的一种社会保障制度。在劳动者达到法定退休年龄前，与其建立劳动关系的企业均应当依法为其缴纳社会保险。只要劳动者没有达到法定退休年龄，企业就应当依法为其缴纳社会保险费，否则将赔偿其养老保险待遇损失。除了基本养老保险，企业若未依法为劳动者缴纳医疗保险、工伤保险等其他社会保险费，导致劳动者待遇损失的，都需要承担赔偿责任。

【相关法规】

《中华人民共和国社会保险法》

第十六条　参加基本养老保险的个人，达到法定退休年龄时累计缴费满十五年的，按月领取基本养老金。

参加基本养老保险的个人，达到法定退休年龄时累计缴费不足十五年的，可以缴费至满十五年，按月领取基本养老金；也可以转入新型农村社会养老保险或者城镇居民社会养老保险，按照国务院规定享受相应的养老保险待遇。

三、基本医疗保险

基本医疗保险是指为补偿劳动者因疾病风险造成的经济损失而设立的一个险种，

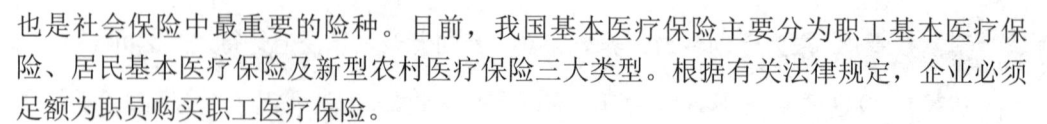

也是社会保险中最重要的险种。目前，我国基本医疗保险主要分为职工基本医疗保险、居民基本医疗保险及新型农村医疗保险三大类型。根据有关法律规定，企业必须足额为职员购买职工医疗保险。

基本医疗保险待遇享受需要注意以下两个方面。

（1）劳动者从缴费次月起，享受基本医疗保险待遇。企业未按规定缴费或中断缴费的，从未缴费的次月起，劳动者不再享受基本医疗保险待遇。中断缴费后重新参加基本医疗保险的，除补足中断期间缴纳的基本医疗保险费外，须连续缴满6个月的基本医疗保险费后，方可重新享受基本医疗保险待遇。

（2）劳动者在未达到法定退休年龄前，应连续参加基本医疗保险，并由企业和劳动者共同缴纳基本医疗保险费。劳动者达到法定退休年龄退休时，连续缴费年限不足20年的，由企业一次性补满20年后，可以继续享受基本医疗保险待遇。

案例参考5　未为劳动者缴纳医疗保险，是否应当承担劳动者因病治疗而无法报销的医疗费

陈某是A公司的员工，岗位为销售经理。2020年6月19日早晨，陈某在外地出差时，在酒店突然昏迷，被发现后立即送到医院紧急抢救，经医院诊断，陈某为突发性脑出血。经劳动部门鉴定，陈某不能认定为工伤。但事情发生后，陈某发现公司未为其缴纳社会保险，故住院治疗二次手术等费用需陈某全额承担。陈某认为A公司没有给其缴纳医疗保险，应由企业承担医疗费。双方对于赔偿问题无法达成一致，于是发生争议。

【名师指点】

本例争议焦点在于由于企业未为劳动者缴纳医疗保险，是否应当承担劳动者基本医疗保险无法报销的医疗费。缴纳社会保险是法律要求企业必须承担的义务。依据现有法律法规，劳动者医疗保险费属于预缴保险费性质，不能通过事后补缴保险费而享受保险待遇。由于企业未能依法为员工缴纳医疗保险，导致劳动者患病后，无法享受医疗保险待遇而遭受经济损失。该经济损失是由于企业未为其缴纳医疗保险而造成的。因此，陈某可以要求A公司支付医疗费中属于医保报销范围内的费用。

【专家建议】

本例是一起因企业未为劳动者缴纳医疗保险而引起的争议。根据相关法规，劳动者参加职工基本医疗保险，由企业和劳动者按照国家规定共同缴纳基本医疗保险费。企业未为劳动者缴纳医疗保险，劳动者将无法享受医疗保险待遇，对于劳动者因病产生的医疗费损失，应由企业承担。

【相关法规】

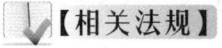

《中华人民共和国社会保险法》

第二十三条　职工应当参加职工基本医疗保险，由用人单位和职工按国家规定共同缴纳基本医疗保险费。

无雇工的个体工商户、未在用人单位参加职工基本医疗保险的非全日制从业人员以及其他灵活就业人员可以参加职工基本医疗保险，由个人按照国家规定缴纳基本医疗保险费。

《最高人民法院关于审理劳动争议案件适用法律问题的解释(一)》

第一条　劳动者与用人单位之间发生的下列纠纷，属于劳动争议，当事人不服劳动争议仲裁机构作出的裁决，依法提起诉讼的，人民法院应予受理：

(一)劳动者与用人单位在履行劳动合同过程中发生的纠纷；

(二)劳动者与用人单位之间没有订立书面劳动合同，但已形成劳动关系后发生的纠纷；

(三)劳动者与用人单位因劳动关系是否已经解除或者终止，以及应否支付解除或者终止劳动关系经济补偿金发生的纠纷；

(四)劳动者与用人单位解除或者终止劳动关系后，请求用人单位返还其收取的劳动合同定金、保证金、抵押金、抵押物发生的纠纷，或者办理劳动者的人事档案、社会保险关系等移转手续发生的纠纷；

(五)劳动者以用人单位未为其办理社会保险手续，且社会保险经办机构不能补办导致其无法享受社会保险待遇为由，要求用人单位赔偿损失发生的纠纷；

(六)劳动者退休后，与尚未参加社会保险统筹的原用人单位因追索养老金、医疗费、工伤保险待遇和其他社会保险待遇而发生的纠纷；

(七)劳动者因为工伤、职业病，请求用人单位依法给予工伤保险待遇发生的纠纷；

(八)劳动者依据劳动合同法第八十五条规定，要求用人单位支付加付赔偿金发生的纠纷；

(九)因企业自主进行改制发生的纠纷。

▶ **案例参考6**　**用人单位未为劳动者缴纳职工基本医疗保险，应赔偿职工基本医疗保险报销部分的差额损失**

李某是A公司员工，但A公司未为李某缴纳职工基本医疗保险，李某自行参加城镇居民基本医疗保险。后李某患肺癌住院治疗，所花费医疗费通过城镇居民基本医疗保险报销了一部分，但报销金额比通过职工基本医疗保险报销的金额少20000元。李某治病期间，A公司停发工资并解除与李某的劳动关系。李某则要求A公司支付因未缴纳职工基本医疗保险导致的报销差额损失20000元。于是李某与A公司发生争议。

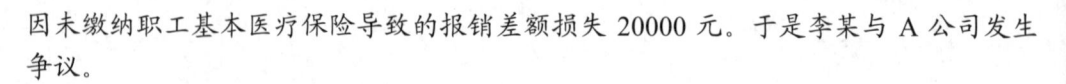

【名师指点】

该争议的焦点在于公司未缴纳职工基本医疗保险导致的报销差额损失，缴纳职工基本医疗保险是用人单位的法定义务。因A公司未为李某缴纳职工基本医疗保险，导致李某在生病后享受不到应有的待遇。虽然李某自行参加了城镇居民基本医疗保险，但这并不能免除A公司依法应为员工缴纳职工基本医疗保险的责任。因职工基本医疗保险的报销金额高于城镇居民基本医疗保险，李某的主张当被支持。

【专家建议】

根据法律法规规定，企业为职工缴纳医疗保险费是其法定义务。城镇居民在被企业录用为员工并建立劳动关系后，企业应及时为职工缴纳基本医疗保险费，办理基本医疗保险。企业违反这一法定强制性义务，致使劳动者遭受经济损失的，应当承担赔偿责任。实践中，职工基本医疗保险费属于预交保险费，不能通过事后补缴保险费而享受保险待遇。而职工基本医疗保险的补贴高于城镇居民基本医疗保险，两者之间必然存在差额，且该差额损失的产生与劳动者无法享受职工基本医疗保险待遇直接相关，故企业对该差额损失应予赔偿。

【相关法规】

参见《中华人民共和国社会保险法》第二十三条。

四、工伤保险

工伤保险，是指劳动者在工作中或在规定的特殊情况下，遭受意外伤害或患职业病导致暂时或永久丧失劳动能力以及死亡时，劳动者或其遗属从国家和社会获得物质帮助的一种社会保险制度。因此，工伤保险又称职业伤害保险。工伤保险是通过社会统筹的办法，集中企业缴纳的工伤保险费，建立工伤保险基金，对劳动者在生产经营活动中遭受意外伤害或职业病，并由此造成死亡、暂时或永久丧失劳动能力时，给予劳动者及其实用性法定的医疗救治以及必要的经济补偿的一种社会保障制度。这种补偿既包括医疗、康复所需费用，也包括保障基本生活的费用。

在劳动争议中，工伤及员工疾病或者人身意外伤害案件占有不小比例。此类案件与普通劳动争议案件相比，企业处理难度更大，赔偿金额也往往更大。一些案件甚至演化为一个家庭与企业长期的纠纷与冲突，不仅干扰了企业的经营生产，也大大增加了企业的人力成本和管理成本。

劳动者在以下情况下可以享受工伤待遇。

（1）在工作时间和工作场所内，因工作原因受到事故伤害的；

（2）工作时间前后在工作场所内，从事与工作有关的预备性或者收尾性工作受到事故伤害的；

（3）在工作时间和工作场所内，因履行工作职责受到暴力等意外伤害的；

（4）患职业病的；

（5）因工外出期间，由于工作原因受到伤害或者发生事故下落不明的；

（6）在上下班途中，受到非本人主要责任的交通事故或者城市轨道交通、客运轮渡、火车事故伤害的；

（7）法律、行政法规规定应当认定为工伤的其他情形。

▶ **案例参考7　工伤认定扩展标准**

周某就职于A公司，工作岗位是前台接待。2022年3月11日，周某在午休时间上厕所的过程中摔了一跤，不慎骨折。周某向A公司所在地的劳动部门申请工伤认定，并提交了《关于周某劳动事故经过的说明》。劳动部门根据周某的叙述，经过再次调查核实，作出了认定工伤的结论。A公司对劳动部门作出的工伤认定结论不认同，认为周某受伤没有发生在工作场所。

【名师指点】

工伤的认定标准是因工外出期间受到伤害，工作时间前后在工作场所内，从事与工作有关的预备性或者收尾性工作受到事故伤害的，在工作时间和工作场所内，因工作原因受到事故伤害。本例中，周某受伤的时间在A公司的工作时间内，对于这点是没有争议的。但是，其上厕所的行为能否认定为是"因为工作原因"，以及厕所属不属于工作场所，这两个问题直接关系到该事故能否认定为工伤，因而也就成为本例中争议的焦点。"工作场所"并非仅指操作车间、办公区域等劳动者直接从事工作、生产的场所，除此之外还应当包括单位的公用通道、厕所等公共场所。劳动者上厕所是其生理需要，也是劳动者在工作过程中不可避免的。劳动者在工作期间上厕所，是为维持持续、有效的工作所必需的，是对本职工作做的必要延伸，在性质上应视同工作。因此，只要有证据证实劳动者是在工作时间和场所内上厕所时受的伤，就可以认定为工伤。

【专家建议】

劳动行政部门在进行工伤事故的认定过程中，必须把握"工作时间""工作场

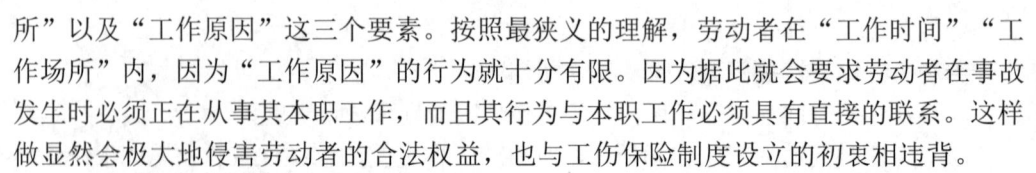

所"以及"工作原因"这三个要素。按照最狭义的理解，劳动者在"工作时间""工作场所"内，因为"工作原因"的行为就十分有限。因为据此就会要求劳动者在事故发生时必须正在从事其本职工作，而且其行为与本职工作必须具有直接的联系。这样做显然会极大地侵害劳动者的合法权益，也与工伤保险制度设立的初衷相违背。

根据《工伤保险条例》的规定，劳动者"因公外出期间"所经过的场所属于"工作场所"的延伸；劳动者"上下班"途中的时间视为"工作时间"的延续。这些规定都大大拓展了职工工伤认定的范围，也使职工的合法劳动权益得到了有效的保障。

【相关法规】

《工伤保险条例》

第十四条 职工有下列情形之一的，应当认定为工伤：
(一)在工作时间和工作场所内，因工作原因受到事故伤害的；
(二)工作时间前后在工作场所内，从事与工作有关的预备性或者收尾性工作受到事故伤害的；
(三)在工作时间和工作场所内，因履行工作职责受到暴力等意外伤害的；
(四)患职业病的；
(五)因工外出期间，由于工作原因受到伤害或者发生事故下落不明的；
(六)在上下班途中，受到非本人主要责任的交通事故或者城市轨道交通、客运轮渡、火车事故伤害的；
(七)法律、行政法规规定应当认定为工伤的其他情形。

案例参考8 上班途中出现交通事故属于工伤吗

陈某就职于A公司，在去上班的路上绕道到一家农贸市场买菜，买完菜后发生交通事故，陈某受伤后经医院抢救无效死亡。经交警认定，陈某负本次事故的同等责任。陈某丈夫周某认为，发生交通事故时，妻子是前往单位上班的合理时间内，发生事故的地点完全属于"上班途中"，妻子上班途中因交通事故死亡应当属于工亡，故提出工伤认定申请。

【名师指点】

合理路线，法律上并不能就其概念做单一界定，所以工伤认定部门有一个较大的自由裁量空间。对于那些开车上班的员工，比如走中环或外环等，涉及对交通堵塞等因素的考虑。本例中工伤认定主要可从这样两个角度考虑：①一般而言，下班途中买菜是比较合理的，而案例中员工则是在上班途中买菜；②工作地与员工居住地之间有很多农贸市场，然而，员工是否选择了最便利的农贸市场。所以即便对上下班途中持扩大解释，但仍有限定，因此，在上班过程中去买菜能否被认定为工伤要考量因素较多。

【专家建议】

根据《关于审理工伤保险行政案件若干问题的规定》，对上下班途中的解释，是一种扩大解释，其不仅仅指往返于工作地与住所地之间，还包括往返于工作地与配偶、父母、子女居住地之间等。但这种扩大是在一定范围内，扩大范围认定需符合工作主线。

【相关法规】

参见《工伤保险条例》第十四条。

五、失业保险、生育保险和住房公积金

失业保险是指国家通过立法强制实行的，由企业、劳动者个人缴费及国家财政补贴等渠道筹集资金建立失业保险基金，对因失业而暂时中断生活来源的劳动者提供物质帮助以保障其基本生活，并通过专业训练、职业介绍等手段为其再就业创造条件的一种制度。

享受失业保险待遇需要满足以下三个条件。

(1) 失业人员已经参加失业保险并且已经缴纳失业保险费满一年；
(2) 失业的原因并不是本人的原因；
(3) 失业人员已经进行失业登记并且表达自己有求职的意愿。

失业保险金发放标准为本市最低工资标准的 70%～90%。

生育保险是国家通过立法，在怀孕和分娩的妇女劳动者暂时中断劳动时，由国家和社会提供医疗服务、生育津贴和产假的一种社会保险制度，是国家或社会对生育的劳动者给予必要的经济补偿和医疗保健的社会保险制度。我国生育保险待遇主要包括两项，一是生育津贴，二是生育医疗待遇。

享受生育保险待遇需要满足以下两个条件。

(1) 企业及其劳动者按照法律规定参加生育保险并履行缴费义务满 6 个月；
(2) 符合的法定条件生育或者实施计划生育避孕节育手术或复通手术的。

住房公积金是指国家机关、国有企业、城镇集体企业、外商投资企业、城镇私营企业及其他城镇企业、事业单位、民办非企业单位、社会团体及其在职劳动者缴存的长期住房储金。住房公积金乃国家规定的劳动者福利，然而它不是劳动福利，而是住房福利。企业要办理公积金的缴存登记，需要设立公积金的账户、每月汇缴公积金等事项，都强调的是"应当办理"(在法律上的"应当"也就是"必须、强制"的意

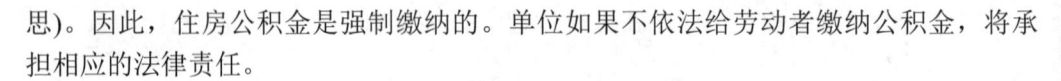

思)。因此,住房公积金是强制缴纳的。单位如果不依法给劳动者缴纳公积金,将承担相应的法律责任。

▶ **案例参考 9** 未缴纳失业保险费,需向员工赔偿失业保险待遇损失吗

李某于 2016 年 6 月 1 日入职 A 公司,其间 A 公司为李某缴纳了失业保险金。后 A 公司于 2018 年设立子公司 B,李某的劳动关系转入子公司 B,但子公司 B 一直未给李某缴纳社会保险。2020 年 9 月,子公司 B 因业务萎缩,进行裁员,李某便是其中的一员。在李某办理失业登记时发现子公司 B 未为其缴纳失业保险金,导致李某无法办理失业保险,于是与子公司 B 发生争议,主张子公司 B 承担其失业保险金损失。

【名师指点】

企业应依法足额为劳动者缴纳社会保险,否则会给劳动者造成无法领取社保待遇的损失。本例中,李某在 A 公司已经缴纳了一年以上的失业保险金,在转移到子公司 B 过程中,子公司 B 未能给李某缴纳失业保险金。李某因公司裁员被解除劳动关系,符合非李某个人意愿离职情况,因此给李某造成的失业金损失均应由子公司 B 全额承担。

【专家建议】

劳动者如非本人原因导致失业,且失业保险缴纳超过一年,可依法领取失业金,但如因单位未缴纳社会保险,且劳动者符合非本人原因离职情况,亦可直接向企业主张失业金损失。

非因本人意愿离职可包括下列情形:

(一)依照《中华人民共和国劳动合同法》第四十四条第一项、第四项、第五项规定终止劳动合同的;

(二)用人单位依照《中华人民共和国劳动合同法》第三十九条、第四十条、第四十一条规定解除劳动合同的;

(三)用人单位依照《中华人民共和国劳动合同法》第三十六条规定向劳动者提出解除劳动合同并与劳动者协商一致解除劳动合同的;

(四)用人单位提出解除聘用合同或者被用人单位辞退、除名、开除的;

(五)劳动者本人依照《中华人民共和国劳动合同法》第三十八条规定解除劳动合同的。

【相关法规】

《中华人民共和国劳动合同法》

第三十八条 用人单位有下列情形之一的,劳动者可以解除劳动合同:

(一)未按照劳动合同约定提供劳动保护或者劳动条件的；

(二)未及时足额支付劳动报酬的；

(三)未依法为劳动者缴纳社会保险费的；

(四)用人单位的规章制度违反法律、法规的规定，损害劳动者权益的；

(五)因本法第二十六条第一款规定的情形致使劳动合同无效的；

(六)法律、行政法规规定劳动者可以解除劳动合同的其他情形。

用人单位以暴力、威胁或者非法限制人身自由的手段强迫劳动者劳动的，或者用人单位违章指挥、强令冒险作业危及劳动者人身安全的，劳动者可以立即解除劳动合同，不需事先告知用人单位。

第三十九条　劳动者有下列情形之一的，用人单位可以解除劳动合同：

(一)在试用期间被证明不符合录用条件的；

(二)严重违反用人单位的规章制度的；

(三)严重失职，营私舞弊，给用人单位造成重大损害的；

(四)劳动者同时与其他用人单位建立劳动关系，对完成本单位的工作任务造成严重影响，或者经用人单位提出，拒不改正的；

(五)因本法第二十六条第一款第一项规定的情形致使劳动合同无效的；

(六)被依法追究刑事责任的。

第四十条　有下列情形之一的，用人单位提前三十日以书面形式通知劳动者本人或者额外支付劳动者一个月工资后，可以解除劳动合同：

(一)劳动者患病或者非因工负伤，在规定的医疗期满后不能从事原工作，也不能从事由用人单位另行安排的工作的；

(二)劳动者不能胜任工作，经过培训或者调整工作岗位，仍不能胜任工作的；

(三)劳动合同订立时所依据的客观情况发生重大变化，致使劳动合同无法履行，经用人单位与劳动者协商，未能就变更劳动合同内容达成协议的。

第四十一条　有下列情形之一，需要裁减人员二十人以上或者裁减不足二十人但占企业职工总数百分之十以上的，用人单位提前三十日向工会或者全体职工说明情况，听取工会或者职工的意见后，裁减人员方案经向劳动行政部门报告，可以裁减人员：

(一)依照企业破产法规定进行重整的；

(二)生产经营发生严重困难的；

(三)企业转产、重大技术革新或者经营方式调整，经变更劳动合同后，仍需裁减人员的；

(四)其他因劳动合同订立时所依据的客观经济情况发生重大变化，致使劳动合同无法履行的。

裁减人员时，应当优先留用下列人员：

(一)与本单位订立较长期限的固定期限劳动合同的；

(二)与本单位订立无固定期限劳动合同的;

(三)家庭无其他就业人员,有需要扶养的老人或者未成年人的。

用人单位依照本条第一款规定裁减人员,在六个月内重新招用人员的,应当通知被裁减的人员,并在同等条件下优先招用被裁减的人员。

第四十四条 有下列情形之一的,劳动合同终止:

(一)劳动合同期满的;

(二)劳动者开始依法享受基本养老保险待遇的;

(三)劳动者死亡,或者被人民法院宣告死亡或者宣告失踪的;

(四)用人单位被依法宣告破产的;

(五)用人单位被吊销营业执照、责令关闭、撤销或者用人单位决定提前解散的;

(六)法律、行政法规规定的其他情形。

▶ 案例参考10　劳动者离职后,能否主张企业补缴住房公积金

李某于2018年就职于A公司,岗位为安全员。在A公司就职期间,A公司未按李某的工资标准为其缴纳住房公积金。李某离职后,因购房办理公积金贷款,经住房公积金管理中心调查发现,A公司在李某就职期间未按规定为李某缴纳公积金,于是李某向A公司主张补缴公积金,A公司对此表示不接受,于是李某与A公司发生争议。

【名师指点】

根据《住房公积金管理条例》相关规定,单位应当按时、足额缴存住房公积金,不得逾期缴存或者少缴。对单位逾期不缴或者少缴住房公积金的,住房公积金管理中心可责令限期缴存。本例中李某虽已离职,但并不能免除A公司于李某在职期间为其缴存公积金的法定义务。

【专家建议】

为职工按时、足额缴存住房公积金是企业的法定义务,企业违反该义务的,即便劳动者已经离职,劳动者仍然可以主张权利,住房公积金管理中心仍有权依法责令企业限期缴存。

【相关法规】

《中华人民共和国社会保险法》

第六十三条 用人单位未按时足额缴纳社会保险费的,由社会保险费征收机构责令其限期缴纳或者补足。

用人单位逾期仍未缴纳或者补足社会保险费的，社会保险费征收机构可以向银行和其他金融机构查询其存款账户；并可以申请县级以上有关行政部门作出划拨社会保险费的决定，书面通知其开户银行或者其他金融机构划拨社会保险费。用人单位账户余额少于应当缴纳的社会保险费的，社会保险费征收机构可以要求该用人单位提供担保，签订延期缴费协议。

用人单位未足额缴纳社会保险费且未提供担保的，社会保险费征收机构可以申请人民法院扣押、查封、拍卖其价值相当于应当缴纳社会保险费的财产，以拍卖所得抵缴社会保险费。

第二节 实务操作

一、劳动合同中社会保险条款

企业雇用劳动者除了要给劳动者发工资，还需要承担企业应缴纳五险一金的相应部分。在实际操作中有些企业对一些短期工作岗位往往存在侥幸心理，不缴纳或者少缴纳五险一金，从而为企业埋下隐患。为了规避这些风险，企业应该在签署劳动合同时明确社保等方面的内容。

劳动合同社会保险内容

甲方：
乙方：

本补充协议作为劳动合同的补充，与劳动合同有冲突时，以本协议为准。

第一条 合同期限：本合同自_____年___月___日(开始日)开始至_____年___月___日(终止日)终止，为期_____年。

……

第×条 甲、乙双方均须依法参加社会保险，缴纳社会保险费，社会保险费个人缴纳部分，甲方可从乙方工资中代扣代缴。

第×条 甲、乙双方解除、终止劳动合同时，甲方应按有关规定为乙方办理职工档案和社会保险转移等相关手续，出具解除或者终止劳动合同证明书，乙方应及时办理工作交接手续。

……

甲方(签章)：   乙方(签章)：
法定代理人(或委托代理人)：
　　年　月　日   　　年　月　日

二、工伤赔偿协议

有时候因各种原因造成企业未能为劳动者缴纳工伤保险，而劳动者发生工伤事故时，可以通过与劳动者签署工伤赔偿协议对工伤赔偿进行界定，减少因工伤带来的后续纠纷。

工伤赔偿协议

甲方：
乙方：

因乙方在进行_____时发生工伤事故，甲、乙双方经过友好协商，在合理合法、互让互谅、平等自愿的基础上，达成如下协议。

第一条　本协议是根据国务院《工伤保险条例》相关规定达成，甲、乙双方完全知悉、理解相关规定的内容，清楚乙方工伤的赔偿项目及数额。

第二条　乙方系甲方雇员，在____年___月___日受伤，经医院治疗。甲方因乙方受伤事宜，已经支付医疗费、生活费等费用_____元。

第三条　双方依据有关法律法规之规定协商同意，甲方再向乙方一次性支付伤残待遇、一次性医疗补助金、误工费用等应由甲方支付的全部费用，合计人民币_____元（大写：_____），由甲方在协议双方签字时一次性付完。

……

第五条　甲、乙双方签署本协议后，终止双方的权利和责任。乙方承诺不再以任何形式、任何理由就与本次工伤有关的事宜向甲方要求其他任何费用或承担任何责任。

第六条　本协议上述内容均是双方真实意愿的表述，无任何欺诈胁迫，一经签订，双方不得违约。若一方违约，当向守约方支付相应赔偿金_____元，并承担给守约方带来的各项经济损失。

第七条　本协议一式二份，甲、乙双方各执一份，自双方签字盖章后生效，均具同等法律效力。

甲方(签章)：　　　　　　　　　　　　　乙方(签章)：
法定代理人(或委托代理人)：
　　年　月　日　　　　　　　　　　　　　　年　月　日

第三节　答疑解惑

一、以例说法

▶ **案例参考 11**　企业未足额缴纳社保，劳动者是否可以要求补缴

2018 年 4 月，王某通过社会招聘进入 A 公司工作，担任销售员工作。后因工作等问题与公司发生了争执。2021 年 8 月，王某与公司解除了劳动合同。王某在办理离职手续时，发现该公司几年来一直未按其实际工资收入缴纳社会保险费，于是王某要求公司根据王某实得工资为其补缴少缴的社会保险费。经与公司多次交涉未得到解决，于是与 A 公司发生争议。

【名师指点】

根据王某自进公司以来每月领取工资的原始凭证记载，王某的年工资收入均超过公司为其缴纳社会保险费的基数，而公司提供的财务明细账册凭证，均记入财务应付工资科目，均属于列入国家规定的工资总额范围。几年来公司一直未按王某的实际工资收入为其缴纳社会保险费。《社会保险法》第六十条第一款规定："用人单位应当自行申报、按时足额缴纳社会保险费，非因不可抗力等法定事由不得缓缴、减免。劳动者应当缴纳的社会保险费由用人单位代扣代缴，用人单位应当按月将缴纳社会保险费的明细情况告知本人。"

【专家建议】

企业未按时足额缴纳社会保险费的，当由社会保险费征收机构责令其限期缴纳或者补缴。只有当企业未缴纳社会保险，且社会保险经办机构无法弥补，导致劳动者无法享受社会保险待遇，从而给劳动者造成损失时，劳动者方可向企业索赔，从而引发劳动争议。

【相关法规】

《中华人民共和国社会保险法》

第六十条　用人单位应当自行申报、按时足额缴纳社会保险费，非因不可抗力等法定事由不得缓缴、减免。职工应当缴纳的社会保险费由用人单位代扣代缴，用人单位应当按月将缴纳社会保险费的明细情况告知本人。

无雇工的个体工商户、未在用人单位参加社会保险的非全日制从业人员以及其他灵活就业人员，可以直接向社会保险费征收机构缴纳社会保险费。

第六十三条　用人单位未按时足额缴纳社会保险费的，由社会保险费征收机构责令其限期缴纳或者补足。

用人单位逾期仍未缴纳或者补足社会保险费的，社会保险费征收机构可以向银行和其他金融机构查询其存款账户；并可以申请县级以上有关行政部门作出划拨社会保险费的决定，书面通知其开户银行或者其他金融机构划拨社会保险费。用人单位账户余额少于应当缴纳的社会保险费的，社会保险费征收机构可以要求该用人单位提供担保，签订延期缴费协议。

用人单位未足额缴纳社会保险费且未提供担保的，社会保险费征收机构可以申请人民法院扣押、查封、拍卖其价值相当于应当缴纳社会保险费的财产，以拍卖所得抵缴社会保险费。

案例参考12　签署自动放弃缴纳公积金，离职后要求补偿能否被支持

张某于2018年就职于A公司，岗位为策划经理，入职时与A公司签署了自愿放弃住房公积金的协议。2021年5月(离职后)，张某向A公司主张为其补缴应由用人单位缴存的住房公积金。A公司依据张某签署的自愿放弃住房公积金协议拒绝其要求，于是张某与A公司发生争议。

【名师指点】

本例中，A公司没有为张某依法缴纳住房公积金是事实，双方签了员工自愿放弃社保声明也是事实，根据《住房公积金管理条例》第三十八条规定："违反本条例的规定，单位逾期不缴或者少缴住房公积金的，由住房公积金管理中心责令限期缴存；逾期仍不缴存的，可以申请人民法院强制执行。"这种签署放弃缴纳住房公积金的做法明显就是不符合法律要求的，因此不能免除其为张某缴存公积金的法定义务。

【专家建议】

住房公积金的缴存具有强制性、义务性和专属性，为单位职工缴存住房公积金是用人单位的法定义务，法定义务不能协商约定而免除。

【相关法规】

《住房公积金管理条例》

第三十八条　违反本条例的规定，单位逾期不缴或者少缴住房公积金的，由住房公积金管理中心责令限期缴存；逾期仍不缴存的，可以申请人民法院强制执行。

二、总结与思考

五险一金是国家规定的劳动者法定福利，企业应按规定及时足额为员工缴纳五险一金，企业故意或者恶意拖欠社保费用，员工可以此为由申请劳动仲裁，要求解除劳动关系并支付经济补偿。企业没有按照实际工资基数缴纳社保，导致劳动者权益受到侵害的，劳动者也可以提出解除劳动关系并要求企业支付相应的经济补偿。

第九章

劳动合同变更风险管控

劳动合同履行要本着公平履行原则、自愿履行原则和协助履行原则。不少劳动纠纷就是由于企业人力资源管理部门未能贯彻这些原则造成的。不可否认，劳动合同履行过程中会发生这样或那样的变化，如何排除干扰推进劳动合同继续履行，这也考验着人力资源管理部门的能力和智慧。劳动合同的变更要遵循平等自愿、协商一致的原则，在原合同的基础上对原劳动合同内容做部分修改、补充或者删减，而不是签订新的劳动合同。原劳动合同未变更的部分仍然有效，变更后的内容就取代了原合同的相关内容，新达成的变更协议条款与原合同中其他条款具有同等法律效力，对企业和劳动者都具有约束力。

第一节　协商变更劳动合同

劳动合同是在企业和劳动者之间协商达成的劳动协议，是否可以在需要的时候由企业和劳动者双方再次协商对合同内容进行变更呢？答案是肯定的。在一般情况下，只要企业与劳动者协商一致，即可变更劳动合同约定的内容。也就是说，对于劳动合同约定的内容，只要是经双方当事人协商一致而达成的，也可以经协商一致予以变更。重要的是，对变更劳动合同，企业和劳动者之间应当采取自愿协商的方式，不允许合同的企业未经劳动者协商同意，单方变更劳动合同。《劳动合同法》第三十五条中对企业如何合法变更劳动合同的方法形式和内容进行了明确的规定："用人单位与劳动者协商一致，可以变更劳动合同约定的内容。变更劳动合同，应当采用书面形式。变更后的劳动合同文本由用人单位和劳动者各执一份。"因此企业未经劳动者同意擅自改变合同内容的，在法律上是无效行为，变更后的内容对劳动者没有约束力，而且这种擅自改变合同的做法也是一种违约行为。

同时，劳动合同变更只能是对原劳动合同部分内容的变动，即劳动合同的变更只是对原劳动合同的部分内容做修改、补充或者删减，而不是对合同内容的全部变更。对劳动合同所要变更的部分内容，企业和劳动者双方通过协商后，必须达成一致的意见。如果在协商过程中，有任何一方当事人不同意所要变更的内容，则就该部分内容的合同变更就不能成立，原有的合同就依然具有法律效力。最后，在变更过程中必须遵循与订立劳动合同时同样的原则，即遵循合法、公平、平等自愿、协商一致、诚实信用的原则。

协商变更劳动合同可按以下流程进行处理。

(1) 提出变更劳动合同的一方将劳动合同变更内容以书面形式提交另一方。

(2) 另一方对对方提交的变更内容进行审查。

(3) 如果对变更内容没有异议，可采用书面形式告知对方对其变更内容表示同意。如果有异议，则以书面形式将异议返回给对方，双方就异议部分内容进行另一轮的协商。

▶ **案例参考 1**　劳动者拒绝调动工作岗位，企业可解除劳动合同吗

孙某是 A 公司的一名市场主管人员，主要负责市场开发工作。孙某与 A 公司双方在 2017 年 5 月 18 日签订了一份为期 3 年的书面劳动合同，试用期为 2 个月，并约定工资为 9000 元/月。工作过程中，孙某经常小错不断，市场开发业绩也不是很好。A 公司人事经理于 2020 年 3 月 20 日书面通知孙某到仓库任主管，待遇不变。孙某拒

绝了 A 公司的安排，还是在原岗位上班。2020 年 4 月 28 日，公司根据员工手册，以孙某不能胜任工作，不服从公司的合理安排为由，通知孙某与公司解除双方的劳动关系。孙某对此不认同，于是与 A 公司发生争议。

【名师指点】

　　劳动合同是依法订立的合同，具有一定的约束力，企业和劳动者都应当履行劳动合同约定的义务。本例中对劳动岗位的调整属于对劳动合同内容的重大变更，企业可根据《劳动合同法》第三十五条的规定，用人单位与劳动者协商一致，才可以变更劳动合同约定的内容。变更劳动合同，应当采用书面形式。劳动合同的期限、岗位、地点、报酬等无疑是劳动合同中最为核心的要素，任意一方拟对其中一项或多项进行变更都应当与对方协商一致。本例中，孙某明确不同意的情况下，A 公司仍执意解除显然是违法的。

　　根据《劳动合同法》第四十条第二项的规定，劳动者不能胜任工作，经过培训或者调整工作岗位，仍不能胜任工作的，用人单位提前三十日以书面形式通知劳动者或者额外支付劳动者一个月工资后，可以解除劳动合同。本例中 A 公司认为孙某不能胜任工作，应当有证据证明其不能胜任，然后才可以进行调岗，只有在证明调岗后仍然不能胜任的，此时才可以解除与劳动者之间的劳动合同。尽管孙某工作做得并不好，但公司并没有证据证明孙某不能胜任，因此调岗就失去了合理合法性，此时解除劳动关系显然不合法。因此，A 公司如果执意要与孙某解除劳动合同，应当承担相应的赔偿责任。

【专家建议】

　　企业在经营过程中，常常因为经营状况发生变化、人员变化、劳动者自身原因，希望对个别员工的工作岗位进行调整。而通常情况下，员工也不愿意到自己不喜欢、不擅长、不熟悉的领域，重新开始、重新适应新的工作岗位。因此，企业通常以劳动者不服从安排来解除与劳动者之间的劳动合同。而这样轻易地解除合同是完全违法的。

　　通常企业若想就工作岗位、劳动报酬等必备条款进行变更，必须与劳动者协商一致并采用书面形式。否则，不符合变更劳动合同的法律要件，不发生法律效力。企业可与劳动者进行直接沟通，使劳动者了解调岗降薪的来龙去脉，如果劳动者同意调岗降薪，企业要做好劳动合同的变更。如果劳动者不同意调岗降薪，劳动合同应当按原约定继续履行。企业如果因为劳动者不接受调岗降薪为解除劳动合同的话，需要承担法律责任，支付劳动者经济赔偿金。

　　同时，企业不能简单地把不满意与不称职画等号。对于员工不服从调岗降薪，企业应当注意审查调岗降薪的合理性和合法性，不要急于作出处分决定，在双方处于争议状态的情况下，单方面的变更行为往往会被认定为无效的。

【相关法规】

参见《中华人民共和国劳动合同法》第四十条。

▶ 案例参考2 企业能否以拒不到职解除劳动合同

李某于2019年2月6日入职A科技公司，根据安排，在公司位于李某居住地不远的门店B进行销售工作，劳动合同期限至2021年2月6日止，并在劳动合同载明，李某的工作地点是A公司，A公司有权安排李某在A公司关联下属门店工作。

2020年6月9日，A公司发布通知，B门店停止运营，并对B门店人员进行分流。根据分流结果，李某被调整到C门店，但C门店距离李某居住地较远，李某以此为由拒绝到C门店上班。7月11日，A公司通过群发手机短信通知李某应于2020年7月13日前到新的工作岗位报到上班，逾期视为自动离职，但李某未到新工作岗位报到。A公司于7月15日，结算了李某在B门店工作期间的工资，通知与李某解除劳动合同。李某对此不认同，要求A公司支付经济补偿，A公司拒绝李某请求，于是李某与A公司发生争议。

【名师指点】

企业有权按《劳动合同》约定安排或调整李某工作地点，但该调整属于《劳动合同法》第四十条第三项规定的劳动合同订立时所依据的客观情况发生重大变化的情形，需要与劳动者进行协商一致后才能对工作地点进行变更。若企业经与劳动者协商未能就变更劳动合同内容达成协议的，企业可以解除劳动合同，并按照法律规定支付相应的经济补偿金。

本例中变更工作地点会对李某上班出行造成严重影响，A公司并未对此采取合理的弥补措施，例如提供交通车辆、调整通勤时间、提供宿舍居住或给予相关补贴。A公司应与李某协商变更劳动合同内容，在双方未能就变更劳动地点达成一致协议的情况下，A公司以李某不到新岗位上班等同于自动离职为由解除劳动合同，是不正确的。

【专家建议】

变更工作地点应当与劳动者协商一致，才可以进行劳动合同变更。一般来说，工作地点的改变，有可能会对劳动者的生活、家庭造成一定的影响，因此，变更工作地点应该经过劳动者的同意。

第九章　劳动合同变更风险管控

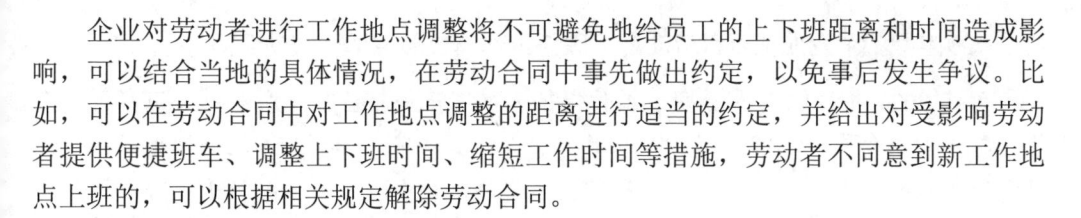

　　企业对劳动者进行工作地点调整将不可避免地给员工的上下班距离和时间造成影响，可以结合当地的具体情况，在劳动合同中事先做出约定，以免事后发生争议。比如，可以在劳动合同中对工作地点调整的距离进行适当的约定，并给出对受影响劳动者提供便捷班车、调整上下班时间、缩短工作时间等措施，劳动者不同意到新工作地点上班的，可以根据相关规定解除劳动合同。

【相关法规】

　　参见《中华人民共和国劳动合同法》第四十条。

第二节　单方变更劳动合同

　　劳动合同履行遵循公平履行、自愿履行和协助履行的原则，劳动合同一经签订便发生法律效力，任何一方不得单方面任意变更。变更需要在企业和劳动者协商一致后才能达成变更结果。但是，在一定条件下，企业和劳动者也可以单方面变更劳动合同，根据《劳动合同法》第四十条规定："有下列情形之一的，用人单位提前三十日以书面形式通知劳动者本人或者额外支付劳动者一个月工资后，可以解除劳动合同：(一)劳动者患病或者非因工负伤，在规定的医疗期满后不能从事原工作，也不能从事由用人单位另行安排的工作的；(二)劳动者不能胜任工作，经过培训或者调整工作岗位，仍不能胜任工作的；(三)劳动合同订立时所依据的客观情况发生重大变化，致使劳动合同无法履行，经用人单位与劳动者协商，未能就变更劳动合同内容达成协议的。"因此，如果劳动者符合以下情况，企业可单方面变更劳动合同。

　　(1)　劳动者患病或非因工负伤，在规定的医疗期满后不能从事原工作；

　　(2)　被证明劳动者不能胜任工作；

　　(3)　提高劳动者薪资待遇；

　　(4)　企业名称、法定代表人、负责人、注册地址(非办公地址)、企业分立、合并；

　　企业名称、法定代表人、主要负责人或者投资人等事项发生变更时，劳动合同中的相应内容也应随之变更，此项内容不用征得劳动者同意。

　　(5)　客观情况发生重大变化的，导致合同难以履行时，企业可以单方对劳动合同的约定内容进行合理、必要的变更。在合同履行过程中，发生某些重大变化，确需对某些内容做出调整的，如整体的搬迁、部门的合并等。当然，变更后仍然需要与劳动者协商是否继续履行，征求劳动者的意见，劳动者同意，双方才能按照变更后的合同履行，不同意的，公司可以解除双方的劳动合同。

案例参考 3　企业能否以劳动者不胜任工作岗位单方解除劳动合同

刘某 2021 年就职于 A 公司，工作岗位为市场开发部经理，并与 A 公司签订了无固定期限劳动合同。2022 年 7 月 19 日，A 公司在事先未与刘某沟通的情况下，短信通知刘某，对刘某调岗降级降薪，调为一线市场营销人员。刘某对此不认同，拒绝到新岗位就职，仍在原岗位就职。但是，此后 A 公司也不再为刘某分配具体工作事项。刘某不服，多次找公司沟通，A 公司称刘某作为公司业务主管，所负责的部门入不敷出、严重亏损，以刘某不胜任市场开发部经理工作为由作出调岗决定，公司也没有提供证据证明刘某不胜任市场部经理工作，刘某对此理由并不认可。于是，刘某与 A 公司发生争议。

【名师指点】

根据《劳动合同法》第三十五条规定，用人单位与劳动者协商一致，可以变更劳动合同约定的内容。变更劳动合同，应当采用书面形式。本例中，A 公司与刘某双方签订的是无固定期限合同，刘某在 2022 年 7 月 19 日前一直从事管理工作岗位，岗位工资也是管理人员的薪酬等级。A 公司在事先未与刘某协商一致的前提下以刘某不胜任市场开发部经理工作为由，作出调岗决定，并未能举证。因此，A 公司属于未协商一致就擅自单方变更劳动合同，构成未按照劳动合同约定提供劳动保护或者劳动条件，刘某可以解除劳动合同并主张经济补偿。

诚然，在本例中，如果 A 公司有依据可以证明刘某不胜任市场开发部经理岗位，并证明对劳动者的工作岗位和薪水的调整具有"合理性"，是可以单方调整刘某的工作岗位的。

【专家建议】

在企业以劳动者"不能胜任工作"为由调整劳动者工作岗位情况下，企业需要有证据证明单方面变更劳动合同具有合法性和合理性，并证明对劳动者的工作岗位和薪水的调整具有"合理性"。因此，企业应在与劳动者签署劳动合同或企业制定规章制度中规定明确的工作业绩考核的标准，当劳动者无法胜任工作岗位时，行使企业合法权利。

【相关法规】

《中华人民共和国劳动合同法》

第三十三条　用人单位变更名称、法定代表人、主要负责人或者投资人等事项，不影响劳动合同的履行。

第三十四条　用人单位发生合并或者分立等情况，原劳动合同继续有效，劳动合同由承继其权利和义务的用人单位继续履行。

第三十五条　用人单位与劳动者协商一致，可以变更劳动合同约定的内容。变更劳动合同，应当采用书面形式。

变更后的劳动合同文本由用人单位和劳动者各执一份。

第四十条　有下列情形之一的，用人单位提前三十日以书面形式通知劳动者本人或者额外支付劳动者一个月工资后，可以解除劳动合同：

(一)劳动者患病或者非因工负伤，在规定的医疗期满后不能从事原工作，也不能从事由用人单位另行安排的工作的；

(二)劳动者不能胜任工作，经过培训或者调整工作岗位，仍不能胜任工作的；

(三)劳动合同订立时所依据的客观情况发生重大变化，致使劳动合同无法履行，经用人单位与劳动者协商，未能就变更劳动合同内容达成协议的。

▶ 案例参考 4　岗位取消企业可以解除劳动合同吗

孙某于 2016 年 9 月 23 日入职 A 公司，岗位为技术支持。2019 年 9 月 23 日，A 公司与孙某签订无固定期限劳动合同。2020 年 6 月 1 日，A 公司作出关于技术部组织架构调整的决定。2020 年 6 月 2 日，A 公司人事给孙某发送微信信息，告知其所在岗位已经取消，公司给其调岗或离职的选择，孙某选择协商离职。2020 年 7 月 3 日，A 公司向孙某发出《解除劳动合同通知书》，以技术部组织架构调整当属劳动合同订立时所依据的客观情况发生重大变化，致使劳动合同无法履行为由，解除了双方之间的劳动合同。而孙某认为 A 公司的客观情况并没有发生重大变化，是以组织架构调整之名进行裁员，于是与 A 公司发生争议。

【名师指点】

本例中争议的焦点在于 A 公司对技术部组织架构进行调整是否构成劳动合同解除中"客观情况发生重大变化"的情形。通常"客观情况发生重大变化"的情形可包括企业被注销、企业因对经营模式及组织架构进行调整、公司股权变动、公司将业务外包给其他企业、工作完成等原因导致工作岗位被撤销、公司整体搬迁等。A 公司在企业组织架构调整后告知孙某其工作岗位已取消，并可以给予调岗和离职选择，岗位取消是 A 公司结构调整的结果，当可认为是"客观情况发生了重大变化"，且公司履行了提前通知的义务，因此 A 公司解除与孙某的劳动合同适当。

【专家建议】

企业在使用"客观情况发生了重大变化"解除劳动关系时，取决于客观情况的变化是否重大，这种客观情况的变化与劳动合同无法履行有无直接关系。以下情形可认为"客观情况发生了重大变化"：用人单位分公司被注销、用人单位因对经营模式及组织架构进行调整、公司股权变动、公司将业务外包给其他企业、工作完成等原因导致工作岗位被撤销、公司整体搬迁等。

【相关法规】

《中华人民共和国劳动法》

第二十六条　有下列情形之一的，用人单位可以解除劳动合同，但是应当提前三十日以书面形式通知劳动者本人：

(一)劳动者患病或者非因工负伤，医疗期满后，不能从事原工作也不能从事由用人单位另行安排的工作的；

(二)劳动者不能胜任工作，经过培训或者调整工作岗位，仍不能胜任工作的；

(三)劳动合同订立时所依据的客观情况发生重大变化，致使原劳动合同无法履行，经当事人协商不能就变更劳动合同达成协议的。

《中华人民共和国劳动合同法》

第四十条　有下列情形之一的，用人单位提前三十日以书面形式通知劳动者本人或者额外支付劳动者一个月工资后，可以解除劳动合同：

(一)劳动者患病或者非因工负伤，在规定的医疗期满后不能从事原工作，也不能从事由用人单位另行安排的工作的；

(二)劳动者不能胜任工作，经过培训或者调整工作岗位，仍不能胜任工作的；

(三)劳动合同订立时所依据的客观情况发生重大变化，致使劳动合同无法履行，经用人单位与劳动者协商，未能就变更劳动合同内容达成协议的。

第三节　实务操作

一、劳动合同补充协议

在劳动合同履行中，企业发现所签订劳动合同条款过于简单，可以通过补充协议对劳动合同进行补充，以维护自身权益。

补充协议内容
1. 工作内容及工作地点：在法律保护范围之内，对工作内容和地点进行约定。如果企业或是劳动者想要调整的话，就属于劳动合同变更，需要双方协商决定。
2. 工作时间：双方约定实行工时制度，如果不是标准工时制度，还需要企业到相

关部门取得批准后方可实施,否则合同无效。另外,还可以在工时制度中对加班行为进行界定,如甲方根据工作需要要求乙方加班的,甲方将安排乙方补休或按国家规定支付加班费用;乙方自行加班的,根据甲方管理制度和具体工作安排,乙方属于完成正常工作任务,甲方不再做加班处理。

3. 公司规章制度:对公司内部的一些管理制度纳入劳动合同补充条款的范畴。同时需要注意是,规章制度内容也必须符合劳动合同法的规定,如果内部制度内容与劳动法内容有冲突,此内容是无效约定内容。

二、调岗调薪协议

劳动合同变更中争议多发的就是在劳动者工作岗位调整和薪酬调整过程中,因而在此过程要保证调岗调薪结果让劳动者知悉,并为企业保留了有利证据。

调岗调薪协议

甲方:
乙方:

1. 根据甲、乙双方的劳动合同或者岗位/薪酬变动协议书约定,乙方目前的职位为_____,鉴于_____,甲、乙双方经协商一致,现将乙方的工作岗位调整为_____。

2. 根据甲、乙双方的劳动合同、劳务合同或者岗位/薪酬变动协议书约定:乙方目前的月薪为:_____,现甲、乙双方经协商一致:同意将乙方的月薪调整为_____。

3. 工作岗位调整时间从乙方按规定做完工作交接之日起算。薪酬调整从甲、乙双方签订本协议之日起的下个自然月起算。

4. 本协议作为甲、乙双方签订的劳动合同的补充协议,与劳动合同具有同等法律效力。

5. 本协议自甲、乙双方签字盖章之日起生效。

6. 本协议一式两份,甲、乙双方各执一份,均具同等法律效力。

甲方(签章):   乙方(签章):
法定代理人(或委托代理人):
   年 月 日   年 月 日

三、协商一致变更劳动合同协议书

根据《劳动合同法》第三十五条相关规定,劳动合同变更需要用人单位与劳动者

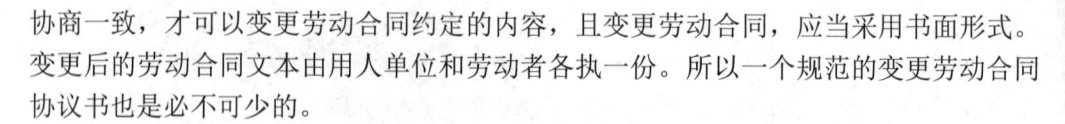

协商一致，才可以变更劳动合同约定的内容，且变更劳动合同，应当采用书面形式。变更后的劳动合同文本由用人单位和劳动者各执一份。所以一个规范的变更劳动合同协议书也是必不可少的。

劳动合同变更协议书

甲方：
地址：
乙方：
身份证号码：

　　经甲、乙双方平等友好协商一致，同意变更甲、乙双方于＿＿＿＿年＿＿＿月＿＿日签订的《劳动合同》中的部分内容，本协议书作为原《劳动合同》的附件，具备法律效力。具体变更内容如下：

1. 第××条××项变更为：
2. 第××条××项变更为：
3. 第××条××项变更为：

本协议签订后原劳动合同中第××项内容将不再生效，双方以变更后对应内容作为劳动合同的履行依据。

本变更协议正本一式两份，双方各执一份。经甲、乙双方签字盖章后生效。

甲方(签章)：　　　　　　　　　　　　乙方(签章)：
法定代理人(或委托代理人)：
　　　　年　月　日　　　　　　　　　　　　　年　月　日

四、企业单方变更劳动合同协议通知书

　　从本章第二节内容可以知道，企业在以下情况发生时可单方变更劳动合同：
　　(1) 劳动者患病或非因工负伤，在规定的医疗期满后不能从事原工作；
　　(2) 被证明劳动者不能胜任工作；
　　(3) 提高劳动者薪资待遇；
　　(4) 企业名称、法定代表人、负责人、注册地址(非办公地址)、企业分立、合并；
　　(5) 客观情况发生重大变化，导致合同难以履行时，企业可以单方面对劳动合同的约定内容进行合理必要的变更。

　　在变更劳动合同中要体现出变更的原因，在协商一致的情况下达成变更的内容，以及基于客观原因出现后给乙方造成履行困难的解决方案。

劳动合同变更协议书

甲方：
地址：
乙方：
身份证号码：

  由于甲方因生产需要进行整体搬迁，经甲、乙双方平等友好协商一致，同意变更甲、乙双方于____年____月____日签订的《劳动合同》中的部分内容，本协议书作为原《劳动合同》的附件，具备法律效力。具体变更内容如下：

  1. 劳动合同的履行地由_____变更为_____；

  2. 甲方向乙方支付____元/月，用于乙方通勤补助。

  本协议签订后原劳动合同第××条中××项内容将不再生效，双方以变更后对应内容作为劳动合同的履行依据。

  本变更协议正本一式两份，双方各执一份。经甲、乙双方签字盖章后生效。

甲方(签章)：   乙方(签章)：
法定代理人(或委托代理人)：
  年 月 日   年 月 日

第四节 答疑解惑

一、以例说法

▶ **案例参考 5** 按实际履行方式变更劳动合同是否有效

  2020 年 4 月，陈某进入 A 公司工作，双方签订劳动合同约定其工作岗位为业务代表，薪资按底薪加绩效的结构进行计算。入职后，陈某表现出了突出的业务能力，连续几个月都被评为销售冠军。陈某的工作得到 A 公司认可，2021 年 1 月，被调任 A 公司销售副总，工资标准也按管理人员工资标准进行计算。

  2021 年 9 月，A 公司投资人发生变化，并引入新的管理人员。陈某的副总岗位面临调整。A 公司认为陈某的岗位变动没有形成书面形式变更劳动合同，陈某的岗位应是业务代表。陈某认为岗位变动为企业发起，自己也同意了，双方已经通过实际履行的方式变更劳动合同内容。对此，陈某与 A 公司发生争议。

【名师指点】

本例争议的焦点在于陈某所述与 A 公司用实际履行的方式变更劳动合同，是否有效？根据《劳动合同法》第三十五条规定："用人单位与劳动者协商一致，可以变更劳动合同约定的内容。变更劳动合同，应当采用书面形式。变更后的劳动合同文本由用人单位和劳动者各执一份。"通过《劳动合同法》的规定，我们可以看出法律对于劳动合同变更的形式要求是书面形式。在法规中对于变更劳动合同采用书面形式是应当采取，意思可以理解为最好采用，即可以有其他形式的履行变更劳动合同的方式，因此可以认为若当事人未采用书面形式变更劳动合同，只要变更的内容不违法，形式上的瑕疵不影响劳动合同变更所具有的法律效力。

在本例中，陈某与 A 公司用实际履行的方式变更劳动合同，还提出劳动合同变更的实质要件，变更是 A 公司与陈某协商一致，可以变更劳动合同约定的内容。通俗一点说，就是劳动合同的变更体现了陈某与 A 公司的意愿。陈某的岗位及薪资标准变动，系由企业发起，陈某本人也进入新的岗位开展工作。双方通过事实履行的方式，表达了自己对于劳动合同变更的认可。这是符合法律规定的实质性要求。

【专家建议】

企业与劳动者就劳动合同的变更达成一致，形成书面变更劳动合同，仍需要遵守国家法律规定，若违反法律、行政法规以及公序良俗，劳动合同的变更仍然无效。

【相关法规】

参见《中华人民共和国劳动合同法》第三十五条。

▶ 案例参考6 变更劳动合同，是否一定要签订变更协议

2019 年 4 月，赵某进入 A 公司工作，工作岗位是程序员，劳动合同中约定每月工资为 9000 元。2020 年 5 月，由于 A 公司经济效益不好，A 公司与赵某协商，将赵某工资降低到 7000 元，否则 A 公司只能与赵某解除劳动合同。赵某感觉在大环境下，解除劳动合同后一时半会也不好找到工作，于是同意了 A 公司的要求，但双方并没有变更劳动合同。2020 年 9 月，赵某找到新的一家单位，月工资为 10000 元。于是赵某以公司未及时足额支付劳动报酬为由，向 A 公司要求解除劳动合同，并支付经济补偿金，补足少发的工资。而 A 公司认为降低工资是与赵某协商一致的结果，对此拒绝，但赵某对此进行否认，于是赵某与 A 公司发生争议。

第九章　劳动合同变更风险管控

【名师指点】

本例的争议焦点在于如何认定 A 公司降低工资是与赵某协商一致的结果，能否形成实际履行劳动合同变更要素。《劳动合同法》第三十五条明确规定，劳动合同的变更应当采用书面形式。企业如果与劳动者就工资待遇情况进行变更，必须采用书面形式。否则一旦发生纠纷，企业又无法提供证据，无法证明与劳动者达成一致，形成事实上的劳动合同变更。在本例中，A 公司无法对形成一致协商结果进行举证，所以无法在事实上认定 A 公司与赵某就降低工资变更劳动合同达成一致意见，故应当补发赵某工资，并支付相应经济补偿金。

【专家建议】

企业和劳动者就变更工资达成一致后应采用书面形式签订变更协议，否则就容易出现无法举证而让企业承担损失。在劳动合同变更过程中要注意变更行为必须在劳动合同依法订立之后，在合同没有履行或者尚未履行完毕之前的有效时间内进行。如果劳动合同尚未订立或者是已经履行完毕，则不存在劳动合同的变更问题。必须坚持平等自愿、协商一致的原则，即劳动合同的变更必须经企业和劳动者双方当事人的同意。劳动合同的变更也并非任意的，企业和劳动者约定的变更内容必须符合国家法律、法规的相关规定。劳动合同双方当事人经协商后对劳动合同中的约定内容的变更达成一致意见时，必须签订变更劳动合同的书面协议。这样才能有效避免因劳动合同变更产生的纠纷。

【相关法规】

参见《中华人民共和国劳动合同法》第三十五条。

二、总结与思考

劳动合同履行要本着公平履行原则、自愿履行原则和协助履行原则。在对原劳动合同进行变更的过程中，企业一定要与劳动者签订书面劳动合同变更协议，通过变更协议对变更内容进行确认。同时，变更在非法律约定可单方变更情形下，必须与劳动者进行协商一致方可变更，变更的内容也要在法律法规规定的条件下才有效。

第十章

劳动合同解除风险管控

劳动合同解除是企业与劳动者权利义务的终结，包括劳动者使用及占有劳动工具财物的返还，对劳动者薪资提成的发放，经济补偿金额支付，工作交接等。有不少劳动争议纠纷就是由于劳动合同解除的风险没有规避产生的。因此，企业与劳动者进行劳动合同解除不仅要着眼于企业当前利益的保障，更要注意通过协商谈判、流程安排和制度管理等手段规避潜在的劳动纠纷。做好劳动合同解除风险管控，企业可以主动把劳动者在职期间隐藏的劳动纠纷化解掉。

第一节 解除劳动合同

劳动合同解除，是指在劳动合同有效成立以后，当解除的条件具备时，由企业、劳动者一方或双方的意思表示，解除劳动合同约定内容履行的行为。劳动合同的解除方式可分为协议解除和单方解除。

一、协议解除

协议解除，即劳动合同经企业与劳动者双方协商一致而解除，在企业与劳动者协商一致且不违背国家利益和社会公共利益的情况下，可以解除劳动合同，但必须符合以下几个条件：

(1) 被解除的劳动合同是依法订立的有效的劳动合同。

(2) 解除劳动合同的行为必须是在被解除的劳动合同依法订立生效之后、尚未全部履行之前。

(3) 在双方自愿、平等协商的基础上达成一致意见，可以不受劳动合同中约定的终止条件的限制。

在企业与劳动者协商进行劳动合同解除的过程中，如果是企业向劳动者提出解除劳动关系，需要向劳动者支付一定的经济补偿金，即通常所说的"N"。

《劳动合同法》第三十六条规定，用人单位与劳动者协商一致，可以解除劳动合同。第四十六条第二项规定用人单位依照本法第三十六条规定向劳动者提出并与劳动者协商一致解除劳动合同的，用人单位应当向劳动者支付经济补偿。

经济补偿金支付标准按照《劳动合同法》第四十七条进行支付。第四十七条规定，经济补偿按劳动者在本单位工作的年限，每满一年支付一个月工资的标准向劳动者支付。六个月以上不满一年的，按一年计算；不满六个月的，向劳动者支付半个月工资的经济补偿。劳动者月工资高于用人单位所在直辖市、设区的市级人民政府公布的本地区上年度职工月平均工资三倍的，向其支付经济补偿的标准按职工月平均工资三倍的数额支付，向其支付经济补偿的年限最高不超过十二年。本条所称月工资是指劳动者在劳动合同解除或者终止前十二个月的平均工资，即在企业与劳动者协商解除劳动合同过程中，经济补偿金的计算按照劳动者在企业工作年限进行补偿，每满一年，补偿一个月工资。满六个月不满一年，按一年计算，补偿一个月工资；不满六个月，补偿半个月工资。最高补偿年限为十二年。

在特定情况下，企业需要向劳动者支付"N+1"标准的经济补偿金，根据《劳动合同法》第四十条规定，有下列情形之一的，用人单位提前三十日以书面形式通知劳动者本人或者额外支付劳动者一个月工资后，可以解除劳动合同：

(一)劳动者患病或者非因工负伤，在规定的医疗期满后不能从事原工作，也不能从事由用人单位另行安排的工作的；

(二)劳动者不能胜任工作，经过培训或者调整工作岗位，仍不能胜任工作的；

(三)劳动合同订立时所依据的客观情况发生重大变化，致使劳动合同无法履行，经用人单位与劳动者协商，未能就变更劳动合同内容达成协议的。

由此可以看出，"N+1"标准前提是要满足《劳动合同法》第四十条中三种特殊情况，且企业没有提前三十日以书面形式通知劳动者本人，除按正常标准"N"进行补偿外，还需支付 1 个月的补偿金，即"N+1"经济补偿。

在企业与劳动者协商进行劳动合同解除的过程中，如果是劳动者向企业提出解除劳动关系，且是因为劳动者自身原因，企业不支付经济补偿金。

《劳动合同法实施条例》第十八条规定，有下列情形之一的，依照劳动合同法规定的条件、程序，劳动者可以与用人单位解除固定期限劳动合同、无固定期限劳动合同或者以完成一定工作任务为期限的劳动合同：

(一)劳动者与用人单位协商一致的；

(二)劳动者提前 30 日以书面形式通知用人单位的；

(三)劳动者在试用期内提前 3 日通知用人单位的；

(四)用人单位未按照劳动合同约定提供劳动保护或者劳动条件的；

(五)用人单位未及时足额支付劳动报酬的；

(六)用人单位未依法为劳动者缴纳社会保险费的；

(七)用人单位的规章制度违反法律、法规的规定，损害劳动者权益的；

(八)用人单位以欺诈、胁迫的手段或者乘人之危，使劳动者在违背真实意思的情况下订立或者变更劳动合同的；

(九)用人单位在劳动合同中免除自己的法定责任、排除劳动者权利的；

(十)用人单位违反法律、行政法规强制性规定的；

(十一)用人单位以暴力、威胁或者非法限制人身自由的手段强迫劳动者劳动的；

(十二)用人单位违章指挥、强令冒险作业危及劳动者人身安全的；

(十三)法律、行政法规规定劳动者可以解除劳动合同的其他情形。

▶ **案例参考 1   协商解除劳动合同后是否有权利主张经济补偿金**

王某于 2020 年 8 月 16 日入职 A 公司，岗位是销售专员，工资是 4500 元/月，劳动合同期限为 2020 年 8 月 16 日至 2022 年 8 月 15 日。2022 年 3 月，A 公司因业务萎缩，需要对业务人员进行调整，于是 A 公司与王某进行协商解除劳动合同，并与王某签订了一份劳动合同解除协议，主要内容如下：

(1) 合同解除后 A 公司结清王某剩余的全部工资，给王某办理相应手续，并出具解除劳动关系证明，双方的劳动关系终结。

(2) A 公司向王某一次性支付解除劳动合同经济补偿金 0 元。

王某同意并在协议上签字。半年后，王某偶然得知解除劳动合同需要按照工作年限给予经济补偿，于是向 A 公司主张经济补偿金。A 公司以劳动合同解除协议为由拒绝，于是王某与 A 公司发生争议。

【名师指点】

本例的焦点在于王某与 A 公司协商并签字确认补偿金为 0 元，是否还能主张经济补偿金。王某在 A 公司工作一年多，按照规定工作每满 1 年，公司需要向劳动者支付 1 个月的经济补偿，王某主张 A 公司给其补偿一个月工资 4500 元，符合法律的规定。A 公司认为其与王某就解除或者终止劳动合同办理相关手续、支付工资报酬、加班费、经济补偿或者赔偿金等达成的协议，不违反法律、行政法规的强制性规定，且不存在欺诈、胁迫或者乘人之危情形，且王某在离职时签字确认，可以证明双方是协商一致的结果，协议内容应当有效。这样就与法规形成了矛盾。当主体之间的协议与法律规定相左时，应当以法律为主规定，因经济补偿金属于法律强制性规定，不应该被免除，所以王某与 A 公司这样的约定属于无效，不应该得到支持。

【专家建议】

企业在与劳动者解除劳动合同过程中，如果协议约定支付解除劳动合同经济补偿金不符合法规补偿标准，当属无效协议，即经济补偿金的金额不属于企业和劳动者的意思自治的范围，必须按照法规规定的进行计算。

【相关法规】

《中华人民共和国劳动合同法》

第四十六条 有下列情形之一的，用人单位应当向劳动者支付经济补偿：

(一)劳动者依照本法第三十八条规定解除劳动合同的；

(二)用人单位依照本法第三十六条规定向劳动者提出解除劳动合同并与劳动者协商一致解除劳动合同的；

(三)用人单位依照本法第四十条规定解除劳动合同的；

(四)用人单位依照本法第四十一条第一款规定解除劳动合同的；

(五)除用人单位维持或者提高劳动合同约定条件续订劳动合同，劳动者不同意续订的情形外，依照本法第四十四条第一项规定终止固定期限劳动合同的；

(六)依照本法第四十四条第四项、第五项规定终止劳动合同的；

(七)法律、行政法规规定的其他情形。

第四十七条　经济补偿按劳动者在本单位工作的年限，每满一年支付一个月工资的标准向劳动者支付。六个月以上不满一年的，按一年计算；不满六个月的，向劳动者支付半个月工资的经济补偿。

劳动者月工资高于用人单位所在直辖市、设区的市级人民政府公布的本地区上年度职工月平均工资三倍的，向其支付经济补偿的标准按职工月平均工资三倍的数额支付，向其支付经济补偿的年限最高不超过十二年。

本条所称月工资是指劳动者在劳动合同解除或者终止前十二个月的平均工资。

二、单方解除

同企业与劳动者协商解除劳动合同相对应，企业或劳动者在某些情形下可以单方提出解除劳动合同。在企业解除劳动合同过程中根据劳动者是否存在过错性原则，分为过错性解除和非过错性解除两种。

过错性解除劳动合同有以下情形。

《劳动合同法》第三十八条规定，用人单位有下列情形，劳动者可以单方解除劳动合同：

(一)未按照劳动合同约定提供劳动保护或者劳动条件的；

(二)未及时足额支付劳动报酬的；

(三)未依法为劳动者缴纳社会保险费的；

(四)用人单位的规章制度违反法律、法规的规定，损害劳动者权益的；

(五)因本法第二十六条第一款规定的情形致使劳动合同无效的；

(六)法律、行政法规规定劳动者可以解除劳动合同的其他情形；

(七)用人单位以暴力、威胁或者非法限制人身自由的手段强迫劳动者劳动的，或者用人单位违章指挥、强令冒险作业危及劳动者人身安全的，劳动者可以立即解除劳动合同，不需事先告知用人单位。

从上述第七点可以知道，前六点劳动者单方解除劳动合同需要提前告知企业。

《劳动合同法》第三十九条规定，劳动者有下列情形之一的，用人单位可以解除劳动合同：

(一)在试用期间被证明不符合录用条件的；

(二)严重违反用人单位的规章制度的；

(三)严重失职，营私舞弊，给用人单位造成重大损害的；

(四)劳动者同时与其他用人单位建立劳动关系，对完成本单位的工作任务造成严重影响，或者经用人单位提出，拒不改正的；

(五)因本法第二十六条第一款第一项规定的情形致使劳动合同无效的；

(六)被依法追究刑事责任的。

非过错性解除劳动合同是指在劳动者没有过错的情况下，由于客观情况发生变化或劳动者个人原因导致劳动合同无法继续履行时，用人单位可以依法解除劳动合同的情形。具体包括以下几种情况。

(一)健康状况变化：劳动者因病或非因工负伤，在规定的医疗期满后既不能从事原工作，也不能从事由用人单位另行安排的工作。

(二)工作能力问题：劳动者不能胜任工作，即使经过培训或调整工作岗位后，仍然不能胜任工作。

(三)客观情况变化：劳动合同订立时所依据的客观情况发生重大变化，致使劳动合同无法履行，且用人单位与劳动者协商未能就变更劳动合同内容达成协议。

需要注意的是，在实施非过错性解除劳动合同时，用人单位通常需要提前三十日以书面形式通知劳动者本人或者额外支付劳动者一个月工资作为补偿。这种解除方式是为了保护劳动者的权益，同时确保用人单位能够在特定情况下合理地调整人力资源配置。

▶ **案例参考2**　**公司能否以严重违纪单方解除过错劳动者**

王某2020年4月就职于A公司，岗位为美工，并与公司签订了为期三年的劳动合同。在劳动合同履行中，王某因上班期间打游戏被公司发现，公司的规章制度中规定上班期间打游戏属于禁止的行为，遂以王某严重违纪为由与其解除劳动合同。王某对上班打游戏被认定为严重违纪不认同，于是与A公司发生争议。

💬 **【名师指点】**

本例中企业行使单方解除劳动合同权利，依据是其规章制度只是规定上班期间禁止打游戏，但是至于劳动者打游戏被发现后，如何处罚以及能否解除劳动合同则没有规定。因此，"禁止行为"并不能等同于"严重违纪"。法律将"严重违纪"界定权交给了企业，但这并不意味着企业可以随便界定"严重违纪"的行为，企业的规章制度不仅要合法，也要合理，比如将迟到、早退等界定为"严重违纪"行为是欠妥的。所以在A公司未能在其制度中对严重违纪做出明确的界定情况下，不能随意扩大严重违纪行为的范围，王某上班期间打游戏的行为当属A公司规章制度禁止行为，A公司单方解除合同理由不能成立，解除合同这一决定应撤回。

💬 **【专家建议】**

在公司规章制度中对相关问题进行界定时要把握一定的度，虽说这些情况可以由企业自由裁量决定，但这种自由裁量的度必须符合正常人的一般性评判标准。通常对于偶尔迟到或离岗不应视为严重违纪,但是长期消极怠工,或者屡教不改,则可以认定为严重违纪。"严重违纪"的界定需要符合合理性的要求,但也不意味着企业对于"大错没有,小错不断"的行为无能为力。针对个别劳动者"大错没有,小错不断"的行为,企业可以通过严密的逻辑结构让一系列行为的过错程度不断升级,达到一定程度同样可以界定为"严重违纪",然后解除劳动合同,如三次轻微违纪记为一次中度违纪,三次中度违纪可记一次严重违纪。

【相关法规】

参见《中华人民共和国劳动合同法》第三十九条。

案例参考3 企业能否单方面解除过错劳动者

李某在2019年9月进入A服装公司工作,岗位为销售,双方签订了为期1年的劳动合同,同时A公司行政部门还组织李某等新员工学习了公司员工手册。在学习后,李某等人进行签字确认,同意遵守员工手册。合同期间,李某在工作之余兼职对外销售保暖内衣。2020年2月,李某兼职一事被A公司知道了。A公司认为,李某违反了员工手册中"员工在职期间不得在外兼职从事与公司性质类似或者有竞争之业务,以及足以影响本职工作的其他业务,否则除了赔偿由此造成的经济损失外,还将予以解雇"等相关规定,并将李某开除。但李某认为其销售的内衣产品与公司销售的服装不具有竞争关系,于是李某与A公司发生争议。

【名师指点】

本例的争议焦点在于李某兼职违反了员工手册相关内容,能否依据员工手册对李某进行过错解除劳动合同。李某进入A公司工作,依法建立了劳动关系,且其本人已知道并理解员工手册中约定有"员工在职期间不得在外兼职从事与公司性质类似或者有竞争之业务,以及足以影响本职工作的其他业务,否则除了赔偿由此造成的经济损失外,还将予以解雇"的条款,并在遵守执行的员工手册签字表上签字,在李某存在业余兼职对外销售保暖衣的情况下,李某构成过错一方,因此A公司可以依据员工手册规定对李某解除劳动合同,根据规定如果是劳动者过错造成企业与劳动者进行劳动合同解除的,企业可以单方解除劳动合同,且无须支付经济补偿。

【专家建议】

本例中李某的兼职行为违反了员工手册明确约定的内容,并且员工手册明确指出了对违反内容的处理方式,不同于其他行为违反员工手册公司规章制度,如本例中李

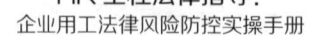

某兼职内容是销售儿童玩具,则不与公司经营冲突,不应据此兼职行为解除劳动合同。

【相关法规】

参见《中华人民共和国劳动合同法》第三十九条。

案例参考4　企业能否单方面解除不能胜任工作劳动者

2020年8月,王某从学校毕业后进入A公司负责售后工作。在售后人员考核中,王某的返工数量最多,接到不少客户投诉。于是A公司人事部门调整王某到销售岗位,王某在销售人员的考核中每月绩效也是最低的。随后王某收到A公司人事部门解除劳动合同的通知,解除原因是王某不能胜任工作,并在调整工作岗位后,仍不能胜任工作。王某依据《劳动法》第二十六条认为A公司应该提前30天书面通知,于是与A公司发生争议。

【名师指点】

本例的争议焦点在于公司解除不胜任工作的劳动者处理方式问题。王某根据《劳动法》第二十六条规定的用人单位只能"提前三十日解除劳动合同",而在《劳动合同法》第四十条第二项的规定,"劳动者不能胜任工作经过培训或者调整工作岗位,仍不能胜任工作的,用人单位提前三十日以书面形式通知劳动者本人或者额外支付劳动者一个月工资后,可以解除劳动合同",所以,解除不胜任工作岗位的劳动者存在两种解除方式,一是提前三十日书面通知,二是额外支付劳动者一个月工资。具体到本例,A公司向王某发送解除通知并无不当,但是需要向王某支付一个月的工资才可以立即与王某解除劳动关系。

【专家建议】

企业可以单方解除劳动合同,但在劳动者无过错情况下,通常需要向劳动者支付一定的补偿金。但是当劳动者存在以下情形时,企业不能解除劳动合同:

(一)从事接触职业病危害作业的劳动者未进行离岗前职业健康检查,或者疑似职业病病人在诊断或者医学观察期间的;

(二)患职业病或者因工负伤并被确认丧失或者部分丧失劳动能力的;

(三)患病或者负伤,在规定的医疗期内的;

(四)女职工在孕期、产期、哺乳期的;

(五)在本单位连续工作满十五年,且距法定退休年龄不足五年的;

(六)法律、行政法规规定的其他情形。

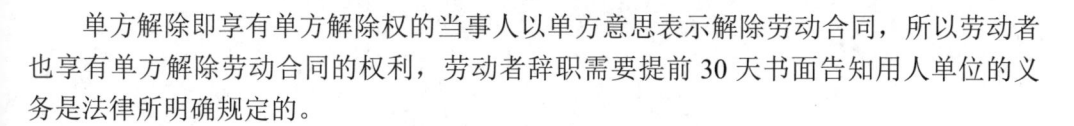

单方解除即享有单方解除权的当事人以单方意思表示解除劳动合同，所以劳动者也享有单方解除劳动合同的权利，劳动者辞职需要提前 30 天书面告知用人单位的义务是法律所明确规定的。

【相关法规】

参见《中华人民共和国劳动合同法》第四十条。

案例参考 5　劳动者主动辞职需要注意什么

李某就职于 A 公司，因个人原因，李某向部门领导提出辞职，部门领导同意了李某辞职的请求，并要求李某办理好工作交接。李某按照公司要求办理了工作交接，但在结算工资时，A 公司人力资源提出李某没有提前 30 天通知，故相关手续还要等一等，不肯出具解除合同证明。李某于是陷入困扰中。

【名师指点】

根据《劳动合同法》第三十七条规定，劳动者提前三十日以书面形式通知用人单位，可以解除劳动合同。从该条款可以看出，"提前通知用人单位"是劳动者的法定义务，劳动者千万不能将此视作可有可无。且辞职行为的提出，必须留有三方面的证据：一是书面辞职书而不是口头的；二是已经送达单位；三是已经提前了 30 天。在本例中因李某仅是口头上与部门领导协商一致，但是没有递交书面的辞职申请，在法理上不满足劳动合同解除的条件，从而让李某陷入被动局面。针对李某面对的状况，李某可以采取向 A 公司补交书面辞职申请材料，等到 30 天的条件满足后方可与 A 公司解除劳动合同。否则，A 公司可以据此不出具解除劳动合同证明。

【专家建议】

本例中，李某是向所属部门领导提出辞职请求，并未与公司人事部门进行沟通，提交书面辞职申请，在提交书面辞职申请，履行提前通知义务后，公司人事部门并不一定要劳动者满足 30 天后才可以离职。经充分与人事部门沟通，在交接完工作后，不影响公司项目进展的情况下，可以与企业协商让自己提前离职，通常在对企业无影响的情况下，企业会同意劳动者提前离职。但如果企业不同意的话，那么就一定要到 30 天之后才能办理离职手续；但是，当发生用人单位以暴力、威胁或者非法限制人身自由的手段强迫劳动者劳动的，或者用人单位违章指挥、强令冒险作业危及劳动者人身安全的，劳动者可以立即解除劳动合同，不需事先告知用人单位。

【相关法规】

《中华人民共和国劳动合同法》

第三十七条　劳动者提前三十日以书面形式通知用人单位，可以解除劳动合同。劳动者在试用期内提前三日通知用人单位，可以解除劳动合同。

第二节　离职手续办理

办理离职手续可以让劳动者的社保和公积金转接到下一就业单位，同时避免原公司按旷工处罚劳动者，甚至如果劳动者对公司开除的理由不认同，可以根据离职手续中的证据去劳动仲裁委员会主张自己的权利。另外离职手续中离职证明在入职新单位时需要提供给新单位，方便新单位对劳动者进行背调。离职手续办理通常包括如下流程。

1. 办理工作交接

工作交接，即将离职劳动者经手的工作交接给其他人员或上级。这可以防止劳动者仓促离职，出现工作脱节，减少不必要的经济损失。离职劳动者除做好工作交接外，还应当立即停止以原单位的名义对外从事一切业务。

2. 公司财物、文件资料及债务清偿

公司财物的返还，即劳动者在离职时返还由公司配发的或劳动者本人掌管的属于公司财物，如计算机、办公用品等。在劳动合同解除时，公司应清查离职劳动者在职期间的与公司发生的债务情况，如借款、赔偿款或罚款等。公司提供给劳动者的办公用品、通信工具等，在劳动合同解除时就要将其返还给公司，公司需要指定专人接收。

文件资料的返还，即将劳动者在职期间保管和使用的全部文件资料进行清理，如客户名单、财务账本、工作计划以及技术资料等。

3. 退还劳动者证件及结清工资

单位应在解除或终止劳动合同时一次付清劳动者工资。同时，如果是公司提出解除劳动合同的，还需要按照法规给予劳动者相应的经济补偿金。

4. 出具解除或者终止劳动合同的证明

解除或终止劳动合同的证明，是企业给予劳动者用于办理离职法定手续的文件。

根据《劳动合同法》的相关规定，公司应当自解除或者终止劳动合同的同时，为劳动者出具解除或者终止劳动合同的证明，这直接影响着劳动者的失业保险待遇和劳动者的再就业。

5. 办理档案和社会保险关系转移手续

只要劳动关系终止，公司就应当及时为劳动者办理档案和社会保险转移手续。根据《劳动合同法》的相关规定，用人单位应当在解除或者终止劳动合同时出具解除或者终止劳动合同的证明，并在十五日内为劳动者办理档案和社会保险关系转移手续。

需要特别注意的是，对从事有职业病危害工作的劳动者还需要做离职健康检查，确定劳动者是否存在职业病。一方面，公司为这类劳动者做健康检查是应尽的义务，另一方面，也是为了避免发生劳动者就职新单位时，如果被检查出职业病，出现两家公司都无法证明该职业病是何时所患的情况，因而承担连带赔偿责任。

▶ **案例参考6** 劳动者与用人单位签订的劳动合同未约定离职手续，这种情况下如何认定双方的责任

林某在A公司担任风控岗位，双方签订了为期3年的劳动合同，合同约定林某基本工资为8000元/月，合同内容并无约定员工离职手续。2020年2月15日，林某因个人原因向公司提出辞职，公司当天也予以批准，但之后公司提供了一系列证据证明林某掌握了其关联公司的重要信息数据并未予移交，公司以林某未妥善办理离职手续为由，拒绝为林某办理离职手续。林某则认为材料并非公司拥有，故移交主体应为其关联公司。双方因此引发纠纷，林某要求公司按8000元/月标准支付因延迟办理退工导致的经济损失。

【名师指点】

本例争议的焦点在于离职手续在劳动合同中未进行约定，企业是否可以要求劳动者按照企业的要求办理离职手续？林某在2020年2月15日提出离职请求，企业当天批准后，双方劳动关系已实际解除，公司以林某未办理工作交接为由，不予出具离职证明的行为，已违反《劳动合同法》相关规定，出具离职证明是用人单位的法定义务，劳动者是否交接并非用人单位出具离职证明的前提条件，故公司延迟履行法定义务给林某造成损失的应向其支付相关赔偿。而对于公司举证林某未提交其掌握的公司重要数据，因公司劳动合同中并无约定，也没有签订保密条款，作为劳动者可以选择不配合，所以林某的请求并无不当。

【专家建议】

企业应当对离职劳动者的交接审批流程予以规范，而不是在劳动者离职时直接回复批准。对于特殊敏感类岗位，必要时可与劳动者签署保密条款，约定离职审计等以

便于劳动者脱密，签署竞业协议，约定劳动者在一定期限内不在竞业单位从事相关岗位。而作为劳动者，应当按照双方约定，及时办理工作交接，这也是劳动者离职后的法定附随义务，若劳动者拒绝履行该项义务，给单位造成损失的，同样，单位也可向劳动者主张赔偿损失。

【相关法规】

《中华人民共和国劳动合同法》

第五十条　用人单位应当在解除或者终止劳动合同时出具解除或者终止劳动合同的证明，并在十五日内为劳动者办理档案和社会保险关系转移手续。

劳动者应当按照双方约定，办理工作交接。用人单位依照本法有关规定应当向劳动者支付经济补偿的，在办结工作交接时支付。

用人单位对已经解除或者终止的劳动合同的文本，至少保存二年备查。

第八十九条　用人单位违反本法规定未向劳动者出具解除或者终止劳动合同的书面证明，由劳动行政部门责令改正；给劳动者造成损害的，应当承担赔偿责任。

第九十条　劳动者违反本法规定解除劳动合同，或者违反劳动合同中约定的保密义务或者竞业限制，给用人单位造成损失的，应当承担赔偿责任。

第三节　解除劳动合同注意事项

在实践中，有些问题可能是因为企业操作不规范，有些可能是因为劳动者自己认识不足，所以常常在解除劳动合同的过程中产生争议。

▶ 案例参考 7　部门主管口头解除劳动合同有效吗

2019 年 8 月 6 日，赵某入职 A 公司，从事营销工作，劳动合同期为 2 年。2021 年 6 月 4 日，部门主管以赵某营销业绩不达标为由要求赵某立即离职。赵某从 6 月 5 日开始就未到 A 公司上班。2021 年 7 月 3 日，A 公司以赵某连续旷工 29 天为由，向赵某发送了解除劳动合同通知。赵某认为，A 公司要求其离职属于违法解除劳动关系，为此主张 A 公司支付经济赔偿金。

【名师指点】

本例争议点在于赵某认为其离职是主管让其主动解除劳动合同，而后又被人力资源定性为连续旷工解除，所以当属 A 公司违法解除劳动合同。2020 年 6 月 4 日，部门主管以赵某业绩不达标为由要求赵某辞职，A 公司并未向赵某出具解除劳动合同的通知书或向赵某出具终止劳动合同关系的证明。而根据法律规定，辞退劳动者需要出具书面的解除劳动合同证明，所以应当理解为解除劳动合同仅是部门主管的意思，口头解除劳动关系无效。赵某在未向 A 公司主管人事部门确认劳动关系是否解除的情况下，从 2021 年 6 月 5 日起离岗至 2021 年 7 月 3 日，已经构成双方劳动合同约定的旷工行为，A 公司以赵某旷工为由，作出关于解除与赵某劳动关系的通知，该解除行为符合严重违反企业规章制度的，劳动者单位可以单方解除劳动合同的情形，不属于违法解除劳动合同，因此无须向赵某支付经济赔偿金。

【专家建议】

企业口头辞退劳动者不具有法律效力，劳动者在没有接到公司书面辞退文件之前，应当继续正常出勤，防止企业不承认曾经辞退，按旷工处理剥夺劳动者享有的经济补偿金。

【相关法规】

参见《中华人民共和国劳动合同法》第三十九条。

案例参考 8　无固定期限劳动合同，企业岗位变化，能否解除劳动合同

从 2018 年 1 月起，王某就在 A 公司工作。2018 年 8 月，A 公司要求员工与公司签订书面劳动合同。随后，该公司将一份未填写劳动合同期限、工作内容、工作时间、劳动报酬等内容的空白合同给王某签字。王某以合同内容不完整且为空白为由拒签。之后，王某继续在该公司工作。2021 年 8 月 29 日，A 公司再次要求王某签订书面劳动合同，王某因同样原因再次拒签。2021 年 8 月 31 日，A 公司以拒签书面劳动合同为由，解除与王某的劳动关系。王某对此不认同，于是与 A 公司发生争议。

【名师指点】

本例争议焦点在于 A 公司以拒签书面劳动合同为由，解除与王某的劳动关系是否成立。根据《劳动合同法》第十四条规定，用人单位自用工之日起满一年不与劳动者订立书面劳动合同的，视为用人单位与劳动者已订立无固定期限劳动合同。在 2018 年 1 月，A 公司未与王某签订劳动合同之后，A 公司与王某之间当视为已经建立了无固定期限劳动合同。2021 年 8 月，A 公司再次要求王某签订书面劳动合同，王某因同样原因再次拒签，A 公司以拒签书面劳动合同为由，解除与王某的劳动关系，该理由不能成立。根据《劳动合同法》第四十八条规定，用人单位违反本法规定解除或者终止劳动合同，劳动者要求继续履行劳动合同的，用人单位应当继续履行；劳动者不要求继续履行劳动合同或者劳动合同已经不能继续履行的，用人单位应当支付赔偿金。

因此，王某遭到公司解聘后，可以获得赔偿金。

【专家建议】

本例中，企业要求劳动者在空白的劳动合同上签字，这种做法违背《劳动合同法》第八条"用人单位招用劳动者时，应当如实告知劳动者工作内容、工作条件、工作地点、职业危害、安全生产状况、劳动报酬，以及劳动者要求了解的其他情况……"的规定，劳动者当然有理由拒绝。在劳动者拒绝之后，A公司没有及时更正，致使王某的劳动合同性质上发生变化，形成事实上无固定期限劳动合同，从而为劳动合同解除埋下风险。所以，企业在与劳动者签订劳动合同时，必须按照正规流程办理，避免以后产生不必要的风险。

【相关法规】

《中华人民共和国劳动合同法》

第八条 用人单位招用劳动者时，应当如实告知劳动者工作内容、工作条件、工作地点、职业危害、安全生产状况、劳动报酬，以及劳动者要求了解的其他情况；用人单位有权了解劳动者与劳动合同直接相关的基本情况，劳动者应当如实说明。

第四十八条 用人单位违反本法规定解除或者终止劳动合同，劳动者要求继续履行劳动合同的，用人单位应当继续履行；劳动者不要求继续履行劳动合同或者劳动合同已经不能继续履行的，用人单位应当依照本法第八十七条规定支付赔偿金。

第四节 实务操作

一、协议解除劳动关系协议书

企业在与劳动者解除劳动关系过程中，可以通过解除劳动关系通知书(企业提出)、解除劳动关系申请书(劳动者提出)、解除劳动关系协议书对企业和劳动者之间的权利义务进行书面形式的确认，避免产生不必要的风险。

解除劳动关系申请书

申请人(单位)：
解除合同人员基本情况
　　姓名：_____

性别：_____
年龄：_____
学历：_____
参加工作时间：____年___月___日
工作岗位：
签订合同起始时间：____年___月___日到____年___月___日
解除原因：
本人意见：_____
_____
_____

　　　　　　　　　　　　　　　　　　　　　　　____年___月___日

主管部门意见：_____
_____
_____

　　　　　　　　　　　　　　　　　　　　　　　____年___月___日

单位意见：_____
_____
_____

　　　　　　　　　　　　　　　　　　　　　　　____年___月___日

试用期解除劳动关系通知书

_____：
　　鉴于____年___月___日，你与本公司签署了劳动合同，约定合同期限____年___月___日至____年___月___日届满，其中试用期至____年___月___日。
　　在你入职之初以及任职期间，公司已经向你公示了全部规章制度，你有义务并已承诺严格遵照执行。
　　解除事由：
　　试用期不符合录用条件，具体为如下情形之一。
　　□ 试用期转正评估不合格。
　　□ 存在欺骗行为，未向公司如实陈述与劳动合同直接相关的基本情况，如与第三方存在劳动/劳务关系；或对第三方承担竞业禁止义务；或有违法犯罪记录等。

□ 存在欺骗行为，未如实向公司陈述个人学历、工作经历、工作业绩及身体健康状况等。
□ 未按公司要求与公司签订劳动合同或相关协议，或未按公司要求提供离职证明。
□ 试用期内连续或者累计请假超过____个(含)工作日的。
□ 出现其他情形，按照公司规章制度可以在试用期解除劳动合同的情况。

公司的决定：
自____年____月____日起，公司解除与你之间的劳动关系。

甲方(签章)：
法定代理人(或委托代理人)：
年　月　日

解除确认书

本人已知晓《试用期解除劳动关系通知书》，并将在规定的时间内办理离职手续。

劳动者签字：
年　月　日

解除劳动关系协议书

甲方：
乙方：
　　鉴于_____方于____年__月__日向____方提出解除劳动关系，现经协商一致，甲、乙双方同意解除劳动关系，并达成如下协议：
　　一、本协议自签订之日起解除双方的劳动关系，双方的权利义务随之终止；
　　二、由于乙方主动要求解除劳动关系，依照法律规定甲方不必支付经济补偿金；(根据实际提出解除劳动关系方和过错方等因素并依据法律法规确定是否存在经济补偿金)
　　三、甲方自本协议签订之日起不再为乙方支付任何社会保险金费用；
　　四、本协议签订之日时，双方已经结清所有债权债务，双方已经没有任何的经济关系。双方共同确认，双方都已将所有的经济凭证进行了交接，自本协议签订之日起任何一方持有对方的有关经济凭证都视为凭证内容已经进行过交接处理，经济凭证不再有效；双方共同承诺，任何一方不得以任何理由、借口要求对方承担经济责任；
　　……

五、乙方离职后不得利用在甲方获取的商业秘密从事有损甲方名誉或利益的行为；
六、本协议一式两份，甲、乙双方各执一份。

甲方(签章):　　　　　　　　　　　　乙方(签章):
法定代理人(或委托代理人):
　　年　月　日　　　　　　　　　　　　年　月　日

二、单方解除劳动关系协议书

当劳动者发生企业需要单方解除劳动合同的情形时，也需要先发送解除劳动关系通知书后才与劳动者解除劳动关系。

解除劳动关系通知书

劳动者姓名:
身份证号码:
工作岗位:

　　你属于以下第 8 种情形，根据《中华人民共和国劳动法》和《中华人民共和国劳动合同法》的相关规定，公司通报并征得工会同意，现决定从＿＿年＿＿月＿＿日起解除你与公司的劳动关系。

1. 在试用期间不符合录用条件。
2. 合同期未满自愿申请辞职。
3. 合同期满不愿再与公司续签劳动合同。
4. 患病或者非因公负伤，医疗期满后，不能从事原工作，也不能从事由公司另行安排的工作。
5. 旷工达到30天。
6. 因不能胜任工作，经过培训或者调整工作岗位，仍不能胜任工作。
7. 严重失职，营私舞弊，对公司利益造成重大损失。
8. 严重违反公司劳动纪律或规章制度。
9. 被依法追究刑事责任。
10. 法律、行政法规规定的其他情形。

甲方(签章):　　　　　　　　　　　　乙方(签章):
法定代理人(或委托代理人):
　　年　月　日　　　　　　　　　　　　年　月　日

单方解除劳动关系协议书

兹有本单位职工_____，性别____，年龄____，身份证号_____，住址_____。劳动合同期限为_____年___月___日至_____年___月___日。

因_____，根据《中华人民共和国劳动法》第_____条第_____款第_____项规定，本单位解除与该职工的劳动合同。经双方协商，我单位支付其经济补偿共计_____元人民币，工资发至_____年___月份，特此证明。

甲方(签章)：   乙方(签章)：
法定代理人(或委托代理人)：
　　年　月　日   　　年　月　日

附：《中华人民共和国劳动合同法》相关条款规定：

第三十六条　用人单位与劳动者协商一致，可以解除劳动合同。

第三十七条　劳动者提前三十日以书面形式通知用人单位，可以解除劳动合同。劳动者在试用期内提前三日通知用人单位，可以解除劳动合同。

第三十八条　用人单位有下列情形之一的，劳动者可以解除劳动合同：
(一)未按照劳动合同约定提供劳动保护或者劳动条件的；
(二)未及时足额支付劳动报酬的；
(三)未依法为劳动者缴纳社会保险费的；
(四)用人单位的规章制度违反法律、法规的规定，损害劳动者权益的；
(五)因本法第二十六条第一款规定的情形致使劳动合同无效的；
(六)法律、行政法规规定劳动者可以解除劳动合同的其他情形。

用人单位以暴力、威胁或者非法限制人身自由的手段强迫劳动者劳动的，或者用人单位违章指挥、强令冒险作业危及劳动者人身安全的，劳动者可以立即解除劳动合同，不需事先告知用人单位。

第三十九条　劳动者有下列情形之一的，用人单位可以解除劳动合同：
(一)在试用期间被证明不符合录用条件的；
(二)严重违反用人单位的规章制度的；
(三)严重失职，营私舞弊，给用人单位造成重大损害的；
(四)劳动者同时与其他用人单位建立劳动关系，对完成本单位的工作任务造成严重影响，或者经用人单位提出，拒不改正的；
(五)因本法第二十六条第一款第一项规定的情形致使劳动合同无效的；
(六)被依法追究刑事责任的。

第五节　答疑解惑

一、以例说法

▶ **案例参考 9**　以严重损失为由解除劳动合同，细节决定结果

事例一：A 公司劳动者李某因工作失职给公司造成 2 万余元的损失，公司对其作出解除劳动合同的处理。理由是，公司的员工手册关于奖惩制度里面明确规定："由于劳动者工作失职或营私舞弊，给公司造成严重损失的，企业可以解除劳动合同，并可以要求劳动者赔偿损失。"李某不服，提出申诉，认为公司没有明确"严重损失"的数额，自己造成的损失并不属于严重损失。

事例二：B 公司的货物被退回，造成了 6000 余元的经济损失，经调查是由于负责质量检测的张某把关不严造成，企业对其作出解除劳动合同的处理。理由是，公司的员工手册关于奖惩制度里面明确规定："由于员工工作失职或营私舞弊，给公司造成 5000 元以上严重损失的，企业可以解除劳动合同，并可以要求员工赔偿损失。"张某不服，提出申诉，认为自己造成的损失并不属于严重损失。

【名师指点】

上述两则事例，企业都是以"重大损害"为由与劳动者解除劳动合同的，而且劳动者确实都给企业造成了损害。事例一中 A 公司的规章制度没有事先界定清楚重大损害的标准，严重损害造成损失时，是否属于重大损害应由裁判人员来裁定，所以企业不能单方认为 2 万元的损失就可被定为严重损失。事例二中 B 公司事先界定"5000 元"就是属于重大损害，企业行使了严重损失定义的主动权，并且员工手册内容是劳动者已经知悉认可的内容，被定义为严重损失，并无不当。

【专家建议】

需要指出的是，虽然法律将"重大损害"的界定权交给了企业，但是企业也不能滥用该项权利，即企业不可以随意界定，因为这里也存在一个合理性问题。如果同样金额的损失，对于一个个体工商户或小的企业来说，可能就构成重大损害，可以解除劳动合同，而对于中等企业或大型企业来说就不构成重大损失，不能解除劳动合同。因此界定为"重大损害"，要遵守"公平、合理"原则，并结合企业的规模大小来界定，如"5000 元"的界定对于一个小公司来说就是合理的。

【相关法规】

参见《中华人民共和国劳动合同法》第三十九条。

二、总结与思考

劳动合同解除分为协议解除和单方解除。在单方解除中，由于企业或者劳动者过错而解除劳动合同的被称为法定解除劳动合同。在这种情况下，如果过错方是劳动者，企业无须支付补偿金；如果过错方是企业，劳动者可以单方解除劳动合同。如果劳动者无过错，企业主动解除劳动合同，可能需要给予劳动者相应的补偿金；相对地，劳动者主动解除劳动合同，仅需要提前 30 天向公司提交辞职申请书。只有用人单位以暴力、威胁或者非法限制人身自由的手段强迫劳动者劳动的，或者用人单位违章指挥、强令冒险作业危及劳动者人身安全的，劳动者可以立即解除劳动合同，不需事先告知用人单位。

第十一章

劳动合同终止风险管控

劳动合同的终止，是指劳动合同关系自然失效，双方不再履行，即劳动合同到期后，企业与劳动者不选择续签劳动合同。劳动合同终止相对劳动合同解除发生的争议会少一些，但也存在不少注意事项需要企业关注，否则也会给企业造成一定的风险。

第一节 劳动合同终止

劳动合同的终止是指劳动合同关系自然失效，双方不再履行，即劳动合同订立后，因出现某种法定的事实，导致企业与劳动者之间形成的劳动关系自然终止，或导致双方劳动关系的继续履行成为不可能而不得不消灭的情形。劳动合同终止主要是基于某种法定事实的出现，其一般不涉及企业与劳动者的意思表示，只要法定事实出现，一般情况下，都会导致双方劳动关系的消灭。

一、劳动合同终止情形

劳动合同终止需要满足以下两个条件之一：

(1) 劳动合同期限届满，合同即告终止，这里主要是针对有固定期限的劳动合同和以完成一定工作为期限的劳动合同；

(2) 企业和劳动者约定的合同终止条件出现，劳动合同即告终止，这种情况既适用于有固定期限和以完成一定工作为期限的劳动合同，也同时适用于无固定期限的劳动合同，属于约定终止。

《劳动合同法》第四十四条对劳动合同终止的情形进行了规定，有下列情形之一的，劳动合同终止：

(一)劳动合同期满的；
(二)劳动者开始依法享受基本养老保险待遇的；
(三)劳动者死亡，或者被人民法院宣告死亡或者宣告失踪的；
(四)用人单位被依法宣告破产的；
(五)用人单位被吊销营业执照、责令关闭、撤销或者用人单位决定提前解散的；
(六)法律、行政法规规定的其他情形。

因此，当出现劳动合同法规定的上述事实之一时，劳动合同即行终止。

劳动合同终止也会存在经济补偿金的情况，根据《劳动合同法》第四十六条第五项规定，除用人单位维持或者提高劳动合同约定条件续订劳动合同，劳动者不同意续订的情形外，依照本法第四十四条第一项规定终止固定期限劳动合同的，用人单位应当向劳动者支付经济补偿。也就是说，如果在劳动合同终止情况到来时，如果企业主动不选择与劳动者进行续签劳动合同，企业当按照相关规定支付劳动者相应的经济补偿金，如果企业选择续签劳动合同，而劳动者拒绝续签劳动合同，企业不承担经济补偿金。

第十一章　劳动合同终止风险管控

> **案例参考 1**　医疗期劳动合同到期，是否可以解除劳动合同

孙某于 2018 年 3 月经面试就职于 A 公司，双方订立了期限为 2018 年 3 月 15 日至 2021 年 3 月 14 日的劳动合同。2021 年 3 月 1 日，孙某因病到医院接受治疗，并向公司提交了医院出具的病历和病假条，要求享受医疗期待遇。2021 年 3 月 15 日，A 公司向孙某发出了《终止劳动合同通知书》，通知孙某双方劳动合同期满不再与其续订，要求孙某到公司办理工作交接等相关手续。孙某对此不认同，主张 A 公司终止劳动合同违法继续履行原劳动合同。

【名师指点】

本例的焦点在于孙某在医疗期间，企业能否以劳动合同期满为由终止双方的劳动合同关系。根据有关规定，医疗期是劳动者因患病或非因工负伤停止工作、治病休息的时间，企业不得解除或终止劳动合同的期限，医疗期的期限由劳动者的累计工作年限和在本单位的工作年限决定，从 3 个月到 24 个月不等。劳动者在医疗期内，劳动合同期满的，属于劳动合同顺延的情况，并不按照合同约定自行终止。本例中孙某在公司工作近 3 年时间，符合实际工作年限十年以下的，在本单位工作年限五年以下的医疗期为三个月的规定。孙某 3 月 1 日入院，4 月 10 出院，在其医疗期限内，因此 A 公司在此期间解除与孙某的劳动关系系违法。

【专家建议】

劳动者患病或者因工伤在医疗期内，劳动合同到期的，企业不能终止劳动合同，劳动合同的期限应当顺延到医疗期终止，在医疗期终止后才能再对劳动者进行终止劳动合同。

【相关法规】

参见《中华人民共和国劳动合同法》第四十二条。

二、劳动合同终止与解除的区别

劳动合同解除与终止都是企业与劳动者之间终结劳动关系，但也存在显著的不同，劳动合同终止与劳动合同解除的区别主要体现在以下几点。

(1) 主观上：劳动合同解除是由当事人双方做出解除合同的决定，劳动合同的终止是由合同约定的期限到期或约定的终止情形达到形成的结果。

(2) 履约时间上：从时间期限上区分判断劳动合同是否到期，如果劳动合同没有到期，是解除劳动合同；如果劳动合同到期，即为终止劳动合同。

(3) 情形上：劳动合同解除情形意定解除(《劳动合同法》第三十六条)、劳动者

提前通知单方解除即劳动者主动辞职(第三十七条)、劳动者随时单方解除即被迫解除(第三十八条)、用人单位单方通知解除(第三十九条)、用人单位提前通知单方解除(第四十条、第四十一条)几种情形,而对于劳动合同终止仅根据第二十三条规定"劳动合同期满或者当事人约定的劳动合同终止条件出现,劳动合同即行终止",并没有对劳动合同终止的具体情形做出明确规定。

第二节　劳动合同终止的例外情形

劳动合同到了终止期,一定就能终止合同吗?答案是否定的。《劳动合同法》第四十二条规定,存在以下情形劳动合同不能终止:

(一)从事接触职业病危害作业的劳动者未进行离岗前职业健康检查,或者疑似职业病病人在诊断或者医学观察期间的;

(二)在本单位患职业病或者因工负伤并被确认丧失或者部分丧失劳动能力的;

(三)患病或者非因工负伤,在规定的医疗期内的;

(四)女职工在孕期、产期、哺乳期的;

(五)在本单位连续工作满十五年,且距法定退休年龄不足五年的;

(六)法律、行政法规规定的其他情形。

对于从事接触职业病危害作业的劳动者未进行离岗前职业健康检查,劳动合同期满的,必须等到职业病或者医学观察期间结束,劳动合同才能终止。对于在本单位患职业病,劳动合同期满的,必须等到职业病治愈,劳动合同才能终止。如果职业病不能治愈,劳动合同就不能终止,国家另有规定的除外。而对于患病或者因工负伤在医疗期内,劳动合同期满的,必须等到医疗期满后才能终止劳动合同。女职工孕期、产期、哺乳期期满后,劳动合同才可以终止。对于在本单位连续工作满 15 年,且距法定退休年龄不足 5 年的,如果劳动合同期满,要等到劳动者达到法定退休年龄才可以终止劳动合同。

▶ **案例参考 2**　未及时开具离职证明是否担责

2018 年 8 月,文某入职 A 公司从事销售工作,双方签订了劳动合同,月工资为 5500 元。2020 年 8 月 14 日,双方协商一致终止劳动合同,其间文某多次催促 A 公司为其开具离职证明,方便文某入职新公司。2020 年 10 月底,该公司为文某出具离职证明。文某认为 A 公司未及时向其出具离职证明,导致其失去了一次就职机会,双方因赔偿问题发生争议。文某表示 2020 年 8 月底其应聘 B 公司的销售经理一职月工资 10000 元,并收到 B 公司录取通知书,但因为其无法提供原单位离职证明,最终未能入职。由于 A 公司的原因造成文某就职损失,A 公司当给予相应的经济补偿。

【名师指点】

本例的争议焦点在于 A 公司延迟出具离职证明是不是文某无法入职的原因。根据《劳动合同法》规定,用人单位违反本法规定未向劳动者出具解除或者终止劳动合同的书面证明,由劳动行政部门责令改正;给劳动者造成损害的,应当承担赔偿责任。A 公司应当在终止劳动合同时向文某出具解除或者终止劳动合同的证明,这是法律规定的企业在解除或终止劳动合同时的义务。A 公司虽然在 2020 年 10 月底为文某出具了离职证明,但由于公司拖延致使文某无法向 B 公司提供离职证明,导致文某无法入职,且文某待入职的新职位月薪较高,故而已给文某造成实质损害,所以 A 公司应承担赔偿责任。

【专家建议】

离职证明的作用就是能够证明劳动者已经自原单位离职,与原单位已经解除或终止劳动关系。离职证明对劳动者主要起到以下几点证明作用。

(1) 证明企业与劳动者已经解除或终止劳动关系。
(2) 证明劳动者的离职是按照正常手续办理的,其与原单位对此没有纠纷。
(3) 证明劳动者已经是自由人,可以申请失业金或应聘新的岗位,可以证明离职员工在原单位的相关工作经验,有利于相关职位的应聘。

如果在离职时,企业并没有主动开具离职证明书,那么,劳动者最好主动向其人力资源部门索要,对这项要求企业是没有任何理由拒绝的,为离职员工开具离职证明,是企业的法定义务。除了离职证明,企业在劳动合同解除或终止后还负有转移档案和社会保险手续的义务,而且法律设定了期限的要求,明确规定了企业妥善保管有关劳动合同文本,接受检查监督的义务,企业都应当遵守。

【相关法规】

参见《中华人民共和国劳动合同法》第八十九条。

第三节 劳动合同终止实务

一、离职证明书

离职证明对劳动者来说,可以证明企业与劳动者已经解除或终止劳动关系,其与原单位对此没有纠纷,可以证明离职员工在原单位的相关工作经验,有利于相关职位的应聘。同时，离职证明对企业来说也是一种与劳动者解除劳动关系，不再为劳动者承担相应法律责任的体现，因此规范的离职证明书对企业来说也是非常重要的。

离职证明书的规范模板如下。

离职证明书

兹证明_____先生/女士，原系我公司_____部门员工，因_____原因主动申请离职，在职期间无不良表现，经公司慎重考虑同意其离职。

经审核，该职工在我单位任职期间工资奖金已结清，现离职交接手续已办清，双方劳动合同于____年__月__日解除，劳动关系自离职之日起解除。

特此证明！

证明人：
日期：

二、劳动合同终止通知书/协议书

在劳动合同到期前，个人或企业如果选择不再续签劳动合同，应该提交劳动合同终止通知书，在劳动合同到期时解除劳动合同。

劳动合同终止通知书(劳动者提出不再续签)

_____：

公司与你于____年__月__日签订的劳动合同将于__年__月__日期限届满，由于你提出不再续签劳动合同申请，现根据有关规定，与你终止劳动合同，请你于____年__月__日前到人力资源部门办理终止劳动合同手续。

公司(签名或盖章)
年 月 日

劳动者确认书

本人已知晓《劳动合同终止通知书》，并将在规定的时间内办理离职手续。

劳动者签字
年 月 日

劳动合同终止通知书(企业提出不再续签)

_____：

  公司与你于____年__月__日签订的劳动合同将于____年__月__日期限届满，经公司研究决定，劳动合同到期后，不再与你续签劳动合同。现根据有关规定，与你终止劳动合同，请你于____年__月__日前到人力资源部门办理终止劳动合同手续。

公司(签名或盖章)

年　月　日

劳动者确认书

  本人已知晓《劳动合同终止通知书》，并将在规定的时间内办理离职手续。

劳动者签字

年　月　日

劳动合同终止协议书

甲方：
乙方：

  鉴于____年__月__日签订的劳动合同于__年__月__日期限届满，双方不再续签，现经协商一致，甲、乙双方终止劳动关系，并达成如下协议：

  一、本协议自签订之日起终止双方的劳动关系，双方的权利义务随之终止；

  二、甲方依据相关法规支付经济补偿金；(根据实际提出解除劳动关系方和过错方等因素并依据法律法规确定是否存在经济补偿金)

  三、甲方自本协议签订之日起不再为乙方支付任何社会保险金费用；

  四、本协议签订之日时，双方已经结清所有债权债务，双方已经没有任何的经济关系。双方共同确认，双方都已将所有的经济凭证进行了交接，自本协议签订之日起任何一方持有对方的有关经济凭证都视为凭证内容已经进行过交接处理，经济凭证不再有效。双方共同承诺，任何一方不得以任何理由、借口要求对方承担经济责任；

  ……

  五、乙方离职后不得利用在甲方获取的商业秘密做出有损甲方名誉或利益的行为；

  本协议一式两份，甲、乙双方各执一份。

甲方(签章)：　　　　　　　　　　　　　乙方(签章)：
法定代理人(或委托代理人)：
　　年 月 日　　　　　　　　　　　　　　年 月 日

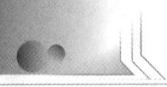

三、离职手续办理

在劳动合同解除或终止过程中，还需要对离职手续、工作交接进行规范，防止出现因离职过程或工作交接不清楚给公司造成经济损失。这些可以通过工作离职申请表、离职手续办理单和工作交接表进行规范。

离职申请表

申请人	姓名		部门主管	
	部门/项目		职务	
	入司日期		辞职日期	
性质	公司提出	□ 终止试用　　□ 辞退　　□ 合同期满不再续签		
	员工提出	□ 试用期内辞职　　□ 辞职　　□ 合同期满		
辞职/退原因	签字：			

审批意见

部门负责人意见	拟安排交接时间：＿＿＿年＿＿＿月＿＿＿日，交接时长＿＿＿＿天。 签字：　　　　　　　　　　　　　年　　月　　日
财务部意见 [主管(含)以上或关键岗位需财务审核]	账务是否结清：□无　　□结清　　□未结清 签字：　　　　　　　　　　　　　年　　月　　日
行政部意见	签字：　　　　　　　　　　　　　年　　月　　日
人力资源部意见	签字：　　　　　　　　　　　　　年　　月　　日
最终审批意见	签字：　　　　　　　　　　　　　年　　月　　日

备注：本表应详细填写，待批准后办理《员工离职移交单》，进行工作交接，完毕后交人力资源部存档并结算薪资。

离职手续办理单

姓名		部门		职位	
申请日期			离职日期		
离职类型	□辞职　　□试用期内解除合同　　□自动离职				
离职原因					

工作离职交接单

本部门交接	□工作　　□工具、设备、样品　　□文件、资料　　□其他（　　） 本部门已于　　年　　月　　日完成全部交接手续 接交人：　　　　　　　　　　　　　部门主管：
财务部交接	□个人借款或各类应扣/收款项　　　　□其他（　　） 本部门已于　　年　　月　　日完成全部交接手续 　　　　　　　　　　　　　　　　财务负责人：
行政办公室交接	□钥匙　　□办公用品、公司财物　　□账号、密码　　□其他（　　） 本部门已于　　年　　月　　日完成全部交接手续 　　　　　　　　　　　　　　　办公室负责人：
当事人确认	本人同意移交以上事项内所有内容，并已将资料、财物全部交还，各项离职手续均已按规定办妥。本人承诺并确保不外泄在职期间所了解的一切公司相关商业信息与技术、设计等各种公司秘密，并确认从即日起与公司结束劳动关系，今后所从事的一切活动与公司无关。 　　　　　　　　　　　　　　　　　　　　　　　　离职人员签名：

备注：1. 离职审批手续流程：由申请人提交书面离职申请书→部门主管→办公室→总经理。

2. 于公司领导批准日办理离职手续：由当事人填写《员工离职手续办理表》，并根据表中内容完成离职手续。

工作交接表

序号	工作内容	工作交接具体内容（未完成工作）	备注

移交人：　　　　　　　　　　　　　　接手人：

四、劳动合同续签

在劳动合同到期时，如果企业和劳动者选择续签劳动合同，还需要办理劳动合同续签手续。劳动合同续签要注意以下几点：①企业应当对劳动者的劳动合同进行综合评估后，再决定该劳动合同是否续签以及按照什么劳动条件进行续签；②企业以书面方式征求劳动者意见和劳动者以书面方式对是否续签劳动合同进行意思表示都十分重要；③企业和劳动者都同意续签劳动合同的，应当在原劳动合同届满前完成劳动合同的续签。

续签劳动合同通知书

_____：

　　鉴于与你____年___月___日签订的劳动合同将于___年___月___日期限届满，现在通知你续签劳动合同。

续签劳动合同期限类型拟为：
□ 有固定期限劳动合同(期限为＿＿＿年＿＿月＿＿日至＿＿＿年＿＿月＿＿日)。
□ 无固定期限劳动合同。
□ 其他条款与原合同保持一致。

请收到此通知书后 7 日内签署意见后并交还人力资源部。过期不予答复，此通知书失效，视为你申请终止劳动合同。

特此通知。

公司(签名或盖章)
年　月　日

劳动者确认书

本人已知晓《续签劳动合同通知书》，并将在规定的时间内办理续签手续。

劳动者签字
年　月　日

续签劳动合同书

甲方：
注册地址：
乙方：
身份证号码：

经甲、乙双方友好协商一致，同意续签原劳动合同(合同编号：＿＿＿＿)，并签订本劳动合同续订书。原签订的劳动合同于＿＿＿＿年＿＿月＿＿日期满。

一、本次续订劳动合同的期限为
□ 固定期限：自＿＿＿年＿＿月＿＿日起至＿＿＿年＿＿月＿＿日止。
□ 无固定期限：自＿＿＿年＿＿＿月＿＿＿日起至法定解除或终止劳动合同条件出现时止。
□ 以完成一定工作任务为期限：自＿＿＿年＿＿月＿＿日起至工作任务完成止。

二、乙方的工作内容、工作时间、休息制度、劳动酬劳和劳动纪律等根据原签订的劳动合同规定执行。

三、双方协商变更或约定的其他事项
变更事项一：
变更事项二：
变更事项三：
……

原劳动合同书未变更内容，双方仍继续履行。

本合同一式两份，甲、乙双方各执一份，均具同等法律效力。

甲方(签章)：　　　　　　　　　　　　　　　　乙方(签章)：

法定代理人(或委托代理人)：

　　年　月　日　　　　　　　　　　　　　　　年　月　日

第四节　答疑解惑

一、以例说法

劳动合同终止后，企业有权选择是否需要续签，劳动者也有权同意或者拒绝续签，但在此期间，往往会因为劳动者对终止程序不清楚，给公司造成不必要的诉讼风险。

▶ **案例参考 3　劳动合同终止企业是否需要支付经济补偿金**

2018 年 3 月 19 日，李某入职 A 公司，担任业务主管，月工资为 5000 元，双方签订了为期三年的劳动合同。2021 年 2 月，公司通知李某劳动合同将于次月 18 日到期，到期后公司不再与其续签。2021 年 3 月，李某按 A 公司要求于劳动合同期满后一周内办理离职手续，公司以劳动合同关系自然终止而非协商解除为由，不予支付经济补偿金，李某对此不认同，于是与 A 公司发生争议。

【名师指点】

本例争议的焦点在于劳动合同期满终止劳动合同，企业是否需要向劳动者支付经济补偿金。虽然根据《劳动合同法》第四十四条第一项之规定，劳动合同期满，李某与公司的劳动关系自然终止，但公司以此为由拒绝支付经济补偿金的做法却与法律规定相违背。《劳动合同法》第四十六条第五项规定："除用人单位维持或者提高劳动合同约定条件续订劳动合同，劳动者不同意续订的情形外，依照本法第四十四条第一项规定终止固定期限劳动合同的，用人单位应当向劳动者支付经济补偿金。"因此，即便公司与李某因劳动合同期满终止了劳动关系，公司仍然可能需要向李某支付经济补偿金，即如果企业主动不与劳动者进行续签劳动合同，企业当承担给予劳动者相应的经济补偿金。反之，如果企业向劳动者表达续签劳动合同的意愿，劳动者拒绝续签劳动合同，企业不承担经济补偿金。在本例中 A 公司向李某表示了终止劳动合同的意愿，因此 A 公司需要向李某支付相应的经济补偿金。

【专家建议】

由《劳动合同法》第四十六条第五项 "除用人单位维持或者提高劳动合同约定条件续订劳动合同，劳动者不同意续订的情形外，依照本法第四十四条第一项规定终止固定期限劳动合同的"结合第四十四条可知，当劳动合同终止时，企业不给予劳动者经济补偿金仅建立在劳动者拒绝续签劳动合同的前提下，如果劳动者同意续签企业不同意，则企业需要向劳动者支付经济补偿金。

【相关法规】

参见《中华人民共和国劳动合同法》第四十四条、第四十六条。

二、总结与思考

在劳动合同到期后，企业如果选择不续签，就可以与劳动者终止劳动合同，此时劳动者需要履行工作交接程序，同时企业也要为劳动者开具离职证明，并根据劳动者在本单位工作时限计算经济补偿金。而当企业选择续签，而劳动者拒绝时，企业可以不支付经济补偿金。

第十二章

离职补偿风险管控

离职环节除了涉及劳动者结算和发放工资、提成等劳动报酬外,还会涉及经济补偿、赔偿金的协商与支付。很多劳动争议就是由于离职环节经济补偿和赔偿金没有协商好而引发的。有些劳动者存在一个误解,认为只要离职,企业就需要支付经济补偿。一些企业人力资源部门对于离职经济补偿和赔偿金也存在种种误解,如不少企业人力资源部门错误地认为经济补偿的方式就是"N+1",从而给企业造成较大的诉讼风险。

第一节　经济补偿金

经济补偿金是指在劳动者无过失的情况下，劳动合同解除或终止时，企业依法一次性支付给劳动者的经济上的补助。

一、补偿金

经济补偿金分为两种情况，分别是劳动合同解除经济补偿和劳动合同终止经济补偿，劳动合同解除或终止经济补偿金的发放需要满足下面条件之一，企业就需要对劳动者进行补偿：

(1) 企业违法解除劳动合同的；

(2) 经劳动合同当事人协商一致，由企业解除劳动合同的；

(3) 企业提前解除事实劳动关系的；

(4) 企业以暴力、胁迫或者非法限制人身自由的手段强迫劳动的；

(5) 企业未按照劳动合同约定支付劳动报酬或者提供劳动条件的，导致劳动者辞职的；

(6) 企业拒不支付加班加点工资或低于当地最低工资标准支付劳动者工资的；

(7) 劳动者患病或者非因工负伤，经劳动鉴定委员会确认不能从事原工作，也不能从事企业另行安排的工作而解除劳动合同的；

(8) 劳动者不能胜任工作，经过培训或者调整工作岗位仍不能胜任工作，由企业解除劳动合同的；

(9) 劳动合同订立时所依据的客观情况发生重大变化，致使原劳动合同无法履行，经当事人协商不能就变更劳动合同达成协议，由企业解除劳动合同的；

(10) 企业濒临破产进行法定整顿期间或者生产经营状况发生严重困难必须裁减人员而解除劳动合同的；

(11) 劳动合同期内企业破产或者解散的。

企业在下列情形下解除或终止劳动合同可不向劳动者支付经济补偿。

(1) 协商解除，劳动者提出，双方协商一致解除劳动合同的。

(2) 过失性辞退，劳动者有下列情形之一的，企业可以解除劳动合同：

① 在试用期间被证明不符合录用条件的；

② 严重违反企业的规章制度的；

③ 严重失职，营私舞弊，给企业造成重大损害的；

④ 劳动者同时与其他企业建立劳动关系，对完成本单位的工作任务造成严重影响，或者经企业提出，拒不改正的；

⑤ 因《劳动合同法》第二十六条第一款第一项规定的情形致使劳动合同无效的；

⑥ 被依法追究刑事责任的。

特殊情况下的劳动合同终止，企业也可不必支付经济补偿金：

(1) 劳动者开始依法享受基本养老保险待遇的；
(2) 劳动者死亡，或者被人民法院宣告死亡或者宣告失踪的；
(3) 以完成一定工作任务为期限的劳动合同期限届满终止的；
(4) 固定期限劳动合同到期，企业维持或者提高劳动合同约定条件续订劳动合同，劳动者不同意续订而终止劳动合同的。

劳动者解除劳动合同企业需要支付补偿金的情形：

(1) 未按照劳动合同约定提供劳动保护或者劳动条件的；
(2) 未及时足额支付劳动报酬的；
(3) 未依法为劳动者缴纳社会保险费的；
(4) 企业的规章制度违反法律、法规的规定，损害劳动者权益的；
(5) 因《劳动合同法》第二十六条第一款规定的情形致使劳动合同无效的；
(6) 法律、行政法规规定劳动者可以解除劳动合同的其他情形。
(7) 企业以暴力、威胁或者非法限制人身自由的手段强迫劳动者劳动的，或者企业违章指挥、强令冒险作业危及劳动者人身安全的，劳动者可以立即解除劳动合同，不需事先告知企业。

劳动合同终止企业支付经济补偿金需要满足以下条件之一：

(1) 企业拒绝续订劳动合同的；
(2) 企业同意以低于原劳动合同约定条件续订劳动合同的(这种情况下不论劳动者是否同意)；
(3) 企业破产、依法被取缔或者提前解散。

同样，劳动合同终止也有企业无须支付经济补偿金的情形：

(1) 企业维持或者提高劳动合同条件续订劳动合同，劳动者拒绝续订的；
(2) 劳动者开始依法享受基本养老保险待遇的或者达到法定退休年龄的，劳动合同终止；
(3) 劳动者死亡，或者被人民法院宣告死亡或者宣告失踪的，劳动合同终止。

经济补偿金在实际补偿过程中按劳动者在本单位工作的年限进行计算的，每满一年支付一个月工资的标准向劳动者支付。六个月以上不满一年的，按一年计算；不满六个月的，向劳动者支付半个月工资的经济补偿。劳动者月工资高于企业所在直辖市、设区的市级人民政府公布的本地区上年度职工月平均工资三倍的，向其支付经济

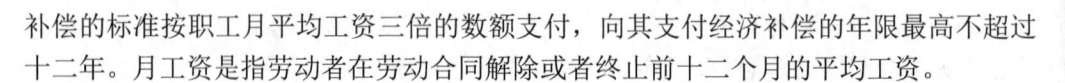

补偿的标准按职工月平均工资三倍的数额支付,向其支付经济补偿的年限最高不超过十二年。月工资是指劳动者在劳动合同解除或者终止前十二个月的平均工资。

【案例参考 1】 劳动者因企业拖欠工资被迫解除劳动合同,企业是否支付经济补偿金

李某于 2020 年 7 月入职 A 公司,双方签订了为期 2 年的劳动合同,工作岗位是技术主管。2021 年 5 月之后,A 公司一直未再支付李某工资。2021 年 9 月,李某向 A 公司书面提出被迫解除劳动关系通知,解除了与 A 公司之间的劳动关系,并要求 A 公司支付拖欠的工资及被迫解除劳动关系的经济补偿。

【名师指点】

本例的争议焦点在于劳动者主动提出解除劳动合同,企业在结清工资外,是否需要承担解除劳动关系的经济补偿金。在本例中李某解除劳动关系的理由是 A 公司拖欠工资,并给 A 公司提出书面的被迫解除劳动关系通知,而且 A 公司连续数月未支付李某工资是事实,根据《劳动合同法》第四十六条之规定,企业未及时足额支付劳动报酬,劳动者提出解除劳动合同,企业需要支付经济补偿金。

【专家建议】

实践中,常会发生劳动者在用人单位出现未及时足额支付劳动报酬的情形时,劳动者并不事先向用人单位告知自己的离职理由就离职的情形,在这种情形下,当劳动者向用人单位主张被迫解除劳动关系的经济补偿金之时,常会陷入"口水仗"之中,劳动者主张自己是因为用人单位拖欠工资而被迫离职,因此用人单位需要向其支付被迫解除劳动关系的经济补偿金,而用人单位会主张劳动者系擅自离职,不需要向其支付经济补偿金。

【相关法规】

参见《中华人民共和国劳动合同法》第三十八条、第四十六条。

二、赔偿金

赔偿金是指企业或劳动者违反劳动法规定解除或者终止劳动合同,给对方造成损失的赔偿。经济补偿金是单向的,侧重点是对劳动者的保护;赔偿金是双向的,侧重点是过错方需要承担责任。

在下列情形中,企业需要向劳动者支付赔偿金:
(1) 不及时与劳动者签订书面劳动合同;

(2) 违法约定试用期；

(3) 被责令限期支付劳动报酬、加班费、经济补偿而未履行；

(4) 违法解除或终止劳动合同；

(5) 企业规章制度违法；

(6) 劳动合同缺乏必备条款；

(7) 企业未将劳动合同文本交付给劳动者；

(8) 劳动者入职被扣押证件或要求劳动者提供担保，收取劳动者财物的；

(9) 解除或终止劳动合同后扣押劳动者档案或其他物品的；

(10) 企业过错导致劳动合同无效的；

(11) 企业严重违法用；

(12) 解除或终止劳动合同时企业未向劳动者开具证明的；

(13) 企业经营资格缺失的；

(14) 招用与其他单位存在劳动关系的劳动者；

(15) 劳务派遣公司给被派遣劳动者造成损害的。

劳动者应承担赔偿责任的情形：

(1) 由于劳动者的过错造成劳动合同无效的；

(2) 劳动者违法解除劳动合同的；

(3) 劳动者违反劳动合同中约定的保密义务或竞业限制的；

(4) 劳动者过错给企业造成经济损失的。

相对于补偿金按照工作年限标准进行计算，赔偿金按照过错方对另一方造成的损失多少进行计算。

▶ **案例参考2** 企业支付赔偿金后，是否还需要支付经济补偿金

王某于2019年7月入职A公司，双方签订了劳动合同，合同时间一栏没有填写，在王某签字后合同书又被A公司收回。2020年10月20日，A公司向王某送达《辞退通知书》，以双方劳动合同到期为由终止劳动合同，要求王某于2020年10月31日离职，同时明确工作满一年补偿一个月工资，并转账给王某一个月工资补偿。王某对A公司终止劳动合同表示不认同，表示他当初签的劳动合同上并未记载合同期限，且其没有收到劳动合同书，其要求查看劳动合同文书，A公司未能提供，于是王某与A公司发生争议，并要求A公司支付违法解除劳动合同的赔偿金。

▶ 【名师指点】

根据规定劳动合同经由企业与劳动者在劳动合同文本上签字或者盖章生效，并由双方各执一份，企业提供的劳动合同文本未载明本法规定的劳动合同必备条款或者企

业未将劳动合同文本交付劳动者的，由劳动行政部门责令改正；给劳动者造成损害的应当承担赔偿责任。由于公司无法提供劳动合同书，所以根据相关条款，对于企业自用工之日起超过 1 个月不满 1 年不与劳动者订立书面劳动合同，企业需根据工资的两倍进行赔偿。但是，《劳动合同法》没有规定违反劳动合同法解除或者终止劳动合同的，是否还应当向劳动者支付经济补偿。而在《劳动合同法实施条例》中对此进行了明确，该条例第二十五条规定，用人单位违反劳动合同法的规定解除或者终止劳动合同，依照劳动合同法第八十七条的规定支付了赔偿金的，不再支付经济补偿。因此企业违法解除或终止劳动合同，向劳动者支付了赔偿金的，不需要再向劳动者另行支付经济补偿。具体到本例，在支付赔偿金时应抵扣 A 公司已支付的经济补偿金。

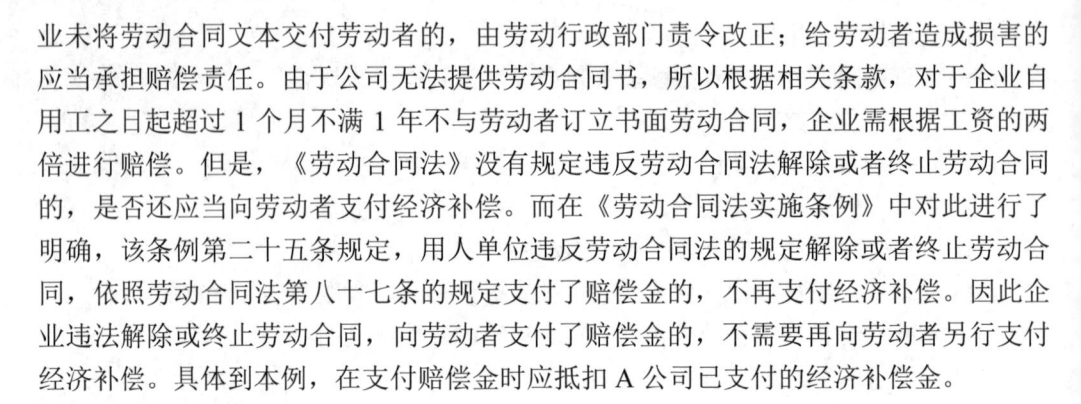

【专家建议】

通俗地说，当企业与劳动者进行合法解除劳动关系时对应的是经济补偿金，违法解除对应的是赔偿金，这两者只能有其中一项生效。

【相关法规】

《中华人民共和国劳动合同法》

第八十七条　用人单位违反本法规定解除或者终止劳动合同的，应当依照本法第四十七条规定的经济补偿标准的二倍向劳动者支付赔偿金。

《中华人民共和国劳动合同法实施条例》

第二十五条　用人单位违反劳动合同法的规定解除或者终止劳动合同，依照劳动合同法第八十七条的规定支付了赔偿金的，不再支付经济补偿。赔偿金的计算年限自用工之日起计算。

▶ 案例参考 3　未及时支付员工工资，员工被解除劳动合同是否需支付赔偿

张某于 2016 年 6 月聘到 A 公司工作，担任保安职务。A 公司一直未给张某缴纳社会保险费，未签订书面劳动合同。张某在工作中勤勤恳恳、任劳任怨，从未违反单位的规章制度。2021 年 9 月 4 日，A 公司无故将张某辞退，且未支付任何补偿金。张某于是向公司提出要求：①支付未签订劳动合同期间的双倍工资；②支付违法解除劳动关系赔偿金。

【名师指点】

企业自用工之日起超过 1 个月不满 1 年未与劳动者订立书面劳动合同的，应当向劳动者每月支付 2 倍的工资。《劳动合同法》第四十七条规定："经济补偿金按劳动

者在本单位工作的年限，每满一年按一个月工资的标准向劳动者支付。六个月以上不满一年的，按一年计算；不满六个月的，向劳动者支付半个月工资的经济补偿。"《劳动合同法》第八十七条规定："用人单位违反本法规定解除或终止劳动合同的，应当依照本法第四十七条的经济补偿金标准的二倍向劳动者支付赔偿金。"建立劳动关系应当订立书面劳动合同，这是企业的法定义务。

本例中，A公司应自2016年6月起与张某签订书面劳动合同，未签订劳动合同应承担支付张某双倍工资的责任。2021年9月4日A公司没有任何理由便通知张某解除双方劳动关系，属违法解除。依据《劳动合同法》第四十七条、第八十七条及有关法律规定，A公司应根据张某在本单位的工作年限，支付违法解除劳动关系2倍赔偿金。

【专家建议】

为了避免员工离职索要赔偿金，企业需要注意以下几个方面。

(1) 及时与劳动者订立劳动合同。《劳动合同法》第十条规定，建立劳动关系，应当订立书面劳动合同。已建立劳动关系，未同时订立书面劳动合同的，应当自用工之日起一个月内订立书面劳动合同。第八十二条规定，用人单位自用工之日起超过一个月不满一年未与劳动者订立书面劳动合同的，在这未订立劳动合同的十一个月内应当向劳动者每月支付二倍的工资。

(2) 制定劳动合同签收表。为预防由于公司丢失或被员工取走劳动合同而被员工索赔2倍工资，建议企业在签订合同时另备一份劳动合同签收表，签收表中载明劳动合同起始时间，由员工签名确认，与合同分开保管，这样即便丢失合同，司法实践中也可防范2倍工资风险。

(3) 签订合同时不能要求员工提供担保。《劳动合同法》第九条规定，用人单位招用劳动者，不得扣押劳动者的居民身份证和其他证件，不得要求劳动者提供担保或者以其他名义向劳动者收取财物。

(4) 依法解除劳动合同，最大限度地避免出现违法辞退员工的情形。违法解除劳动合同的，企业的最大补偿义务就是支付劳动者按照工作年限和工资标准计算得出的经济补偿金的2倍。

(5) 解除合同应有正式书面的《解除劳动合同通知书》，上面应写明解除合同的原因及参照依据等，内容应客观真实，理由应充分，应有企业的盖章和通知日期。要严格依照法律规定，一般而言，如果企业没有合理理由解除劳动关系，也即企业既不是以劳动者自愿离职也不是以企业依据法定理由而解除劳动关系的，就极有可能属于违法解除，需支付赔偿金。

【相关法规】

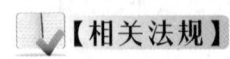

《中华人民共和国劳动合同法》

第四十七条　经济补偿按劳动者在本单位工作的年限，每满一年支付一个月工资的标准向劳动者支付。六个月以上不满一年的，按一年计算；不满六个月的，向劳动者支付半个月工资的经济补偿。

劳动者月工资高于用人单位所在直辖市、设区的市级人民政府公布的本地区上年度职工月平均工资三倍的，向其支付经济补偿的标准按职工月平均工资三倍的数额支付，向其支付经济补偿的年限最高不超过十二年。

本条所称月工资是指劳动者在劳动合同解除或者终止前十二个月的平均工资。

第八十七条　用人单位违反本法规定解除或者终止劳动合同的，应当依照本法第四十七条规定的经济补偿标准的二倍向劳动者支付赔偿金。

第二节　离职补偿实务

一、离职补偿协议书

在劳动合同解除或劳动合同终止过程中，如果发生需要企业支付经济补偿金的情况，为有效避免因补偿金产生的纠纷，需要与劳动者签订离职补偿协议书。

离职补偿协议书

甲方：
乙方：

乙方于____年___月___日开始在甲方处工作，现双方经过友好协商，本着公平合理的原则，达成如下就乙方同甲方解除劳动关系及离职补偿等事宜，双方表示认可。

1. 乙方于____年___月___日申请终止双方的劳动关系，甲方表示认可。
2. 双方同意甲方在本协议签订后，支付乙方经济补偿金、生活补助费和其他补助费用等一次性补偿金人民币_____元(此款项已包括因劳动报酬、社会保险、福利、离职经济补偿或者赔偿金发生的一切款项)。
3. 乙方在收到甲方一次性支付上述款项及在本协议签字后，双方解除劳动关系的争议已根本解决，乙方自愿放弃基于双方劳动关系发生及解除所产生的各项权利。
4. 本协议一式两份，自双方签章之日起生效。

甲方(签章)：　　　　　　　　　　　　乙方(签章)：
法定代理人(或委托代理人)：
　　年　月　日　　　　　　　　　　　　年　月　日

二、离职赔偿协议书

在劳动合同解除过程中如果发生需要企业支付经济赔偿金的情况，为有效避免因赔偿金产生的纠纷，需要与劳动者签订离职赔偿协议书。

离职赔偿协议书

甲方：
乙方：

　　乙方于____年____月____日开始在甲方处工作，现双方经过友好协商，本着公平合理的原则，达成如下就乙方同甲方解除劳动关系及离职赔偿等事宜，双方表示认可。
　　1. 乙方于____年____月____日申请终止双方的劳动关系，甲方表示认可。
　　2. 双方同意甲方在本协议签订后，支付乙方一次性经济赔偿金人民币____元。除上述费用，乙方不再向甲方申请任何费用，包括经济补偿金。
　　3. 乙方在收到甲方一次性支付上述款项及在本协议签字后，双方解除劳动关系的争议已根本解决，乙方自愿放弃基于双方劳动关系发生及解除所产生的各项权利。
　　4. 本协议一式两份，自双方签章之日起生效。

甲方(签章)：　　　　　　　　　　　　乙方(签章)：
法定代理人(或委托代理人)：
　　年　月　日　　　　　　　　　　　　　年　月　日

三、离职补偿金/赔偿金收条

在企业向劳动者支付经济补偿金或赔偿金款项之后，还需要劳动者给企业出具离职经济补偿金收条、离职经济赔偿金收条。

经济补偿金收条

　　本人_____(身份证号码：_____)于____日收取_____公司支付本人经济性补偿金人民币____元(大写：_____)。
　　　　　　　　　　　　　　　　　　　　　　签字
　　　　　　　　　　　　　　　　　　　　　　年　月　日

经济赔偿金收条

　　本人_____(身份证号码：_____)于____日收取_____公司支付本人经济性赔偿金人民币____元(大写：_____)。
　　　　　　　　　　　　　　　　　　　　　　签字
　　　　　　　　　　　　　　　　　　　　　　年　月　日

第三节 答疑解惑

一、以例说法

▶ **案例参考 4　劳动者主动离职是否需要结算业务提成**

李某于 2018 年 3 月 12 日进入 A 公司从事销售工作。2021 年 2 月，李某因个人原因提出辞职，A 公司于 2021 年 2 月 9 日批准其离职，但未支付此前业务提成。李某多次向 A 公司领导主张权利，具体诉求为离职后的业务提成，但是 A 公司以未收到客户回款为由拒绝了李某的请求。于是李某与 A 公司发生争议，要求 A 公司支付业务提成。

【名师指点】

李某自 2021 年 2 月 9 日离职，至 2021 年 4 月 3 日前多次向 A 公司主张权利，但均被 A 公司拒绝。根据《劳动法》第五十条规定，工资应当以货币形式按月支付给劳动者本人，不得克扣或者无故拖欠劳动者的工资。销售提成属于工资构成中的计件工资的一种，属于按营业额提成或利润提成办法支付给个人的工资，企业应在劳动者完成该计件工作后依法足额支付。因此，本案中 A 公司拒绝支付李某销售提成的理由不成立，A 公司不能以合同约定对抗法律强制性规定。2021 年 2 月 9 日，李某与 A 公司劳动合同解除时，虽然 A 公司未收到客户回款，但李某在从事销售过程中，已完成其岗位职责，履行了应履行的权利和义务，为公司创造了经营利润，A 公司拒绝支付提成的事实依据和法律依据不存在。而且，李某是经公司同意后才办理解除劳动合同手续的，也不符合双方签订的协议约定的擅自离职和单方辞职未获同意的情形。因此，李某的请求应当被支持。

【专家建议】

业务提成也是劳动者的工资组成部分，劳动者离职时，应当支付在职时的提成，这是个人合法所得。企业不应以未收到客户回款为由而去克扣劳动者的业务提成，这样做是违法的。

【相关法规】

《中华人民共和国劳动法》

第五十条　工资应当以货币形式按月支付给劳动者本人。不得克扣或者无故拖欠劳动者的工资。

二、总结与思考

离职补偿金是基于对劳动者的经济补助，是单向的，主要是对劳动者失业的一种保障。离职赔偿金侧重点是有过错方对无过错方进行赔偿，从而弥补给无过错方带来的损失。但当同时存在补偿和赔偿金时，不再支付经济补偿金。

第十三章

特殊用工风险管控

在企业用工过程中，由于工作性质和减少人力成本的需要，还存在劳务派遣和非全日制用工情况，还有些企业聘用港澳台地区和外籍员工，也由此产生了大量的争议。面对企业用工形式的多样性，如何合法有据地处理争议，最小成本地解决纠纷，给企业避免因违规带来的经济利益和商誉损失，也是当前企业人力资源面临的一项挑战任务。

第一节 劳务派遣

劳务派遣又称劳动派遣，是指由派遣机构与被派遣劳动者之间订立劳动合同，由派遣企业向被派遣劳动者支付劳务费用，劳动合同关系存在于派遣机构与被派遣劳动者之间，但劳动力给付的事实则发生于派遣劳工与用工企业之间。劳动派遣机构已经不同于职业介绍机构，它成为与劳动者签订劳动合同的一方当事人，它的特点是劳务派遣企业"招人不用人，承担用人责任"，用工单位"不招人用人，不承担用人责任"，这种招聘和用人相分离的模式，是国际上十分流行的用工形式，近年来在国内也是逐年增加。

一、劳务派遣规范

劳务派遣是一种新的用人方式，可跨地区、跨行业进行，一方面企业可以根据本行业的特点或自身工作和发展的需要，通过具有劳务派遣资质的劳动服务公司，派遣所需要的各类人员；劳务派遣服务机构则根据企业的实际需求招聘员工，与员工签订劳动合同、建立劳动关系，并将员工派遣到企业工作，同时对员工提供人事行政、劳资福利、后勤保障等综合配套服务。劳务派遣涉及三方主体：用工单位、派遣单位和被派遣的劳动者，在用工过程中需要注意以下事项。

劳务派遣适用的主体有企业、会计师事务所、律师事务所等合伙组织、基金会以及民办非企业单位。外国企业、外国社会团体和国际组织的驻华代表机构在中国用工，必须通过有资质的劳务派遣机构，才能使用被派遣员工。需要注意的是，企业将本单位劳动者派往境外提供劳动的，不属于劳务派遣，这种派驻用工不属于经营性的派遣行为。

劳务派遣用工需满足以下三种情形之一：

(1) 临时性的工作岗位，具体是指存续时间不超过 6 个月的岗位；

(2) 辅助性的工作岗位，具体是指为主营业务岗位提供服务的非主营业务岗位；

(3) 替代性的工作岗位，具体是指用工单位的劳动者因脱产学习、休假等原因无法工作的一定时期内，可以由其他劳动者替代工作的岗位。

此外，企业还要严格控制劳务派遣用工数量，使用的被派遣劳动者数量不得超过其用工总量的 10%。企业在规定施行前使用被派遣劳动者数量超过其用工总量 10% 的，应当制定调整用工方案，于规定施行之日起 2 年内降至规定比例。企业未将规定施行前使用的被派遣劳动者数量降至符合规定比例之前，不得新用被派遣劳动者。

案例参考 1　被派遣劳动者发生医疗费用，该如何承担

苏某是 A 公司的员工，受 A 公司指派，到 B 公司做保洁服务。在擦窗户玻璃时，不小心摔在地板上，导致手部骨折。B 公司及时将她送到医院治疗，但拒绝支付医疗费。苏某找 A 公司要医疗费，A 公司认为苏某为 B 公司工作，应找 B 公司索要治疗费用，而 B 公司却认为自己已经支付了保洁费，且已及时将苏某送到了医院，已尽到义务。两公司对于医疗费互相推诿，都表示不予支付。

【名师指点】

苏某是受 A 公司的指派从事保洁工作的，是为 A 公司履行义务。她受伤也是在为 A 公司履行义务过程中发生的，因此责任应由 A 公司来承担。但是《劳动合同法》对此有了新规定，该法第九十二条规定，在劳务派遣单位派遣过程中，如果给被派遣劳动者造成损害的，劳务派遣单位与用工单位承担连带赔偿责任。因此，依据《劳动合同法》的规定，苏某的医疗费既可以向 A 公司索要，也可以向 B 公司索要，两家公司都有赔付的义务。

【专家建议】

被派遣劳动者发生工伤事故的，首先找劳务派遣公司。劳务派遣公司则会依据派遣合同，要求用工单位承担相应的义务。被派遣劳动者在用工单位因工作遭受事故伤害的，劳务派遣单位应当依法申请工伤认定，用工单位有义务协助工伤认定的调查核实工作。劳务派遣单位承担工伤保险责任，但可以与用工单位约定补偿办法。

【相关法规】

《中华人民共和国劳动合同法》

第五十八条　劳务派遣单位是本法所称用人单位，应当履行用人单位对劳动者的义务。

第九十二条　劳务派遣单位违反本法规定的，由劳动行政部门和其他有关主管部门责令改正；情节严重的，以每人一千元以上五千元以下的标准处以罚款，并由工商行政管理部门吊销营业执照；给被派遣劳动者造成损害的，劳务派遣单位与用工单位承担连带赔偿责任。

二、劳务派遣合同解除

在劳务派遣情况下，由于企业与劳动者建立的只是劳务关系，不是劳动关系，因此，如果企业要终止用工关系，只需要将被派遣劳动者退回劳务派遣单位。对于被退

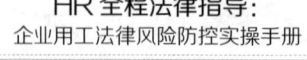

回的劳动者，劳务派遣单位可以根据退回的情形决定是否解除劳动关系，也就是说，合同的解除在于建立劳动关系的双方，而派遣单位主动解除被派遣劳动者劳动关系的前提是劳动者被企业退回。

被派遣劳动者有下列情形之一的，企业可以将被派遣劳动者退回劳务派遣单位：

(1) 在试用期间被证明不符合录用条件的；

(2) 严重违反企业的规章制度的；

(3) 严重失职，给企业造成重大损害的；

(4) 营私舞弊，给企业造成重大损害的；

(5) 被派遣劳动者同时与其他企业建立劳动关系，对完成本企业的工作任务造成严重影响，或者经企业或劳务派遣单位提出，拒不改正的；

(6) 因被派遣劳动者以欺诈手段使劳务派遣单位在违背真实意思的情况下订立或者变更劳动合同，致使劳动合同无效的，或者是被派遣劳动者以欺诈手段使企业在违背真实意思的情况下与其建立用工关系的；

(7) 根据《劳动合同法》第四十条第三项、第四十一条的规定，如果出现这些法定的解除劳动合同的情形，用工单位可以将被派遣劳动者退回。

同样，劳动者也可以主动解除劳动关系，被派遣劳动者提前 30 日以书面形式通知劳务派遣单位，可以解除劳动合同。被派遣劳动者在试用期内提前 3 日通知劳务派遣单位，可以解除劳动合同。劳务派遣单位应当将被派遣劳动者通知解除劳动合同的情况及时告知企业。当劳务派遣单位有以下情形的，被派遣劳动者有权解除劳动合同：

(1) 劳动合同期限低于 2 年的(劳务派遣单位应当与被派遣劳动者订立 2 年以上的固定期限劳动合同，并按月支付劳动报酬)；

(2) 被派遣劳动者在无工作期间，劳务派遣单位未按照当地最低工资标准按月支付报酬的；

(3) 劳务派遣单位克扣企业支付给被派遣劳动者的劳动报酬的；

(4) 劳务派遣单位向被派遣劳动者收取非法费用的；

(5) 劳务派遣单位以暴力、威胁或者非法限制人身自由的手段强迫被派遣劳动者接受派遣的；

(6) 劳务派遣单位违章指挥、强令冒险作业危及被派遣劳动者人身安全的；

(7) 劳务派遣单位没有《劳务派遣许可证》，或许可证过期或被吊销的。

▶ **案例参考 2**　能否以用工单位经营不善为由解除与被派遣劳动者劳动关系

2019 年 5 月 29 日，李某入职 A 公司，双方签订《劳务派遣劳动合同书》，其中约定 A 公司将李某派遣至 B 公司从事质检工作，月工资为 4500 元。2021 年 4 月，B 公司因经营不善停业，于 2021 年 4 月 30 日将李某退回至 A 公司。同日，A 公司以 B

公司经营情况发生重大变化为由与李某解除了劳动合同，并向李某送达了《解除劳动合同通知书》。李某表示，虽然 B 公司确实因经营不善停业，但是 A 公司可以安排自己去其他公司继续工作，所以 A 公司是违法解除劳动合同，要求继续履行与 A 公司之间的劳动合同。李某拒绝签收《解除劳动合同通知书》，于是与 A 公司发生争议。

【名师指点】

本例争议焦点在于因第三方经营不善造成劳动者被退回派遣公司，派遣公司是否可以直接解除劳动合同。李某在 B 公司工作过程中，恪尽职守，不存在依法被退回 A 公司的情形，因企业因素引起派遣员工被退回，符合《劳务派遣暂行规定》第十二条"企业生产经营发生严重困难，需退回派遣人员的"情形，被派遣劳动者退回后在无工作期间，劳务派遣单位应当按照不低于所在地人民政府规定的最低工资标准，向其按月支付报酬，现 A 公司直接解除与李某的劳动合同违反了本条规定，应依法承担相应责任，若李某要求继续履行合同，可按最低工资标准支付，若李某不坚持履行合同，A 公司应承担违法解除劳动合同的赔偿金。

【专家建议】

因企业和派遣单位发生以下情形，派遣单位不能直接解除与劳动者之间的劳动合同，需按照最低工资标准为劳动者发放工资：

(1) 劳务派遣用工关系建立时所依据的客观情况发生重大变化，致使劳务派遣用工无法履行，企业提出退回的；

(2) 企业依照企业破产法规定进行重整，需退回派遣人员的；

(3) 企业生产经营发生严重困难，需退回派遣人员的；

(4) 企业转产、重大技术革新或者经营方式调整，需退回派遣人员的；

(5) 其他因劳务派遣用工关系建立时所依据的客观经济情况发生重大变化，致使无法继续劳务派遣用工，企业需退回的；

(6) 企业被依法宣告破产的；

(7) 企业被吊销营业执照的；

(8) 企业被责令关闭的；

(9) 企业被撤销的；

(10) 企业决定提前解散的；

(11) 企业经营期限届满不再继续经营的；

(12) 劳务派遣协议期满终止的。

如果不是由于劳动者因素造成退回派遣单位的，派遣单位可以再次派遣劳动者到

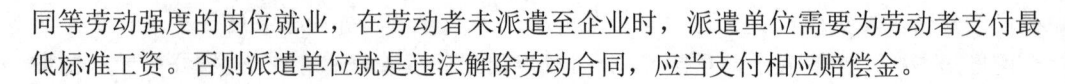

同等劳动强度的岗位就业，在劳动者未派遣至企业时，派遣单位需要为劳动者支付最低标准工资。否则派遣单位就是违法解除劳动合同，应当支付相应赔偿金。

【相关法规】

《中华人民共和国劳动合同法》

第五十八条　劳务派遣单位是本法所称用人单位，应当履行用人单位对劳动者的义务。劳务派遣单位与被派遣劳动者订立的劳动合同，除应当载明本法第十七条规定的事项外，还应当载明被派遣劳动者的用工单位以及派遣期限、工作岗位等情况。

劳务派遣单位应当与被派遣劳动者订立二年以上的固定期限劳动合同，按月支付劳动报酬；被派遣劳动者在无工作期间，劳务派遣单位应当按照所在地人民政府规定的最低工资标准，向其按月支付报酬。

第二节　非全日制用工

非全日制用工，是指以小时计酬为主，劳动者在同一企业一般平均每日工作时间不超过四小时，每周工作时间累计不超过二十四小时的用工形式。

在非全日制用工的情况下，小时工资标准是企业按双方约定的工资标准支付给非全日制劳动者的工资，但不得低于当地政府颁布的小时最低工资标准。当地政府颁布的小时最低工资标准，含企业为其缴纳的基本养老保险费和基本医疗保险费。支付工资周期最长不得超过十五日。

全日制用工与非全日制用工在工作时间、工资支付周期、解除和终止劳动关系方式方面都具有明显的区别，企业千万不要以非全日制用工之名行全日制用工之实，否则将面临法律风险。

▶ 案例参考3　非全日制合同与实际工时发生冲突，还是非全日制吗

张某从2020年3月起在A公司下属的一家门店从事销售工作。他入职时，双方订立了一份非全日制劳动合同。合同约定，张某的小时工资不低于当地小时最低工资标准，每天工作不超过4小时。但实际上，张某在门店工作期间，每天工作5小时至6小时不等，每月休息2天，每周工作时间均超过了24小时。因张某所在门店的销售业绩连续数月不佳，2020年8月，销售公司宣布关闭该门店，并口头通知张某解除劳动合同。张某认为，从双方的实际用工情形来看，已不属于非全日制用工，张某认为公司这么做是违法解除劳动合同，应该进行赔偿。双方在这个问题上未达成一致，于是张某与A公司发生争议，要求公司支付违法解除劳动合同的赔偿金。

【名师指点】

本例的争议焦点在于 A 公司对张某的用工性质是不是非全日制用工？根据《劳动合同法》规定，非全日制用工，是指以小时计酬为主、劳动者在同一企业一般平均每日工作时间不超过 4 小时、每周工作时间累计不超过 24 小时的用工形式。也就是说，法律对非全日制用工的每日、每周工作时间做出了规定。本例中，虽然双方签订的是非全日制劳动合同，约定每日工作不超过 4 小时，也一直按照小时工资进行计酬，但张某每天实际工作时间均达到 5 至 6 小时，每周工作时间已经超过了 24 小时，明显超过了法律规定的非全日制用工的时间限制，不符合非全日制用工的法定要件。所以双方之间实际为全日制劳动关系。

【专家建议】

企业与劳动者签订的虽然是非全日制的劳动合同，确定用工形式应当以实际工作时间、工资发放周期等去认定，企业不能以非全日制用之名行全日制用工之实。

【相关法规】

《中华人民共和国劳动合同法》

第六十八条　非全日制用工，是指以小时计酬为主，劳动者在同一用人单位一般平均每日工作时间不超过四小时，每周工作时间累计不超过二十四小时的用工形式。

第三节　实 务 操 作

一、涉外劳务派遣

劳务派遣是指派遣单位与劳动者签订合同，将劳动者派遣到其他单位工作的制度。根据劳动者劳动所在地的不同，劳务派遣分为涉外派遣和境内派遣。涉外劳务，只是一种外贸中介，经营公司和劳务人员之间并不直接形成劳动关系；而境内劳务派遣，派遣单位和劳动者之间形成劳动关系。

涉外劳务，适用外贸法、合同法、双边条约等法律法规，还涉及国际经济法和国际私法以及国际法的适用；而境内劳务派遣，只适用我国的劳动法律法规。涉外劳务中，经营公司处于服务和管理的地位，其性质属于中介，法律规定只是协助维护劳务人员合法权益；而境内劳务派遣，劳动合同法规定用人单位和用工单位承担连带责

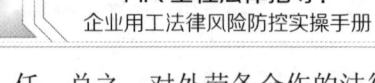

任。总之，对外劳务合作的法律性质是国际服务贸易，其有完整的立法体系，即从我国的《对外贸易法》到行政法规以及商务部的部门规章和通知都有规定。对外劳务派遣中，劳务人员和外派公司之间形成的是外派劳务法律关系，与国外企业之间形成的是雇佣法律关系。

二、外籍人员在中国就业

外籍人员通常指不具有中国国籍的人，需要注意的是，持有外国护照的香港永久居民属于"外国人"。依据《中华人民共和国香港特别行政区基本法》(简称《香港特别行政区基本法》)第二十四条的规定，香港永久居民包含"在香港特别行政区成立以前或以后持有效旅行证件进入香港、在香港通常居住连续七年以上并以香港为永久居住地的非中国籍的人"。此类人员未取得中国国籍，属于外国人。

外国人来华工作，企业需办理《中华人民共和国外国人就业许可证书》，外国人需办理《外国人就业证》。依据《中华人民共和国出境入境管理法》(简称《出境入境管理法》)第四十一条的规定，外国人在中国境内工作，应当按照规定取得工作许可，任何单位和个人不得聘用未取得工作许可的外国人。《外国人在中国就业管理规定》第五条规定："用人单位聘用外国人须为该外国人申请就业许可，经获准并取得《中华人民共和国外国人就业许可证书》(简称许可证书)后方可聘用。"第八条第一款规定："在中国就业的外国人应持 Z 字签证入境(有互免签证协议的，按协议办理)，入境后取得《外国人就业证》和外国人居留证件，方可在中国境内就业。"

中国对在华工作的外籍员工采用国民工作准则，即《劳动合同法》对中国员工的规定同样适用于外国人。有以下几点需要注意。

(1) 外国人的劳动合同期限最长不超过五年。

《外国人在中国就业管理规定》第十七条规定："用人单位与被聘用的外国人应依法订立劳动合同。劳动合同的期限最长不得超过五年。劳动合同期限届满即行终止，但按本规定第十八条的规定履行审批手续后可以续订。"第十八条规定："被聘用的外国人与用人单位签订的劳动合同期满时，其就业证即行失效。如需续订，该用人单位应在原合同期满前三十日内，向劳动行政部门提出延长聘用时间的申请，经批准并办理就业证延期手续。"

(2) 外国人工资不得低于当地最低工资标准。

用人单位支付所聘用外国人的工资不得低于当地最低工资标准。

(3) 外国人的福利待遇按国家规定执行。

在中国就业的外国人的工作时间、休息休假、劳动安全卫生以及社会保险按国家有关规定执行。

(4) 外国人就业单位、就业区域变更须办理就业证变更手续或重新办理就业许手续。

外国人在中国就业的用人单位必须与其就业证所注明的单位相一致。外国人在发证机关规定的区域内变更用人单位但仍从事原职业的，须经原发证机关批准，并办理就业证变更手续。外国人离开发证机关规定的区域就业或在原规定的区域内变更用人单位且从事不同职业的，须重新办理就业许可手续。

(5) 外国人劳动合同的解除。

被聘用的外国人与用人单位签订的劳动合同期满时，其就业证即行失效。被聘用的外国人与用人单位的劳动合同被解除后，该用人单位应及时报告劳动、公安部门，交还该外国人的就业证和居留证件，并到公安机关办理出境手续。因违反中国法律被中国公安机关取消居留资格的外国人，用人单位应解除劳动合同，劳动部门应吊销就业证。

(6) 外国人劳动合同的年检。

劳动行政部门对外国人就业证实行年检。用人单位聘用外国人就业每满 1 年，应在期满前 30 日内到劳动行政部门发证机关为被聘用的外国人办理就业证年检手续。逾期未办的，就业证自行失效。

(7) 外国人劳动争议的处理。

用人单位与被聘用的外国人发生劳动争议，应按照《劳动法》和《中华人民共和国劳动争议调解仲裁法》(简称《劳动争议调解仲载法》)处理。

外国人，指按照《中华人民共和国国籍法》规定不具有中国国籍的人员。

三、台港澳地区人员就业

港澳居民，是指在香港、澳门特别行政区定居且不具有内地户籍的中国公民。台湾居民是指在台湾地区定居且不具有大陆户籍的中国公民。

1. 台港澳人员在内地就业无须办理就业许可

2018 年 7 月 28 日，国务院发布《国务院关于取消一批行政许可等事项的决定》(国发〔2018〕28 号)，取消"台港澳人员在内地就业许可"。2018 年 8 月 23 日，人力资源和社会保障部发布《关于废止<台湾香港澳门居民在内地就业管理规定>的决定》(人力资源和社会保障部令第 37 号)和废止《台湾香港澳门居民在内地就业管理规定》(劳动和社会保障部令第 26 号)，至此，台港澳人员在内地就业无须再办理就业许可。

2. 台港澳人员可以申领居民居住证，凭居住证办理社保缴纳、公积金缴存等业务

《港澳台居民居住证申领发放办法》(2018 年 9 月 1 日起施行)第二条第一款规定："港澳台居民前往内地(大陆)居住半年以上，符合有合法稳定就业、合法稳定住

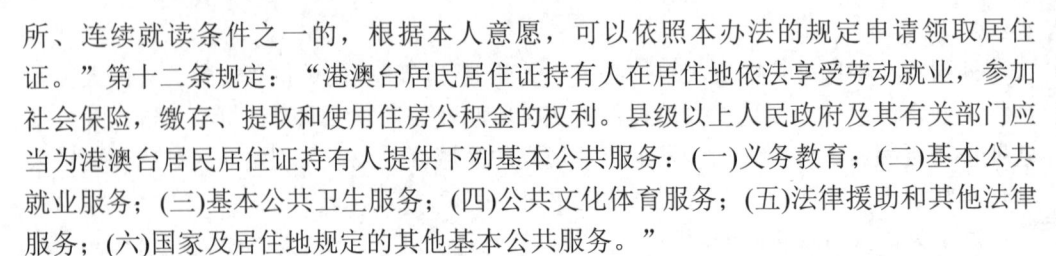

所、连续就读条件之一的，根据本人意愿，可以依照本办法的规定申请领取居住证。"第十二条规定："港澳台居民居住证持有人在居住地依法享受劳动就业，参加社会保险，缴存、提取和使用住房公积金的权利。县级以上人民政府及其有关部门应当为港澳台居民居住证持有人提供下列基本公共服务：（一）义务教育；（二）基本公共就业服务；（三）基本公共卫生服务；（四）公共文化体育服务；（五）法律援助和其他法律服务；（六）国家及居住地规定的其他基本公共服务。"

根据前述规定，台港澳人员在内地就业和内地居民享有相同的权利和义务。台港澳人员办理居住证以后，即可按照《社会保险法》《住房公积金管理条例》等规定，缴纳社保及公积金。

第四节 特殊用工实务——劳务派遣

劳动派遣作为企业用人的一种形式，也涉及签订相应的派遣合同、续订合同、变更合同内容。

劳务派遣合同

甲方(劳务派遣单位)：_____
劳务派遣许可证编号：_____
联系电话：_____
乙方(劳动者)：_____
居民身份证号码：_____
经常居住地(通信地址)：_____
联系电话：_____

根据《中华人民共和国劳动法》《中华人民共和国劳动合同法》等法律法规政策规定，甲、乙双方遵循合法、公平、平等自愿、协商一致、诚实信用的原则订立本合同。

一、劳动合同期限

第一条　甲、乙双方约定按下列方式确定劳动合同期限。

□ 二年以上固定期限合同：自_____年___月___日起至_____年___月___日止。其中，试用期从用工之日起至_____年___月___日止。

□ 无固定期限的劳动合同：自_____年___月___日起至依法解除或终止劳动合同止。其中，试用期从用工之日起至_____年___月___日止。

二、工作内容和工作地点

第二条　乙方同意由甲方派遣到＿＿＿＿＿＿＿＿＿＿(用工单位名称)工作。派遣期限为＿＿＿＿＿，从＿＿＿年＿＿月＿＿日起至＿＿＿年＿＿月＿＿日止。乙方的工作地点为＿＿＿＿＿。

第三条　乙方同意在用工单位＿＿＿＿＿＿＿岗位工作，属于临时性/辅助性/替代性工作岗位，岗位职责为＿＿＿＿＿＿＿＿＿。

第四条　乙方同意服从甲方和用工单位的管理，遵守甲方和用工单位依法制定的劳动规章制度，按照用工单位安排的工作内容及要求履行劳动义务，按时完成规定的工作数量，达到相应的质量要求。

三、工作时间和休息休假

第五条　乙方同意根据用工单位工作岗位执行下列第＿＿＿＿＿种工时制度。

(1) 标准工时工作制，每日工作时间不超过8小时，平均每周工作时间不超过40小时，每周至少休息1天。

(2) 依法实行以＿＿＿＿＿为周期的综合计算工时工作制。

(3) 依法实行不定时工作制。

第六条　甲方应当要求用工单位严格遵守关于工作时间的法律规定，保证乙方的休息权利与身心健康，确因工作需要安排乙方加班加点的，经依法协商后可以延长工作时间，并依法安排乙方补休或支付加班工资。

第七条　乙方依法享有法定节假日、带薪年休假、婚丧假、产假等假期。

四、劳动报酬和福利待遇

第八条　经甲方与用工单位商定，甲方采用以下第＿＿＿种方式向乙方以货币形式支付工资，于每月＿＿日前足额支付。

(1) 月工资＿＿＿＿＿＿＿元。

(2) 计件工资。计件单价为＿＿＿＿＿元。

(3) 约定的其他方式：＿＿＿＿＿＿＿＿＿＿＿＿＿＿＿＿＿＿＿＿＿。

第九条　乙方在试用期期间的工资计发标准为＿＿＿＿＿元。

第十条　甲方不得克扣用工单位按照劳务派遣协议支付给被派遣劳动者的劳动报酬。乙方从甲方获得的工资依法承担的个人所得税由甲方从其工资中代扣代缴。

第十一条　甲方未能安排乙方工作或者被用工单位退回期间，甲方应按照不低于甲方所在地最低工资标准按月向乙方支付报酬。

第十二条　甲方应当要求用工单位对乙方实行与用工单位同类岗位的劳动者相同的劳动报酬分配办法，向乙方提供与工作岗位相关的福利待遇。用工单位无同类岗位劳动者的，参照用工单位所在地相同或者相近岗位劳动者的劳动报酬确定。

第十三条　甲方应当要求用工单位合理确定乙方的劳动定额。用工单位连续用工的，甲方应当要求用工单位对乙方实行正常的工资调整机制。

五、社会保险

第十四条　甲、乙双方依法在用工单位所在地参加社会保险。甲方应当按月将缴纳社会保险费的情况告知乙方，并为乙方依法享受社会保险待遇提供帮助。

第十五条　若乙方发生工伤事故，甲方应当会同用工单位及时救治，并在规定时间内，向人力资源和社会保障行政部门提出工伤认定申请，为乙方依法办理劳动能力鉴定，并为其享受工伤待遇履行必要的义务。甲方未按规定提出工伤认定申请的，乙方或者其近亲属、工会组织在事故伤害发生之日，或者乙方被诊断、鉴定为职业病之日起1年内，可以直接向甲方所在地人力资源和社会保障行政部门提请工伤认定申请。

六、职业培训和劳动保护

第十六条　甲方应当为乙方提供必需的职业能力培训，在乙方劳务派遣期间，督促用工单位对乙方进行工作岗位所必需的培训。乙方应主动学习，积极参加甲方和用工单位组织的培训，提高职业技能。

第十七条　甲方应当为乙方提供符合国家规定的劳动安全卫生条件和必要的劳动保护用品，落实国家有关女职工、未成年工的特殊保护规定，并在乙方劳务派遣期间督促用工单位执行国家劳动标准，提供相应的劳动条件和劳动保护。

第十八条　甲方若派遣乙方到可能产生职业危害的岗位，应当事先告知乙方。甲方应督促用工单位依法告知乙方工作过程中可能产生的职业病危害及其后果，对乙方进行劳动安全卫生教育和培训，提供必要的职业危害防护措施和待遇，预防劳动过程中的事故，减少职业危害，为劳动者建立职业健康监护档案，在乙方上岗前、派遣期间、离岗时对乙方进行职业健康检查。

第十九条　乙方应当严格遵守安全操作规程，不违章作业。乙方对用工单位管理人员违章指挥、强令冒险作业的，有权拒绝执行。

七、劳动合同的变更、解除和终止

第二十条　甲、乙双方应当依法变更劳动合同，并采取书面形式。

第二十一条　因乙方派遣期满或出现其他法定情形被用工单位退回甲方的，甲方可以对其重新派遣，对符合法律法规规定情形的，甲方可以依法与乙方解除劳动合同。乙方同意重新派遣的，双方应当协商派遣单位、派遣期限、工作地点、工作岗位、工作时间和劳动报酬等内容，并以书面形式变更合同相关内容；乙方不同意重新派遣的，依照法律法规有关规定执行。

第二十二条　甲、乙双方解除或终止本合同，应当按照法律法规规定执行。甲方应在解除或者终止本合同时，为乙方出具解除或者终止劳动合同的证明，并在十五日内为乙方办理档案和社会保险关系转移手续。

第二十三条　甲、乙双方解除或终止本合同的，乙方应当配合甲方办理工作交接手续。甲方依法应向乙方支付经济补偿的，在办结工作交接时支付。

八、劳动争议处理

第二十四条　甲、乙双方因本合同发生劳动争议时，可以按照法律法规的规定，进行协商、申请调解或仲裁。对仲裁裁决不服的，可以依法向有管辖权的人民法院提起诉讼。

第二十五条　用工单位给乙方造成损害的，甲方和用工单位承担连带赔偿责任。

九、其他

第二十六条　本合同中记载的乙方联系电话、通信地址为劳动合同期内通知相关事项和送达书面文书的联系方式、送达地址。若发生变化，乙方应当及时告知甲方。

第二十七条　双方确认：均已详细阅读并理解本合同内容，清楚各自的权利、义务。本合同未尽事宜，按照有关法律法规和政策规定执行。

第二十八条　本劳动合同一式( )份，双方至少各执一份，自签字(盖章)之日起生效，双方应严格遵照执行。

甲方(签章)：　　　　　　　　　　　　　乙方(签章)：
法定代理人(或委托代理人)：
　　年　　月　　日　　　　　　　　　　　　年　　月　　日

劳务派遣合同续签

甲方：

注册地址：

乙方(劳动者)：

身份证号码：

　　经甲、乙双方友好协商一致，同意续签原劳动合同(合同编号：_____)，并签订本劳动合同续订书。原签订的劳动合同于____年__月__日期满。

一、本次续订劳动合同的期限为

□ 固定期限：自____年__月__日起至____年__月__日止。

□ 无固定期限：自____年__月__日起至法定解除或终止劳动合同条件出现时止。

□ 以完成一定工作任务为期限：自____年__月__日起至工作任务完成止。

二、甲方支配乙方的工作内容、工作时间、休息制度、劳动酬劳和劳动纪律等根据原签订的劳动合同规定执行。

三、双方协商变更或约定的其他事项：

变更事项一：
变更事项二：
变更事项三：
……
原劳动合同书未变更内容，双方仍继续履行。
本合同一式两份，甲、乙双方各执一份，均具同等法律效力。
甲方(签章)：   乙方(签章)：
法定代理人(或委托代理人)：
　　年　月　日　　　　　　　　　　　　　　　年　月　日

劳务派遣合同变更协议书

甲方：
地址：
乙方：
身份证号码：

　　由于原用工单位_____减少用工计划，经甲、乙双方平等友好协商一致，同意变更甲、乙双方于____年___月__日签订的《劳动合同》中的部分内容，本协议书作为原《劳动合同》的附件，具备法律效力。具体变更内容如下：
　　1. 用工单位由_____变更为_____；
　　2. 派遣时间由____年___月__日到____年___月__日变更为____年___月__日到____年___月__日。
　　本协议签订后原劳动合同中第×条第×项内容将不再生效，双方根据变更后对应内容作为劳动合同的履行依据。
　　本变更协议正本一式两份，双方各执一份。经甲、乙双方签字盖章后生效。

甲方(签章)：   乙方(签章)：
法定代理人(或委托代理人)：
　　年　月　日　　　　　　　　　　　　　　　年　月　日

第五节 答疑解惑

一、以例说法

▶ **案例参考 4** 企业未支付劳务报酬，派遣单位是否可以拒绝向劳动者支付

2019 年 1 月 5 日，李某入职 A 公司，双方签订《劳务派遣劳动合同书》，其中约定 A 公司将李某派遣至 B 公司从事销售工作。同时，A 公司与 B 公司签署合同，约定 B 公司每月 10 日把 4500 元转账给 A 公司作为李某的工资，A 公司收到后不得克扣，须全额发放给李某。2019 年 12 月，B 公司没有按时支付李某的劳务费给 A 公司，A 公司未收到款项，一直拒绝为李某发放工资。李某多次与 A 公司、B 公司交涉未果，于是李某与 A 公司发生争议。

【名师指点】

在本例中，劳务派遣 A 公司、被派遣 B 公司和劳动者李某之间建立了劳务派遣关系。在合同履行期间，B 公司违反了劳务派遣协议的规定，没有按期向 A 公司支付被派遣劳动者的报酬，但是 A 公司仍应当向被派遣劳动者李某支付薪资。因为 A 公司与李某签订的劳动合同和劳务派遣 A 公司与 B 公司签订的合同是两个独立的合同。B 公司违反了劳务派遣协议约定未支付劳务报酬，但这不能构成劳务派遣 A 公司拒绝向劳动者李某支付报酬的正当理由，即使在 B 公司违约的情况下，A 公司也应向李某等被派遣劳动者支付工资。A 公司在支付了拖欠劳动者工资后，可以向 B 公司主张违约责任。因此，A 公司应该支付李某被拖欠的工资。

【专家建议】

劳务派遣用人单位和用工单位与被派遣的劳动者形成劳动关系。根据相关法规，形成劳动关系的企业应支付劳动者工资。因此无论用工单位与派遣公司如何约定，也不影响派遣单位与被派遣劳动者之间的关系与工资、福利、社会保险等义务。

【相关法规】

参见《中华人民共和国劳动合同法》第五十八条。

二、总结与思考

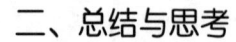

　　劳务派遣用工跟企业直接用工同工同酬,当劳动者出现过失行为时,企业不具有解除劳动关系的权利,仅可以退回派遣单位,派遣单位根据情况可以选择解除用工或转派到其他企业。非劳动者过失造成劳动者退回派遣单位的,派遣单位可转派或发最低工资。对于非全日制用工,企业要严格根据法律规定安排工作时间。

第十四章

女职工"三期"风险管控

女职工是现代职场的重要力量,同男职工一样,也是劳动力市场的主力军。但由于生理和心理的原因,女职工与男职工稍有不同,国家在《劳动法》第五十八条提出对女职工进行特别劳动保护。因此对女职工的管理要依法依规。一些企业缺乏女职工管理方面的法律知识,结果导致"三期"女职工与企业发生劳动争议,给企业劳动关系造成了严重的负面影响,进而给企业带来重大风险。

第一节 "三期"女职工的假期

女职工"三期"通常指的是孕期、产期、哺乳期。在女职工"三期"期间可以享受如下假期。

(1) 产检：怀孕的女职工，在劳动时间内进行产前检查，应当算作劳动时间。

(2) 产假：女职工产假享受不少于九十八天，其中产前休假十五天，产后休息八十三天。难产的，增加产假十五天。多胞胎生育的，每多生育一个婴儿，增加产假十五天。

(3) 流产假：女职工怀孕不满四个月流产时，应当根据医务部门的意见，给予十五天至三十天的产假；怀孕满四个月以上流产时，给予四十二天产假。

(4) 哺乳假：有不满一周岁婴儿的女职工，其所在单位应当在每班劳动时间内给予其两次哺乳(含人工喂养)时间，每次三十分钟。多胞胎生育的，每多哺乳一个婴儿，每次哺乳时间增加三十分钟。女职工每班劳动时间内的两次哺乳时间，可以合并使用。在本单位内哺乳时间和往返途中的时间，算作劳动时间。

(5) 病假：产假期满，因身体原因不能工作的，经医务部门证明后，依照职工患病的相关规定执行。

在"三期"内，出于生理上的需要，企业应当严格按照国家的有关规定，给予女职工相应的保护。不能安排其从事一定级别体力劳动强度的工作，同时对于"三期"内禁忌从事的劳动也不得安排给女职工。除此之外，一般处于"三期"内的女职工，单位也不能要求其从事夜班劳动工作。国家对女职工实行特殊劳动保护，《劳动法》中对此有明确的规定，该法第五十九条规定，禁止安排女职工从事矿山井下、国家规定的第四级体力劳动强度的劳动和其他禁忌从事的劳动。第六十条规定，不得安排女职工在经期从事高处、低温、冷水作业和国家规定的第三级体力劳动强度的劳动。第六十一条规定，不得安排女职工在怀孕期间从事国家规定的第三级体力劳动强度的劳动和孕期禁忌从事的劳动。对怀孕七个月以上的女职工，不得安排其延长工作时间和夜班劳动。第六十二条规定，女职工生育享受不少于九十天的产假。第六十三条规定，不得安排女职工在哺乳未满一周岁的婴儿期间从事国家规定的第三级体力劳动强度的劳动和哺乳期禁忌从事的其他劳动，不得安排其延长工作时间和夜班劳动。

总之，企业应对"三期"女职工的劳动保护重视并积极落实，确保她们在工作中的安全和健康，同时也要关注她们的职业发展和权益保护。

第二节 "三期"女职工的薪酬

根据我国现行的法律法规规定，女职工在"三期"期间，其工资待遇不受影响。《中华人民共和国妇女权益保障法》第四十八条规定，"用人单位不得因结婚、怀孕、产假、哺乳等情形，降低女职工的工资和福利待遇，限制女职工晋职、晋级、评聘专业技术职称和职务，辞退女职工，单方解除劳动(聘用)合同或者服务协议"，《女职工劳动保护特别规定》第五条规定，"用人单位不得因女职工怀孕、生育、哺乳而降低其工资、予以辞退、与其解除劳动或者聘用合同"，第八条规定，"女职工产假期间的生育津贴，对已经参加生育保险的，按照用人单位上年度职工月平均工资的标准由生育保险基金支付；对未参加生育保险的，按照女职工产假前工资的标准由用人单位支付。女职工生育或者流产的医疗费用，按照生育保险规定的项目和标准，对已经参加生育保险的，由生育保险基金支付；对未参加生育保险的，由用人单位支付。"可见，国家对女职工在"三期"期间的工资待遇是有明确规定的，集中体现为不得降低工资。总之，女职工产假期间工资照发，参加生育保险的由生育保险基金进行支付，未参加生育保险的由企业支付。

▶ 案例参考 1　"三期"期间女职工被降薪

王女士在 A 公司任质检员。2021 年 3 月，王女士怀孕。怀孕期间，公司仍安排其上夜班，还以其未履行岗位职责为由，仅按照当地最低工资标准支付工资报酬。王女士申请劳动仲裁，主张 A 公司在其怀孕期间让其上夜班，且无正当理由克扣工资，故要求公司向其支付拖欠的工资。

【名师指点】

根据《女职工劳动保护特别规定》第五条规定："用人单位不得因女职工怀孕、生育、哺乳降低其工资、予以辞退、与其解除劳动或者聘用合同。"如果"三期"女职工的现工作岗位对其身体有害，企业应与女职工协商将其调到适合其身体状况的岗位，但是不得以女职工怀孕、生育、哺乳为由降薪。A 公司在王女士怀孕期间降低工资的做法明显违反了国家的法律规定，应当将降低工资部分补发给王女士。

【专家建议】

一些企业片面地认为"三期"内女职工没有提供相应劳动，从而降低对女职工待遇，并认为这样做是合法的。这样的想法显然是错误的，并且法律针对女职工"三期"的保护立足点不仅仅是保护女职工权益,还是对下一代人的保护。

> 【相关法规】

《女职工劳动保护特别规定》

第五条 用人单位不得因女职工怀孕、生育、哺乳降低其工资、予以辞退、与其解除劳动或者聘用合同。

第三节 "三期"女职工合同解除

如果女职工被解除劳动合同后,未要求继续履行劳动合同,可视为企业提出,双方协商一致解除劳动合同的,解除合同时间应确定至女职工"三期"期满之日。若女职工"三期"期满之日劳动合同期限尚未届满或者双方仅存在事实劳动关系的,企业应支付女职工工资至"三期"期满之日,并支付解除劳动合同的经济补偿金。

一、岗位调整

由于"三期"女职工身体的特殊情况,其可能无法适应原先的工作岗位。为了保障"三期"女职工和用工单位的相关权益,可以对"三期"女职工进行调岗,但调岗需要符合以下条件。

(1) 针对孕期女职工不适应原劳动岗位的情形,可以先采用减轻劳动强度、多给予休息时间等措施,若女职工仍然不适应此劳动强度,可考虑调岗。

(2) 在无合适岗位可调时,可以协商安排休假处理。

(3) 调岗之后劳动强度必须低于原岗位,但是女职工的劳动报酬不得降低。企业不得因女职工怀孕、生育、哺乳降低其工资。故不能完全按照薪随岗动的薪酬原则调整其工资标准,但也并非完全不能调薪。没有任何法律规定企业出于保护孕期女职工目的调岗的同时必须无条件维持其原薪资待遇,尤其是调整后岗位不论从工作数量、难度、强度等方面都较之前明显降低的情形。故在女职工主动要求调岗的情形下,可以根据岗位合理地调整薪酬水平。

> 案例参考2 孕期调岗降薪违法吗

2018年3月,赵女士就职于A公司,担任销售主管,根据双方签订的劳动合同约定,赵女士每月保底工资为4500元,外加销售提成、职务津贴和通信补贴。2020年10月,赵女士怀孕,A公司向赵女士发送通知,以赵女士怀孕后无法适应当前工作为由,将赵女士由销售经理调整为销售支持,每月工资从4500元降为3000元,销售提成、职务津贴和通信补贴也相应取消。赵女士对此表示不认可，找公司协商未果，于是双方发生争议。

【名师指点】

本例是企业对孕期女职工调岗降薪而引发的劳动争议。关于女职工孕期可否调岗，从法律角度来讲，调整工作岗位属于对劳动合同的变更。根据《劳动合同法》的规定，变更劳动合同需要企业和劳动者协商一致，同时应当采用书面形式。一般情况下，不管女职工是否处于孕期，企业调整其工作岗位，都需要在协商一致的情况下进行。如果未经协商，企业随意调整工作岗位，将违反相关的法律规定；除非企业有充分的证据证明其调岗的合理性，否则仍要按原劳动合同履行。

本例中，赵女士怀孕后，公司在未与其协商一致的情况下，单方变更其工作岗位、降低工资；在赵女士提出异议后，公司对调岗降薪没有提供合理合法的依据。在劳动合同中，公司擅自规定自身拥有单方调岗调薪权，因违反了法律法规的相关规定，自其约定之日起，就没有法律效力。A 公司对赵女士的调岗降薪，缺少"充分的合理性"，既未事先与赵女士协商一致，又没有有力的证据证明赵女士不能胜任原工作岗位，就单方变更了赵女士的工作岗位，而且大幅降低赵女士的月工资收入，明显违反了法律法规。因此 A 公司应该恢复给赵女士的相关待遇。

【专家建议】

关于女职工孕期可否被降低工资。《女职工劳动保护特别规定》规定，企业不得因女职工怀孕、生育、哺乳降低其工资、予以辞退、与其解除劳动或者聘用合同。女职工在孕期不能适应原劳动的，企业应当根据医疗机构的证明，予以减轻劳动量或者安排其他能够适应的劳动。

【相关法规】

《女职工劳动保护特别规定》

第六条　女职工在孕期不能适应原劳动的，用人单位应当根据医疗机构的证明，予以减轻劳动量或者安排其他能够适应的劳动。

对怀孕 7 个月以上的女职工，用人单位不得延长劳动时间或者安排夜班劳动，并应当在劳动时间内安排一定的休息时间。

怀孕女职工在劳动时间内进行产前检查，所需时间计入劳动时间。

二、解除劳动合同

根据规定，在劳动者无严重过错情况下，企业不得解除"三期"女职工劳动合同，怀孕女职工不能胜任本职工作的，企业不得单方面解除劳动合同，即使劳动合同到期也不能终止合同，而是必须续延原合同至一年哺乳期结束为止。除非劳动者提出解除劳动合同，否则企业就是违法的。劳动者可以要求单位继续履行合同，不要求单位继续履行合同的，单位应当按照劳动者在本单位的工作年限支付双倍的经济补偿金。

当"三期"女职工触犯相关法规或严重违反企业的规章制度的，企业可以依据《劳动合同法》第三十九条之规定，劳动者有下列情形之一的，用人单位可以解除劳动合同：

(一)在试用期间被证明不符合录用条件的；

(二)严重违反用人单位的规章制度的；

(三)严重失职，营私舞弊，给用人单位造成重大损害的；

(四)劳动者同时与其他用人单位建立劳动关系，对完成本单位的工作任务造成严重影响，或者经用人单位提出，拒不改正的；

(五)因本法第二十六条第一款第一项规定的情形致使劳动合同无效的；

(六)被依法追究刑事责任的。

与"三期"女职工解除劳动合同，并且不需要支付经济补偿金。这个前提是企业的规章制度必须是合法的，并且怀孕女职工的违反规章制度的行为是真实的并且是确实严重的。

▶ **案例参考3** 哺乳期女职工被解除劳动合同合法吗

徐女士自2018年7月1日入职A公司，双方签订书面劳动合同，合同期限为3年。徐女士于2020年1月5日生育小孩。在哺乳期内，A公司电话告知徐女士解除劳动关系。徐女士认为A公司在其哺乳期解除劳动合同违法，于是与A公司发生争议。

【名师指点】

本例争议的焦点在于企业是否可以在女职工哺乳期单方解除劳动合同。根据《劳动合同法》第四十二条第四项之规定，女职工在孕期、产期、哺乳期，用人单位不得依照本法解除劳动合同。《女职工劳动保护特别规定》第五条规定："用人单位不得因女职工怀孕、生育、哺乳降低其工资、予以辞退、与其解除劳动或者聘用合同。"上述规定是对哺乳期女职工的劳动报酬、劳动合同等权益的保障，禁止企业无正当理由解除双方的劳动关系。本例中，徐女士正处于哺乳期，A公司无正当理由违法解除与徐女士的劳动关系，应支付违法解除赔偿金、工资，并发放到哺乳期结束。

【专家建议】

企业违法解除"三期"女职工劳动合同，除需支付违法解除劳动关系的赔偿金外，还应支付女职工原本在正常劳动关系下依法可获得的哺乳期工资。所以企业不能因自己缺乏"三期"女职工管理知识，将自身带入更大的损失风险中。

【相关法规】

《中华人民共和国劳动合同法》

第四十二条　劳动者有下列情形之一的，用人单位不得依照本法第四十条、第四十一条的规定解除劳动合同：

(一)从事接触职业病危害作业的劳动者未进行离岗前职业健康检查，或者疑似职业病病人在诊断或者医学观察期间的；

(二)在本单位患职业病或者因工负伤并被确认丧失或者部分丧失劳动能力的；

(三)患病或者非因工负伤，在规定的医疗期内的；

(四)女职工在孕期、产期、哺乳期的；

(五)在本单位连续工作满十五年，且距法定退休年龄不足五年的；

(六)法律、行政法规规定的其他情形。

《女职工劳动保护特别规定》

第五条　用人单位不得因女职工怀孕、生育、哺乳降低其工资、予以辞退、与其解除劳动或者聘用合同。

三、终止劳动合同

女职工"三期"期间企业不能随意与其解除劳动关系，在"三期"未满、劳动合同期满时，企业也不能立即终止劳动合同，劳动合同应当续延至女职工"三期"期满时终止。若无任何书面约定，则默认单位已顺延与该员工的劳动关系，直至"三期"结束。

▶ **案例参考 4**　劳动合同终止后，员工方知怀孕，且怀孕是在合同期内，终止生效吗

王女士 2019 年 12 月 4 日入职 A 公司，与 A 公司签订了 2 年的劳动合同，合同截止日期为 2021 年 12 月 3 日。2021 年 11 月 23 日公司通知王女士，双方的劳动合同将于 2021 年 12 月 3 日期满，公司决定不与王女士续签劳动合同。王女士于 2012 年 12 月 3 日前，办理完离职手续。根据《劳动合同法》，公司向王女士支付了 2 个月的工资作为离职补偿金。

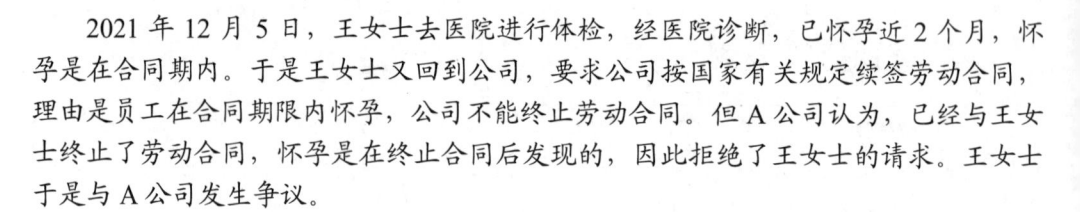

2021年12月5日，王女士去医院进行体检，经医院诊断，已怀孕近2个月，怀孕是在合同期内。于是王女士又回到公司，要求公司按国家有关规定续签劳动合同，理由是员工在合同期限内怀孕，公司不能终止劳动合同。但A公司认为，已经与王女士终止了劳动合同，怀孕是在终止合同后发现的，因此拒绝了王女士的请求。王女士于是与A公司发生争议。

【名师指点】

本例争议焦点是双方终止劳动合同后，女员工发现在劳动关系存续期间怀孕，合同终止是否有效。根据《劳动合同法》规定，劳动合同期限届满时，女员工在孕期、产期、哺乳期的，企业不得终止劳动合同，而应当将劳动合同期限续延至哺乳期结束为止，该规定是强制性的。尽管王女士在劳动合同终止时，没有发现自己怀孕，但因为事后有充分的证据证明其怀孕是在合同期限内。因此，劳动合同期限应当续延至哺乳期结束，A公司以已经办理离职手续为由不同意续签的做法是不符合法律规定的。王女士确实是在劳动合同期限届满前已经怀孕，因此，在合同期满时，企业不得终止劳动合同，而应当续延至其"三期"结束终止。王女士的请求当被支持。

【专家建议】

当劳动合同解除或终止发生在女职工"三期"期内，只要有依据证明女职工在职期间处于"三期"状态，企业应当继续履行劳动合同，不得以书面的解除或终止劳动合同作为有效依据。

【相关法规】

参见《中华人民共和国劳动合同法》第四十二条。

第四节 女职工"三期"实务

一、"三期"女职工假期管理制度

为规范合理地安排女职工"三期"假期，企业需要制定相应的"三期"女职工假期管理制度。

女职工"三期"管理制度
一、目的 为规范公司"三期"女员工的休假管理，维护良好的工作秩序，根据国家有关规

定，结合本公司实际情况，特补充制定本制度。

二、适用范围

本制度规定了女员工在孕期、产期、哺乳期的休假标准。本制度适用于除生产技术部以外的全体女员工。

三、制定本制度的基本依据

本制度依据公司休假管理制度，同时兼顾"三期"女员工的利益，并将随着国家条例和公司制度的修改而修订。

四、孕期女工休假

1. 事假

孕期女工因私事请假，依据《员工休假管理制度》不得连续超过1个月。事假期间不享受任何薪资待遇。

2. 产检假

计划内女员工因孕期进行产前检查，每次可享受半天假期，须出示县级以上医院的就诊证明。计划外怀孕产检视同事假。

3. 病假及医疗期

孕期女工因身体不适休病假，1天以上必须出具县级以上医院的病休证明、病例本。若需连续休假15天(含公休日)以上，该病假期间视同医疗期。按照《员工休假管理制度》，根据员工本人实际工作年限和本企业工龄，一年内给予三至四个月的医疗期。医疗期工资按本地最低工资标准的80%发放。

五、产期女工休假

1. 计划内女员工按照《员工休假管理制度》，产假一般为90天，其中产前休假15天。

难产的，增加产假15天。多胞胎生育的，每多生育一个婴儿，增加产假15天。若员工要求提前休产假，须提前15天申请，公司可根据工作安排给予调整。产假期间工资照发。

2. 计划内女员工孕期流产，妊娠12周(含)以内的产假为15天，妊娠12～16周(含)的产假为30天，妊娠16～28周(含)的产假为42天。女员工计划外生育，休假期间视同事假。

六、哺乳期女工休假

1. 计划内女员工产假结束，可在子女1周岁期间享受哺乳假，哺乳假每天1小时，另给予路程假半小时(节假日除外)，哺乳假及路程假视作正常出勤。哺乳假须出示婴儿出生证明。

2. 哺乳期女工休事假连续超过1个月，且累计孕期、哺乳期事假不得超过两个

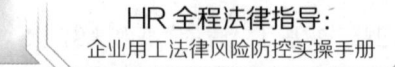

月。休假期间不享受任何薪资待遇。

3. 哺乳期女工因病休假，若需连续休假 15 天(含公休日)以上，该病假期间视同医疗期。按照《员工休假管理制度》，根据员工本人实际工作年限和本企业工龄，一年内给予三至四个月的医疗期。医疗期工资按本地最低工资标准的 80%发放。

七、其他规定

"三期"女工若在孕期因自身原因无法正常工作，若要求与公司终止劳动关系，可申请提前休产假。生育后可正常工作，若公司有空缺岗位，经人力资源部和用人部门面试合格后，优先录用。

八、本制度自即日起生效，最终解释权归属人力资源部。

二、女职工"三期"工作岗位调整通知书

根据相关法规女职工在孕期不能适应原劳动的，企业应当根据医疗机构的证明，予以减轻劳动量或者安排其他能够适应的劳动。因此当女职工发生此种情况时，企业可以将女职工调整到其能适应的劳动岗位，但不能降低薪资，在女职工"三期"结束后调回其原先岗位。为避免调岗过程产生纠纷，企业可向女职工送达调岗通知书。

调岗通知书

_____女士：

根据《女职工劳动保护特别规定》，女职工在孕期不能适应原劳动的，用人单位应当根据医疗机构的证明，予以减轻劳动量或者安排其他能够适应的劳动。经公司研究，结合公司实际情况，现将你调整到_____部门，工资待遇不变。"三期"结束后调回原工作岗位。

特此通知。

公司(签名或盖章)
年　月　日

劳动者确认书

本人已知晓《调岗通知书》，并将在规定的时间内到岗。

劳动者签字
年　月　日

第五节 答疑解惑

一、以例说法

▶ **案例参考 5** 公司解散，"三期"内的女职工还能享受生育待遇吗

2019 年 7 月，李女士入职 A 公司，岗位是销售顾问，与 A 公司签订了为期三年的劳动合同。2021 年 5 月，李女士怀孕，并告知公司。2021 年 6 月，A 公司因业务持续萎缩，连续亏损，无奈 A 公司通知员工，公司解散，并按照工作年限对员工给予经济补偿。李女士认为 A 公司除按年限给予经济补偿外，还需承担违法解除"三期"女职工劳动合同赔偿，于是与 A 公司发生争议。

【名师指点】

本例的争议焦点在于在不可抗力下，企业无法正常经营被迫解散时，处于"三期"期间的女职工是否还能享受企业部分的生育待遇。从客观上讲，企业解散是企业与"三期"女职工劳动合同终止的原因。当企业解散时，企业这一主体在法律上死亡，劳动合同也不得不终止。当然劳动合同终止对劳动者就业、收入、生活都有影响，但企业在无法经营被迫解散过程中，劳动者并没有过失。根据《劳动合同法》第四十六条规定，用人单位应向劳动者支付经济补偿的情形包括企业解散，但是并没有提及对"三期"女职工的特殊规定。原则上来说，劳动法律法规既然没有规定，企业也无须对"三期"女职工做出额外的补偿。针对"三期"女职工遇到企业解散情形，如果企业为女职工缴纳了生育保险并满一年，可以向生育保险基金进行申请生育待遇。

【专家建议】

企业解散破产等原因导致企业无法与劳动者继续履行劳动合同，从本质上，企业没有与劳动者解除劳动关系的故意，是企业经营中的不可抗力，针对这些情况，对劳动者的补偿仅支持经济补偿。

【相关法规】

《女职工劳动保护特别规定》

第八条　女职工产假期间的生育津贴，对已经参加生育保险的，按照用人单位上

年度职工月平均工资的标准由生育保险基金支付；对未参加生育保险的，按照女职工产假前工资的标准由用人单位支付。

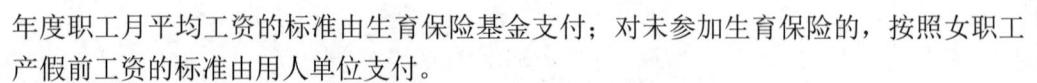

女职工生育或者流产的医疗费用，按照生育保险规定的项目和标准，对已经参加生育保险的，由生育保险基金支付；对未参加生育保险的，由用人单位支付。

二、总结与思考

与"三期"女职工终止到期劳动合同，应严格依据相应的"顺延"规定，否则，很可能构成违法终止，从而使企业承担不利的法律后果。

第十五章

劳动争议风险管控

　　企业和劳动者难免发生劳动争议，对于管理不够规范的广大中小企业更是如此。近几年，劳动争议案件也呈现出逐年增多的趋势。我国司法处理劳动争议的原则从整体上看，更多地倾向于保护劳动者权益，从司法理念、法律规定、审判程序、举证责任分配、执行保障等都体现了这一点。企业人力资源管理人员必须掌握与劳动争议相关的法律知识以及处理劳动争议的基本技能，这样才有助于企业完善内部管理制度和流程，妥善化解劳动纠纷，减少企业风险。

第一节　企业如何处理劳动争议

劳动争议发生后，对于企业和劳动者双方来说，可以采取自由协商和法律手段两种方式，具体可以细分为和解、调解、仲裁和诉讼。

一、和解和调解

和解和调解都属于自由协商方式解决劳动争议。和解是劳动者和企业进行直接沟通，最后达成一致意见；调解是由劳动者和企业寻找第三方作为沟通桥梁，最后达成一致意见。这两种方式具有处理简单、方便、快捷的优点。

▶ 案例参考 1　因厂房重建影响生产能否降低工资支付标准

陈某是 A 公司员工，2021 年 4 月 25 日到当地劳动人事争议仲裁院申请劳动仲裁，要求 A 公司支付其被拖欠的工资及解除劳动关系经济补偿。A 公司提出，因受公司厂房被拆迁异地重建，经营陷入困境，并称拆迁异地重建期间要求公司员工全部居家办公，在此期间所有员工每月统一发放生活补贴 2000 元，现暂时无法满足陈某的全部仲裁请求。

仲裁员对公司进行了相关法律条款及拆迁异地重建期间关于工资支付的条文讲解，同时对陈某进行了劝导。通过仲裁机构的不懈努力，双方达成一致意见，确认劳动关系已解除，A 公司支付陈某工资及解除劳动关系经济补偿金，陈某当庭办理撤诉。

【名师指点】

本例中，企业受拆迁异地重建影响，安排员工居家办公，通过网络方式处理公司业务，并与员工达成共识，拆迁异地重建期间员工每月统一发放生活补贴 2000 元，待厂房重建公司业务恢复正常后，再按正常薪酬发放工资。因而，双方当事人属于协商调整工资标准的情形。企业因受拆迁异地重建影响导致生产经营严重困难的，可以与劳动者协商，采取调整薪酬、轮岗轮休、缩短工时、待岗等方式变更劳动合同。若双方未能协商一致，企业可根据《劳动合同法》第四十条第三款劳动合同订立时所依据的客观情况发生重大变化，致使劳动合同无法履行，经用人单位与劳动者协商，未能就变更劳动合同内容达成协议的规定与劳动者进行劳动合同解除，按照《劳动合同法》第四十六条、第四十七条规定向劳动者支付经济补偿。因此，在陈某不接受 A 公司协商调整的情况下，A 公司应当依据相关法规与陈某解除劳动合同，并支付相应的经济补偿金。

【专家建议】

需要注意的是，和解不具有法律强制力，对当事双方不具有约束力，若不执行可以申请劳动仲裁或诉讼。而调解具有一定的约束力，调解期限一般为 15 天，在 15 天内如果当事双方对调解结果不认同可以申请劳动仲裁或诉讼，调解结束后形成调解书，对当事双方具有约束力，当事双方应履约执行。若承担义务的一方不履约，另一方可以把调解书作为证据申请仲裁强制执行。

【相关法规】

参见《中华人民共和国劳动合同法》第四十条、第四十六条、第四十七条。

二、仲裁

当劳动争议发生后，经和解或调解未能达成一致意见，或未经和解或调解直接向劳动争议委员会申请仲裁。劳动争议仲裁是解决劳动争议的法律手段，在解决劳动争议中具有重要作用。劳动仲裁受理需要满足以下条件：

(1) 因确认劳动关系发生的争议；
(2) 因订立、履行、变更、解除和终止劳动合同发生的争议；
(3) 因开除、辞退和辞职、离职发生的争议；
(4) 因工作时间、休息休假、社会保险、福利、培训以及劳动保护发生的争议；
(5) 因劳动报酬、工伤医疗费、经济补偿或者赔偿金等发生的争议；
(6) 法律、法规规定的其他劳动争议。

通常可以根据争议双方主体是否存在劳动关系和争议内容，是否由于劳动关系引起或直接相关的事项来判断是否可以申请劳动仲裁。劳动仲裁具有一定的时效性，具体时间为从当事人知道或应当知道其权利被侵害之日起一年内申请劳动仲裁，超过时间未申请劳动仲裁的，其权利自动丧失。

劳动仲裁是劳动争议当事人向人民法院提起诉讼的必经程序。它具有审理时限短、专业化高、维权成本低、劳动仲裁过程不收费等优势，是一种准司法介于行政与司法之间的一种解决纠纷的方式。劳动仲裁大致分为如下两步。

1. 申请与受理

当事人申请劳动争议仲裁应当提交书面仲裁申请书。实践中，仲裁申请书应当包括以下内容：

(1) 申请人的姓名、住址和身份证号码或者其他身份证件号码以及联系方式；

(2) 被申请人名称、住所以及法定代表人或者主要负责人的姓名、职务等；

(3) 发生争议的事实、申请人的主张和理由等。

仲裁委员会在收到申请书后，应在七日内审查作出受理与否的决定。

2. 开庭与裁决

(1) 仲裁庭应在开庭前五日内将仲裁庭的组成情况、开庭时间、地点书面通知当事人。

(2) 当事人拒不到庭或未经仲裁庭同意中途退庭的，对申请人按照撤诉处理，对被申请人可以依法做出缺席仲裁。

(3) 开庭后应宣布仲裁人员名单，询问是否申请回避。

(4) 然后当事人陈述并辩论，最后进行裁决。

注意，劳动争议案件，应当自劳动争议仲裁委员会受理仲裁申请之日起四十五日内做出裁决。劳动者对仲裁裁决不服的，可以自收到仲裁裁决书之日起十五日内向人民法院提起诉讼。期满不起诉的，裁决书发生法律效力。

另外，有两类劳动争议是一裁终局的：小额诉讼案件；标准明确的案件。具体又可分为以下几种：

(1) 追索劳动报酬的案件；

(2) 追索工伤医疗费的案件；

(3) 追索经济补偿的案件；

(4) 追索赔偿金的案件；

(5) 国家对相关标准有明确规定的案件，如工作时间、休息休假等。

上述案件一裁终局针对的是企业，如果劳动者对判决不服，依然可以提起诉讼。这也是为了保护劳动者的权益。

案例参考2 超过申请劳动仲裁的时效期间能否主张权利

王某于2019年6月就职A公司，岗位是技术经理，劳动合同签订为期3年。2020年10月，A公司提出解除与王某之间的劳动合同。正好王某有一个出国深造的机会，于是就此与A公司解除了劳动合同，随即出国，因而一直未向A公司主张经济补偿。2022年3月，王某回国后要求A公司支付经济补偿，A公司不同意，双方因此发生纠纷。

【名师指点】

本例属于企业提出、双方协商一致解除劳动合同，根据《劳动合同法》的规定，公司依法应当向王某支付经济补偿。但王某因出国导致其在离职后一年多时间才申请仲裁。按照《劳动争议调解仲裁法》第二十七条规定，申请劳动仲裁的时效期间为一年，而王某申请劳动仲裁时已超过仲裁时效。其身在国外不能回国，不属于法律规定的因不可抗力或其他正当理由，故王某的诉求无法得到法律支持。

【专家建议】

劳动争议申请仲裁的时效期间为一年，维护权利要及时，在权利主张的有效期内进行主张。当个人客观因素不能亲自主张时，可以委托近亲属或律师代理。

【相关法规】

《中华人民共和国劳动争议调解仲裁法》

第二十七条　劳动争议申请仲裁的时效期间为一年。仲裁时效期间从当事人知道或者应当知道其权利被侵害之日起计算。

前款规定的仲裁时效，因当事人一方向对方当事人主张权利，或者向有关部门请求权利救济，或者对方当事人同意履行义务而中断。从中断时起，仲裁时效期间重新计算。

因不可抗力或者有其他正当理由，当事人不能在本条第一款规定的仲裁时效期间申请仲裁的，仲裁时效中止。从中止时效的原因消除之日起，仲裁时效期间继续计算。

劳动关系存续期间因拖欠劳动报酬发生争议的，劳动者申请仲裁不受本条第一款规定的仲裁时效期间的限制；但是，劳动关系终止的，应当自劳动关系终止之日起一年内提出。

案例参考3　劳动争议仲裁时效能否依法中断或中止

刘某于2019年5月入职A公司，岗位为生产线上的操作工，入职当天便由于使用机器不当造成手指被切断后住院。A公司认为刘某还未创造价值就给公司带来损失，因此不给刘某认定工伤，也不支付医疗费，还通知刘某出院后不要去上班。由于没有签订劳动合同，公司也不承认双方存在劳动关系，刘某只得先申请认定劳动关系，再申请认定工伤。2020年8月，刘某到当地劳动仲裁委员会申请劳动仲裁，要求A公司支付工伤待遇、停工留薪期间的工资、违法解除劳动合同赔偿金。

【名师指点】

虽然本例刘某申请劳动仲裁时已超过一年时间，但其在住院期间仲裁时效中止，出院后继续计算时效。根据《劳动争议调解仲裁法》第二十七条第二款规定，刘某申请劳动关系的认定和工伤认定即属于向公司主张权利的行为，构成仲裁时效中断。所以即使刘某在申请仲裁要求公司赔偿时已过一年时间，但由于仲裁时效中断，刘某并不会因时效问题而丧失主张权利的机会。

【专家建议】

当遇到刘某这种情况时，劳动者可通过向公司主张权利、向劳动监察部门反映并请求处理等方法使仲裁时效中断，从而保证仲裁时效不过期。

【相关法规】

参见《中华人民共和国劳动争议调解仲裁法》第二十七条。

三、诉讼

在经过劳动仲裁后，劳动者可以在收到裁决书之日起十五日内向人民法院提起诉讼，首先需要原告带着起诉书和相应证据到法院进行审核，审核通过后即可进行立案。劳动纠纷法院起诉流程如下。

(1) 用人单位或者职工带着仲裁裁决书、起诉书到基层法院立案庭立案，提交相关证据。

(2) 人民法院经审查，符合立案条件的，会出具立案受理通知书。

(3) 人民法院通知当事人参加庭审的时间。

(4) 庭审中，由双方进行质证、交换证据。

人民法院适用简易程序审理的案件，应当在立案之日起三个月内审结。人民法院适用普通程序审理的案件，应当在立案之日起六个月内审结。有特殊情况需要延长的，由本院院长批准，可以延长六个月；还需要延长的，报请上级人民法院批准。

第二节 劳动争议实务

当发生劳动争议时，企业人力资源部门应当积极与员工协商，尽量避免进入劳动仲裁程序，可以引入外部调解机构加以化解纠纷。在进入仲裁诉讼程序后聘请专业律师参与仲裁和诉讼，并从劳动争议中吸取教训，规范企业人力资源管理。

案例参考4 劳动者孕期被解除劳动合同是否合法

张某于2018年9月3日进入A公司工作，任咨询顾问一职，在职期间月平均工资为5300元。A公司一直未与张某签订劳动合同。2020年8月31日，张某怀孕了，经医院检查有先兆流产症状，遂向A公司申请休产假，公司人力资源部门回复说产假必须产前 15 天才能开始休假。之后 A 公司向张某发送解除劳动合同通知书,并拒绝支付任何经济补偿。于是张某去当地劳动仲裁委员会申请劳动仲裁,维护自己的合法权益。

【名师指点】

根据《劳动合同法》第四十二条第四项规定,女职工在孕期、产期、哺乳期不能解除劳动合同。《女职工劳动保护特别规定》第五条规定,用人单位不得因女职工怀孕、生育、哺乳降低其工资、予以辞退、与其解除劳动或者聘用合同。可知,A 公司解除张某的劳动合同当属违法,张某的仲裁诉求应当被依法支持。

【专家建议】

公司与员工发生争议后可以通过以下几个手段解决。

(1) 发生劳动争议后,企业可以先跟员工们进行沟通,力争劳动者去理解企业的做法,同时人力资源部门要先在情绪上尊重员工,理解劳动者的诉请,然后再做一些补偿性的工作,争取利用和解和调解的手段去处理争议。

(2) 要保存好证据,最主要的是日常管理要规范,这样原始的资料才能保存下来。即使面临仲裁或者诉讼也有对企业有利的证据链支持,才可以最大程度地减少企业损失。

【相关法规】

参见《中华人民共和国劳动合同法》第四十二条和《女职工劳动保护特别规定》第五条。

案例参考 5　是否可以申请公司支付劳动仲裁期间的工资

王某和 A 公司发生了劳动纠纷,王某申请了劳动仲裁。在王某提出的仲裁请求中,除了要求 A 公司支付经济补偿外,还必须要支付其在仲裁期间的工资。王某的理由是:为了申请仲裁和出庭答辩没能上班,要求 A 公司补偿这期间的工资损失。但是,A 公司对此表示不认同,遂双方发生争议。

【名师指点】

劳动仲裁期间是否应当支付工资,必须从以下几个方面来判断:看仲裁程序是不是因企业单方终结劳动关系而引起的;看双方的责任,如果在纠纷中,企业应负全责,则劳动仲裁、诉讼期间的工资,劳动者可以全部得到。如果企业与劳动者双方都有责任,则劳动者只能得到劳动仲裁、诉讼期间的部分工资。

【专家建议】

劳动仲裁期间，如果企业与劳动者已解除劳动关系，劳动者将无法取得仲裁期间的工资，如果仲裁结果判定劳动关系要继续履行，当可追加申请仲裁期间的工资请求。

【相关法规】

《中华人民共和国劳动争议调解仲裁法》

第六条　发生劳动争议，当事人对自己提出的主张，有责任提供证据。与争议事项有关的证据属于用人单位掌握管理的，用人单位应当提供；用人单位不提供的，应当承担不利后果。

第三节　答疑解惑

一、以例说法

案例参考6　员工过失给公司造成损失争议处理

张某与 A 公司于 2018 年签订了一份劳动合同，合同约定工作期限为 4 年，自 2018 年 9 月 1 日起至 2022 年 8 月 31 日止。工作岗位为客户经理，并明确了岗位职责、劳动报酬。2021 年 3 月 15 日，张某向公司提出辞职，要求 3 月 31 日之前离职。A 公司考虑到员工自身的意愿，同意其辞职请求，在 3 月 31 日为张某办理了离职手续。但在 4 月 2 日，陆续接手张某工作的同事发现张某在工作中存在疏失，给公司造成 20000 元的经济损失。于是 A 公司向劳动仲裁委员会提起仲裁，要求张某就给公司造成的损失进行赔偿。

【名师指点】

本例是一起由于劳动者的工作过失造成公司经济损失的劳动争议案件。张某和 A 公司以书面形式签订的劳动合同，合同不违反法律强制性规定，真实有效，双方存在劳动关系。张某提出辞职，应当提前 1 个月以书面形式通知公司，张某虽没有提前 1 个月提出，但公司同意其辞职，双方符合协商一致解除劳动关系。A 公司在发现张某工作存在过失是在劳动关系解除之后，但造成公司经济损失则是在劳动合同存续期间。张某在与公司签订的劳动合同当中明确了工作内容和工作职责，张某由于自身的疏漏或过失，造成公司经济损失，违反了劳动合同的约定。故 A 公司的仲裁请求应当被支持。

【专家建议】

企业在办理劳动者离职手续时一定要对劳动者在职期间进行审计，避免出现在劳动者离职后才发现相关问题，不得不走仲裁渠道，走仲裁渠道即使可以追回企业的经济损失，但无形中增加了企业的人力和经济成本。

【相关法规】

《中华人民共和国民法典》

第一千一百九十一条　用人单位的工作人员因执行工作任务造成他人损害的，由用人单位承担侵权责任。用人单位承担侵权责任后，可以向有故意或者重大过失的工作人员追偿。

劳务派遣期间，被派遣的工作人员因执行工作任务造成他人损害的，由接受劳务派遣的用工单位承担侵权责任；劳务派遣单位有过错的，承担相应的责任。

二、总结与思考

在与劳动者发生争议情况下，企业人力资源应该先采取协商的方式去处理，必要时可以寻求第三方作为沟通桥梁进行调解，应避免走仲裁和诉讼。若确定走仲裁与诉讼，要保证公司有充足的证据能够胜诉，否则公司存在太多败诉记录，会影响公司的商誉。